짐테일러 박사가 전하는
9가지 긍정 육아의 힘

Copyright ⓒ Jim Taylor, 2011
Originally published in the United States by The Experiment, LLC.
This edition published by arrangement with The Experiment.

이 책의 한국어판 저작권은 이스턴콘텐츠를 통한 저작권사와의 독점 계약으로
'(주)미르북컴퍼니'에 있습니다. 저작권법에 의해 보호를 받는 저작물이므로
무단 전재와 복제를 금합니다.

짐 테일러 박사가 전하는

9가지 긍정육아의 힘

아이의 미래는 부모와 아이가 캔버스에 함께 그리는 그림이다!

짐 테일러 지음 | 김아영 옮김

미르북컴퍼니

머
리
말

부모가 보내는 메시지가 아이의 미래를 만든다

　이제 막 걸음마를 하기 시작하는 아기를 떠올려보자. 철저히 무력한 상태로 1년을 지낸 아기들은 완전히 새로운 삶의 국면을 맞이하게 된다. 이들은 혼자 서는 법을 배우고 첫걸음을 내딛으려 하고, 머지않아 자기 손으로 음식을 먹을 수 있게 되며, 언어를 탐색하고 알아들을 수 있는 언어도 구사하게 될 것이다. 이후 2년 동안 배울 것을 다 배우고 나면 아이들은 자신이 부모와 분리된 존재임을 인식하게 된다. 아이들은 "응", "싫어", "고마워요", 심지어 "사랑해요"라는 말을 하고 그 뜻도 이해할 수 있게 된다. 이렇듯 유아기는 인간으로서의 삶을 시작하는 법을 배우는 놀라운 시기다.
　이번에는 유치원생 정도의 아이를 생각해보자. 인간으로서 갖춰야 할 기본적인 것들을 제법 익힌 이 아이들은 여러모로 꼬마 어른이라 할 만하다. 끊임없이 어휘력이 향상되면서 뜻이 통하는 말을 하고, 스스로 옷을 입고 음식을 먹으며, 걷고, 달리고, 기어 올라가거나 뛰어오를 수도 있다. 하지만 이들은 한 인간으로 완성되기 위한 여정을 막 시작했을 뿐이다. 이 과정에서는 성격이 더욱 뚜렷해지는 한편 자기 자신과 세상에 대한 가치관, 태도, 믿음이 형성되어 마음속에 깊이 새겨질 것이다.

마지막으로, 집이라는 울타리를 넘어 넓고 신나는 세계로 나아가는 초등학생 정도의 아이를 생각해보자. 세상을 탐험하기에는 아직 충분히 준비되지 않은 상태의 이 아이들은 가정이라는 울타리를 박차고 나가 무수한 메시지의 강렬한 소용돌이로 뛰어든다. 아이들은 이 긍정적·부정적 메시지를 분별력 있게 받아들일 준비가 제대로 되어 있지 않다. 이 시기부터 향후 몇 년에 걸쳐 점차 자리 잡을 인격과 자아 개념(인식), 세계관이 삶의 방향을 결정할 것이다.

자녀가 초등학교 저학년이 될 때까지는 부모가 아이에게 바라는 모습을 이야기할 절호의 기회다. 그 기간은 길어야 8년 정도이고, 그 후 부모의 영향력은 급격히 줄어든다.

어린 시절은 부모에게 열린 기회의 창

나는 심리학 박사이며 두 권의 자녀교육서를 집필했다. 상담실을 운영하면서 청소년과 학부모들을 만나고, 세계 각지의 부모, 자녀, 교육자 모임에서 강연도 많이 한다. 오랫동안 나는 육아 전문가였다. 하지만 문제는 내 손으로 아이를 키워보기도 전에 자녀교육서를 써내고 이른바 '육아 전문가'가 되었다는 데 있었다.

큰딸이 태어난 순간부터, 자녀교육 분야의 권위자였던 나는 아이를 간신히 키워내느라 허덕이는 부모들의 대열에 합류하게 되었다. 언젠가는 '그때는 몰랐던 진실'이라는 제목의 자녀교육서를 쓰게 될지도 모르겠다.

그렇긴 해도 직업상 경험에 비춰 보니 육아에 대한 내 관점은 실제와 크게 다르지 않았다. 나는 다섯 살과 세 살인 두 딸의 아빠로서 육아와 관련된 내 관점을 뒷받침해줄 경험을 했고, 현장에서 어떤 방법이 통하고 안 통하는지 더 잘 이해하게 되었다.

이른바 육아 전문가이자 부모이기도 한 나의 흥미를 잡아끈 의문이 있다. "아이들을 지금 모습대로 자라게 한 요소는 무엇일까?" 분명 유전은 발달에 중요한 역할을 한다. 지능, 신체적 특징, 기질(성격)은 모두 강력한 유전적 요소로 밝혀졌다. 하지만 육아 환경 역시 아이들에게 상당한 영향을 미친다는 확실한 증거가 있다. 유전적 요소는 육아 환경을 통해 나타나는 것이므로 이 문제는 더 이상 유전과 육아 환경의 대결이 아니라 오히려 그 둘의 협력에 가깝다 할 수 있다. 다시 말해, 아이들이 발달하는 과정에서 어떤 유전적 소인(素因)이 나타날지를 결정하는 것은 육아 방식과 환경이라는 것이다.

그렇다면 환경의 어떤 측면이 아이들의 발달에 영향을 미칠까? 일부에서는 부모들이 스스로 생각하는 것보다 영향력이 약하며 또래 집단과 대중문화의 영향력이 훨씬 강하다고 주장하기도 한다. 하지만 아이들이 더 넓은 사회적 세계에 뛰어들기 전까지는 부모들에게 기회의 창이 열린다는 것, 즉 그 시기에는 부모의 영향력이 외부의 어떤 힘보다도 강하다는 것이 내 생각이다.

이렇게 생각해보자. 이 시기의 아이들은 작은 정보 하나라도 더 받아들이려는 상태이고, 아이가 성장하면서 어떤 '영양분'을 섭취할지는 대부분 부모의 손에 달려 있다. 부모는 훗날 아이들의 발달에 점점 더 중요한 역할을 하게 될 물리적·사회적 세계를 통제한다. 이를테면 우리는 아이들이 사는 집, 이웃, 어린이집이나 유치원을 결정하고, 아이들이 먹는 음식, 자는 시간, 매일 하는 활동, 친구들과의 약속, 친하게 지내는 친구들의 부류, 대중문화에 노출되는 정도도 정한다. 머지않아 아이들의 발달에 그다지 도움이 되지 않는 수많은 메시지가 날아들겠지만, 아직 어린 시기의 아이들이 받을 메시지를 통제할 수 있는 것은 우리 부모들이다.

아이는 메시지대로 자란다

이 책의 핵심 내용은 '아이들은 가장 많이 받는 메시지대로 자란다'는 것이다. 본래 부모에게는 메시지를 통해 아이들을 한 인간으로 완성시켜나갈 힘이 존재한다. 이 점을 감안했을 때 부모가 던져야 할 핵심적인 질문은 바로 "내가 아이에게 유익한 메시지를 보내고 있는지 확실히 알 수 있는 방법은 뭘까?"이다. 이 질문에 대한 답은 두 부분으로 나뉜다. 첫째, 아이에게 전달하고 싶은 메시지를 분명히 해야 한다. 둘째, 메시지 전달 기술을 익히고 개발해야 한다.

아이의 삶에 일찌감치 등장하는 메시지는 특히나 중요하다. 아이는 머지않아 그보다 덜 친절하고 통제하기도 어려운 메시지를 받게 될 것이기 때문이다. 또래 친구들과 대중문화는 아이에게 온갖 정보와 사고방식을 거침없이 쏟아낼 것이다. 개중에는 좋은 정보와 사고방식도 있지만 나쁘거나 극도로 위험한 것들도 있다. 부모가 할 수 있는 일은 언젠가 반드시 접하게 될 해로운 메시지의 맹공격에 대비해서 아이가 어릴 때 긍정적인 메시지를 보내주는 것뿐이다.

아이에게 어떤 가치와 신념을 심어주고 싶은가? 아이가 어떤 사람이 되기를 바라는가? 아이들이 예측할 수 없는 미래를 대비하는 데 어떤 도움을 줄 수 있는가? 이런 것들은 모든 부모가 던지는 기본적인 질문이다. 이 질문에 어떻게 답하느냐에 따라 각자의 육아 방식이 달라진다.

내가 일을 하면서 알게 된 것은 대다수의 부모가 비슷한 답을 내놓는다는 점이다. 부모는 자녀가 성공하고, 친절하고 너그러운 사람이 되며, 행복과 인생의 의미를 찾길 원한다. 또한 자기 자신에 대해 좋게 생각하고, 의미 있는 목표를 추구하며, 학교생활을 잘하고 바람직한 경력을 쌓고, 사려 깊고 타인을 존중하며 책임감 있는 사람이 되고, 건전한 인간관계를 맺고, 세상과 연결되어 있다고 느끼며, 사랑을 발견하길 바란다. 한마디로 모든 부모는 자녀가 제대로 된 인간이 되기를 원하는데, 이것을 실현하는 방법은 아이에게 제대로 된 메시지를 전달하는 것이다. 이러한 소망과 메시지는 부모가 매일 아이들에게 줄 수 있는 선물이다.

부모와 아이가 함께 그리는 그림

아이들은 빈 캔버스에 유전자로 큰 붓질만 몇 번 하고서 그리기 시작한 그림과 같다. 아이가 젖먹이일 때는 비교적 뚜렷한 형태와 색깔이 캔버스에 칠해진다. 이어 유아기를 지나 유치원과 초등학교를 거치면서 붓질, 질감, 색은 더 정교해지고, 어떤 그림이 완성될지도 대충 보이기 시작한다. 이 단계에서 중심 작가는 부모다. 그러다 결국에는 아이가 그 자리를 이어받아 진짜 자화상이 완성될 때까지 스스로 그 작품을 다듬어나간다. 이렇게 아이가 자라서 걸작이 되는 데 가장 큰 공을 세우는 것은 바로 어린 자녀에게 부모가 보내는 메시지다.

아이가 부모의 메시지를 실제로 이해하려면 아직 멀었다고 생각하면서도 부모는 아이에게 메시지를 보냄으로써 그림을 그리기 시작한다. 갓 태어난 아기에게도 눈 맞추기, 말투, 신체 접촉, 애정, 아기의 욕구에 대한 민감한 반응 등을 통해 사랑, 안정, 유대감이라는 메시지를 전달할 수 있다.

이 그림은 아이가 걸음마를 시작할 무렵 더욱 흥미로워진다. 이 시기에 아이는 걷고 언어를 습득하며 복잡한 인지 기술과 운동 기술을 발달시키는 동시에 부모의 메시지도 제대로 받아들이기 시작하기 때문이다. 어찌 보면 이 시기의 유아는 유년기 아이에 비해 순수하고 많은 도움이 필요하며 세상을 살아갈 준비도 부족하기 때문에 '아기'에 가깝지만, 한편으로는 자신이 자라서 될 '어른'을 이해하고 점점 복잡한 존재가 되어가는 중이다. 처음에는 거의 무력하고 작은 생명체였지만 유치원에 갈 즈음이 되면 온전한 성인으로 자라는 데 필요한 주요 토대를 갖추는 것이다.

아이가 유치원과 초등학교를 거치면서 캔버스는 더욱 복잡해진다.

유아기에 터득한 기본적인 기술은 초등학교 입학을 준비하고 학교생활을 하면서 더욱 정교해진다. 이 무렵 아이들은 자신이 어떤 사람이며 무엇을 할 수 있는지 더 복잡하게 표현하는 것이 가능해진다.

혹시 여러분의 자녀가 이미 초등학교를 졸업한 나이라 해도 아이에게 설득력 있는 메시지를 보내기에 늦었다고 생각하지는 말았으면 한다. 내가 만난 몇몇 부모들은 자녀가 10대 후반에 접어들 때까지 혼란스러운 데다 해롭기까지 한 메시지를 보냈다. 하지만 완전히 인격이 형성되어 바뀌기 힘들 것 같은 10대 아이들도 부모가 바뀐 메시지를 보내자 좋은 쪽으로 변화했다. 부모의 영향력은 아이가 학창 시절을 보내는 동안 점차 약해지겠지만 그 후 몇 년 동안에도 대단한 위력을 발휘할 것이다. 따라서 부모는 아이에게 건전한 메시지를 지속적으로 보냄으로써 아이가 자신의 삶에 늘 존재할 유해 메시지에 저항할 수 있게 도와줘야 한다.

이 책에서 논의할 전략은 유아, 유치원생, 초등학생을 대상으로 하기 때문에 그보다 나이가 많은 아이들에게는 꼭 들어맞지 않을 수도 있다. 하지만 메시지 전달방식, 메시지 전달을 방해하는 요소, 핵심 메시지 등의 내용은 모두 아동 및 청소년기 전체 연령을 대상으로 한다. 부모는 아이에게 긍정적인 메시지를 끊임없이 보내야 한다. 이 책에 담긴 정보는 아이의 발달 수준에 맞춰 필요한 메시지를 만들어내는 데 도움이 될 것이다.

해로운 메시지로 가득한 세상

이전 세대에는 좋은 부모가 되는 일이 지금보다 쉬웠다. 부모들은 학교, 공동체, 청소년 스포츠, 대중문화 등 사회를 구성하는 주요 기관 및 제도가 자신들의 생각과 일치하는 좋은 메시지를 보낸다고 믿을 수 있었다. 그리고 그런 상황이 지속되자 아이들은 주변의 모든 사람과 사물이 보내는 건전한 메시지에 둘러싸였고, 해로운 메시지는 매우 드물었다.

하지만 시대가 변했다. 오늘날 학교는 학업 성적과 예산 부족에 집중한 나머지 건전한 메시지를 보내는 데 에너지와 시간을 할애하지 않으며, 심지어 부적절한 메시지를 보내기까지 한다. 학생들 사이에 유해 문화가 만연해 있는 경우도 많다. 빨리 어른이 되어야 한다는 압박, 또래 집단의 압력, 사이버 폭력, 외모와 경제적 부 및 인기를 중시하는 문화는 해로운 메시지의 원천이다. 과거에 긴밀하게 결속했던 공동체는 오늘날 일시적이고 단절된 모임이 되었다. 스포츠에 대한 애정과 즐거움, 건강을 추구하던 청소년 스포츠 활동은 이제 다소 비현실적인 목적을 이루는 도구에 불과하다. 이를테면 부모의 못 이룬 꿈을 이루거나, 체육 특기자 장학금을 따내거나, 프로 진출을 준비하거나, 올림픽에서 성공을 거둬 부와 명예를 거머쥐기 위한 수단이 된 것이다.

마지막으로 대중문화에 대해 이야기하자면, 대중문화에는 늘 반항적인 면이 있긴 했지만 확실히 예전에는 아이들에게 주로 좋은 메시지를 전달했다. 예를 들어 의회가 부여한 권한에 따라 공익을 위해 운영되던 TV와 라디오는 긍정적이고 건전한 프로그램을 제공했다. 하지만 지금은 더 이상 공익이 대중매체를 좌우하지 못한다. 오늘날 대중문화의 유일한 목적은 돈이고, 그것이 아이들에게 미치는 해로운 영향은 거의 고려되지 않는다.

이처럼 자녀에게 악영향을 미치는 요소 때문에 부모들은 24시간 내내 어떤 메시지를 전달할지 신경 써야 한다. 그렇게 하지 않으면 아이들은 부모의 메시지를 받지 못할 뿐만 아니라 점점 많이 접하게 될 해로운 메시지를 받아들일 가능성이 크기 때문이다.

사실 메시지의 영향력에 대한 개념은 아이들과 관련된 경험이나 연구에서 착안된 것이 아니다. 요즘 부모는 끊임없이 메시지에 대해 이야기한다. 정치에서는 메시지를 장악하는 정당이 유권자에게 가장 큰 영향력을 발휘한다. 그렇기 때문에 정치의 목적은 메시지를 통제하고 그 메시지를 고수하는 것이다. 케이블 뉴스 채널, 라디오 전화 토론, 블로그 세계, 당 전략회의실 등은 특정 메시지를 꾸준히 전달하며 그와 상충하는 메시지에 대응하는 데 존재 의의가 있다.

통신 기술 분야 역시 메시지로 가득하다. 부모는 음성 메시지, 이메일, 문자 메시지, 메신저를 통해 메시지를 받는다. 그렇게 매일 주고받는 모든 메시지를 생각해보면 그것이 어떤 식으로 부모에게 사소하면서도 중요한 영향을 미치는지 이해할 수 있다. 그뿐 아니라 그런 메시지가 아이들에게 영향을 미친다는 사실도 알 수 있다. 그 방식이 예상 가능한 것이든 예상하기 어려운 것이든, 또 건전한 것이든 해로운 것이든 간에 말이다.

예측할 수 없는 미래를 위한 준비

부모는 아이가 미래에 대비하기를 바란다. 얼마 전만 해도 부모들은 앞날이 어떻게 펼쳐질지, 그런 환경에서 아이가 성공하려면 어떻게 준비해야 할지 비교적 합리적으로 예측할 수 있었다. 하지만 점점 빠르게 변하는 이 사회에서 그런 예측을 신뢰할 수 있을까? 예전에 효과적이었던 방법이 앞으로도 그러할까? 아무도 확실히 예측할 수 없는 미래를 아이들이 적절히 대비하게 하려면 메시지에 어떤 내용을 담아야 할까?

부모가 얼마나 많은 과업에 직면하는지, 그 과업을 제대로 해내지 못했을 때 아이들에게 어떤 영향을 미칠지 생각해보면 미래의 불확실성에 압도당하는 느낌이 들기도 한다.

하지만 아이에게 미래를 준비시키는 것이 꼭 두려운 일만은 아니다. 세상은 빠르고 극심하게 변하지만 아이를 키우는 일만큼은 예전과 크게 다르지 않기 때문이다. 물론 과거에 비해 힘들어지기는 했다. 의지할 만한 사회적 지원이 부족해져 뭐든 혼자 힘으로 해야 한다는 인식이 강해졌고, 세상이 기술적·사회적·정치적 측면에서 예측할 수 없는 변화를 거듭하기 때문이다. 하지만 사람 자체는 크게 변하지 않았기 때문에 자녀 육아의 본질 또한 심하게 바뀌지 않았다. 수백 년, 심지어 수천 년간 사람들을 움직여온 동기는 지금의 부모에게도 의미가 있다. 그것은 바로 삶에서 의미, 행복, 유대감을 발견하려는 의지다.

아이들의 성공에 필요한 요건도 그리 많이 변하지 않았다. 오늘날에도 아이들에게는 우호적이고 안전한 환경과 더불어 지지, 격려, 중요한 인생 기술이 필요하다. 또한 아이들이 몸담고 커갈 세상이 엄청나게 복잡해지고 있기 때문에 그 세상을 탐색하기 위해 부모의 인도가 필요하다. 사실 아이들은 급격한 변화와 극심한 불확실성을 매일 경험하며 살아가므로 과거에 비해 훨씬 더 절실히 우리의 메시지를 필요로 한다.

그러므로 우리가 올바른 메시지로 단단한 발판을 마련해준다면 아이들은 예측하기 어려운 미래의 변화를 모두 감당해낼 수 있는 성숙함과 능력을 갖추게 될 것이다.

아이의 미래를 결정짓는 9가지 메시지

이 책은 내가 이른바 육아 전문가로서 쌓아온 경험과 전문적 지식에 바탕을 둔다. 출판 및 학술 연구원이었던 덕에 나는 늘 자녀 육아에 관한 최신 과학 이론과 연구를 토대로 하여 책을 쓸 수 있었다. 이 책은 아동 연구가 활발했던 지난 10년 사이에 등장한, 아동 발달에 대한 새로운 지식과 통찰에 힘입어 출판되었다.

그와 동시에 이 책은 내가 아내와 함께 두 딸을 키우면서 겪은 실제 육아 경험에도 바탕을 두었다. 큰딸은 이제 막 유치원에 들어갔고 둘째 딸은 한창 어린이집에 다니고 있다. 덕분에 우리 부부는 아직까지도 생생한 기억을 바탕으로 육아에 관심을 두며 계속 즐겁게 아이들을 키우고 있는데, 이런 실전 경험에서 영감을 받아 이 책의 내용을 생각해낼 수 있었다.

또한 나는 5,000여 명의 부모를 대상으로 자녀와 메시지를 주고받은 경험을 조사해서 큰 호응을 얻었다. 이 조사를 통해 여러분과 나를 비롯한 부모들이 아이에게 어떤 메시지를 어떻게 보내는지와 관련한, 새롭고 흥미로우며 놀랍기까지 한 전략을 많이 알게 되었다.

　이 책은 아이들이 삶에서 의미, 유대감, 행복, 성공을 일궈내기 위해 어린 시절에 받아야 할 아홉 가지 핵심 메시지를 다룬다. ① 사랑 ② 유능감 ③ 안도감 ④ 동정심 ⑤ 감사 ⑥ 자연과의 유대 ⑦ 존중 ⑧ 책임감 ⑨ 감정 등 아홉 가지 메시지를 살펴보고, 이러한 메시지들을 아이에게 효과적으로 전달할 수 있는 구체적인 방법을 안내할 것이다.

차례

머리말 | 부모가 보내는 메시지가 아이의 미래를 만든다 | 4

메시지에 대해 먼저 알아야 할 것들

메시지는 아이의 '기본값'을 결정한다 | 26
아이에게 어떤 메시지를 보내야 할까? | 32
좋은 메시지 vs 나쁜 메시지 | 38
완벽하게 통제할 수는 없다 | 43
숨어 있는 또 하나의 메시지 | 45
아이도 부모에게 메시지를 보낸다 | 46
가장 강력한 메시지는 부모의 본보기 | 48
메시지는 어떻게 전달되는가 | 49
메시지를 전달하는 4가지 전략 | 54
아이의 신호를 포착하고 다양한 경로로 메시지를 보내라 | 59
보내고, 보내고, 또 보내라 | 60
메시지 전달을 가로막는 장애물들 | 65

… **1**

Message

사랑은 아이를 만드는 원천이다

아이를 행복하게 하는 사랑, 아이를 망치는 사랑 | 92

헬리콥터 부모의 해로운 사랑 | 94

'어두운' 사랑의 메시지 | 96

아이의 눈으로 본 사랑 | 98

올바른 사랑의 유형 | 102

가치적 사랑 vs 결과적 사랑 | 104

아이의 자아관과 세계관을 형성하는 사랑의 메시지 | 106

사랑을 표현하는 표어 | 108

사랑을 표현하는 습관적 의식 | 110

사랑을 표현하는 활동 | 114

Message 2
유능감은 아이의 성공을 결정짓는다

유능감은 성공과 성취의 동력이다 | 120

유능감을 훼손하는 메시지 ① 잘못된 기대 | 122

유능감을 훼손하는 메시지 ② 완벽주의 | 129

유능감을 훼손하는 메시지 ③ 실패에 대한 두려움 | 133

유능감을 형성할 수 있는 사람은 아이 자신이다 | 139

"잘했어!"를 빼고 칭찬하기 | 143

아이가 우리의 일을 돕게 하라 | 147

아이의 발달을 앞당길 수는 없다 | 148

성급한 끼어들기는 금물 | 149

유능감을 길러주는 표어 | 152

유능감을 길러주는 습관적 의식 | 154

유능감을 길러주는 활동 | 156

Message 3
안도감은 아이가 넓은 세계로 나아가게 한다

안도감을 심어주기 위한 메시지 ① 안정 애착 | **160**

안도감을 심어주기 위한 메시지 ② 안전한 자아 | **163**

안도감을 심어주기 위한 메시지 ③ 안전한 세계 | **166**

아이 스스로 자기의 세계를 넓혀가게 하라 | **169**

안도감을 심어주는 표어 | **174**

안도감을 심어주는 습관적 의식 | **178**

안도감을 심어주는 활동 | **181**

Message 4
동정심은 아이를 세상과 깊이 연결되게 한다

아이들이 동정심을 배우기 어려운 이유 | **191**

동정심은 모두를 이롭게 한다 | **193**

동정심의 메시지로 아이를 둘러싸기 | 195
동정심을 이끌어내는 표어 | 202
동정심을 이끌어내는 습관적 의식 | 204
동정심을 이끌어내는 활동 | 206

Message 5

감사는 긍정적인 아이를 만든다

감사는 우리 삶에서 특별한 힘을 발휘한다 | 212
감사의 가치를 일깨워주는 메시지 | 213
감사를 표현하는 표어 | 216
감사를 표현하는 습관적 의식 | 218
감사 표현을 위한 활동 | 221

Message 6
자연과의 유대가 아이에게 밝은 미래를 선사한다

지구와의 유대감 키우기 | **226**
친환경적 삶을 위한 표어 | **230**
친환경적 삶을 위한 습관적 의식 | **232**
아이와 함께하는 친환경 활동 | **234**

Message 7
존중은 아이가 맺는 인간관계의 바탕이 된다

우선 아이의 존중을 얻어야 한다 | **239**
아이는 부모의 말이 아니라 행동을 따른다 | **241**
친구가 되지 말고 부모가 되라 | **243**

힘을 유지하기 | **246**

기 싸움에 대처하는 방법 | **248**

자기존중감은 아이를 보호해줄 갑옷이다 | **252**

존중을 익히기 위한 표어 | **257**

존중을 익히기 위한 습관적 의식 | **260**

존중을 익히기 위한 활동 | **263**

Message

책임감은 아이가 스스로 삶을 이끌어가게 한다

누구에게나 해야 할 일이 있다 | **270**

확고하지만 융통성 있게 | **272**

책임을 맡기고 영역을 점점 확장하라 | **274**

기대와 결과를 적절히 활용하기 | **276**

책임감을 길러주는 표어 | **280**

책임감을 길러주는 습관적 의식 | **284**

책임감을 길러주는 활동 | **287**

Message 9
감정을 잘 다스리는 아이가 행복하다

감정적 과보호는 오히려 해롭다 | **295**

부모의 무의식은 아이의 현실이다 | **296**

감정을 구체화하고 표현하게 하기 | **298**

감정 조절을 위한 표어 | **302**

감정 조절을 위한 습관적 의식 | **306**

감정 조절을 위한 활동 | **309**

맺음말 | 아이들은 분명 우리의 메시지를 듣고 있다 | **316**

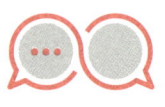

메시지에 대해
먼저 알아야 할 것들

아이에게 유익한 메시지를 보내고 싶다면 우선 '아이들은 가장 많이 받는 메시지대로 자란다'라는 내 생각을 전적으로 받아들여야 할 것이다. 이 주장은 상당히 합리적이고 이해하기 쉬운 편이지만, 일단은 아이의 발달에 메시지가 얼마나 중요한지를 이 책을 읽는 독자에게 충분히 납득시켜야 할 듯하다. 그러기 위해 우선 메시지란 무엇이고, 또 왜 필요한지부터 알아보자.

■ 메시지는 아이의 '기본값'을 결정한다 ■

꽤 오래전부터 기계와 기술에 해박한 괴짜이자 얼리어답터(early adopter)

였던 나는 과학 기술과 관련된 심리학 글을 블로그에 써왔다. 이러한 과학 기술의 세계에서 자주 접하는 개념 중 하나는 '초기 설정(default)' 혹은 '기본값'이다. 기술 용어에 익숙지 않은 독자를 위해 설명하자면, 초기 설정이란 '미리 설정된 옵션, 즉 다른 대안을 선택하지 않을 경우 컴퓨터에서 자동으로 설정하는 사항'을 말한다. 한동안 이유는 몰랐지만 나는 늘 초기 설정의 개념에 심리학적으로 중요한 의미가 있다는 생각이 들곤 했다.

컴퓨터에서의 초기 설정이 육아와 무슨 상관이 있다는 것인지 의아한 사람도 있을 것이다. 하지만 부모는 스스로 인식하든 그렇지 않든 아이 삶의 거의 모든 분야에 초기 설정값을 정해준다. 앞서 말한 컴퓨터 초기 설정의 정의를 육아에 적용하자면 '의도적으로 다른 대안을 선택하지 않을 경우 아이에게 자동으로 주어지는 사항'이라 할 수 있다. 다시 말해 아이들의 초기 설정값은 인생 초기의 생각, 감정, 결정, 행동 등 경험에 따라 달라진다. 유익한 것이든 아니든 아이들에게 초기 설정값은 굉장히 중요하다. 선택의 기로에 놓였을 때 아이가 가장 먼저 선택할 대안이기 때문이다. 다시 말해 부모가 아이에게 건전한 초기 설정값을 정해줄 수 있다는 것은 곧 매력적이지만 잠재적으로 해로운 대안 대신 유익한 선택지를 고를 수 있는 기회를 마련해주는 것과도 같다.

초기 설정값에 따라 아이의 행동이 달라진다

아이들에게 초기 설정이 그토록 중요한 데는 몇 가지 이유가 있다. 인지과학에서 밝혀진 바에 따르면 일반적으로 사람들은 대안을 선택하고 행동에 옮길 때 최대한 효율을 추구한다. 이 말은 가장 빨리 결정하게 하는 체계가 무엇인지에 따라 저마다 보이는 행동 패턴 또한 다르다는 뜻이다. 이 효율적인 체계를 가능하게 하는 것이 바로 초기 설정값이다.

또한 최근의 신경심리학 연구에서는 뇌의 전전두피질(前前頭皮質, prefrontal cortex)이 10대 시절에도 계속 발달한다는 사실을 밝혀냈다. 전전두피질은 충동 조절, 위험-보상 비교, 장래 계획, 의사결정 등 이른바 실행 기능(executive function)을 수행하는 부위다. 따라서 전전두피질이 10대에도 계속 발달한다는 것은 곧 초기 설정값이 제대로 설정되어 있지 않으면 생각 없이 행동하기 쉬울 뿐 아니라 또래의 압력이나 대중문화 같은 외부 요인에 휩쓸리기도 쉽다는 것을 의미한다. 아이들은 눈앞에 닥친 상황에 대해 신중하게 결정을 내리는 대신 반사적으로 반응하는 경우가 많다. 그러므로 초기 설정값이 유익한지, 해로운지, 또는 아예 초기 설정값이 없는지에 따라 아이들의 반응은 달라진다.

초기 설정값은 일찍부터 몇 가지를 근원으로 하여 발달한다. 초기 설정값이 가장 먼저 정해지는 시기는 어린아이가 부모, 친구들, 다른 사람들을 역할 모델로 삼을 때다. 아이들은 단연 중요한 사람인 부모를 비롯하여 자기 인생에서 영향력 있는 사람들이 다양한 상황에 대응하는 특정 방식을 보고 그것을 초기 설정값으로 저장한다. 아이가 부모의 몸짓과 어휘를 배워서 따라 하는 모습을 보면 이 역할 모델 효과의 위력을 쉽게 알 수 있다.

아이가 말을 배우기 시작했다면, 뭔가 배울 점이 있는 상황이 끝난

후 그 상황에서는 어떻게 행동해야 적절한지 말해줌으로써 초기값을 설정해줄 수 있다. 초기 설정값은 전적으로 반복을 통해 자리 잡는다. 즉, 아이가 같은 메시지를 보고 들으며 비슷한 방식으로 행동하고 반응할수록 그 초기 설정값은 몸에 더 깊이 밸 뿐만 아니라 앞으로의 행동 방향도 보다 쉽게 이끌 수 있다.

건전한 초기값이 해로운 가치들로부터 아이를 지켜준다

아이가 체득한 가치들은 초기 설정값의 역할을 수행할 수 있다. 특정 행동방식을 선택할 때 가장 먼저 문지기 역할을 하는 것이 바로 가치이기 때문이다. 다시 말해 초기 설정된 가치에 정직, 책임, 관용이 들어 있는 아이는 이런 가치들이 필요한 상황에 처했을 때 솔직하게 말하고 비난을 받아들이며 다른 사람들을 돕는 행동을 할 가능성이 높다.

오늘날 대중문화를 통해 아이들이 접하는 메시지에 유해한 가치관들이 들어 있다는 점을 고려하면, 아이에게 건전한 가치를 심어준다는 것은 엄청난 도전과도 같다. 불행한 이야기지만 아이가 부모의 품을 떠나 가장 많이 접하는 가치, 예를 들어 대중문화에서 접하는 가치관들은 그리 건전하지 못한 경우가 많다. 좋은 메시지를 통해 아이에게 일찌감치 긍정적인 가치를 심어줄 수 있다면, 아이가 더 넓은 사회와 디지털 세계로 뛰어들었을 때 해로운 가치의 영향을 덜 받도록 초기 설정값을 입력해주는 셈이다.

자긍심, 자기존중, 자신감, 위험을 감수하려는 의지, 인내심, 노력 등 아이가 자신에 대해 취하는 태도는 학교생활이나 인간관계 등 다양한 상황에서 문제에 부딪혔을 때 초기 설정값의 역할을 한다. 이러한 자신에 대한 태도는 부모와 맺는 관계의 질, 그리고 아이를 대하는 부모의 태도를 담은 메시지를 통해 형성되기 시작한다.

건강과 관련된 초기 설정값은 아이의 신체 활동을 좌우하는 습관이 된다. 식사, 운동, 수면의 초기값은 아이의 장기적 건강(혹은 건강 악화)의 밑바탕을 형성한다. 오늘날 어린 나이임에도 나쁜 식습관과 신체 활동 부족 등 해로운 초기 설정값이 자리 잡은 많은 아이들의 모습을 보면 소아비만이 유행처럼 널리 번진 이유를 이해할 수 있다.

당신의 자녀는 자유 시간을 어떻게 보내는가? 무엇을 하고 노는가? 자유 시간에 책을 읽는가, TV를 보는가? 뒤뜰에서 잡기 놀이를 하는가, 집 안에서 게임을 하는가? 이런 것들은 아이가 쉬는 시간을 어떻게 보내는지, 그리고 좀 더 자라서 지루함에 어떻게 반응하는지와 관련된 초기값을 결정한다. 어릴 적부터 TV, 컴퓨터, 스마트폰, 게임 등 최근 몇 년 사이에 퍼진 오락거리와 소셜 미디어를 사용(혹은 과용)하는 생활방식은 지난 세대에서 볼 수 없었던 새로운 초기 설정값을 만들어내고 있다.

어린 시절의 사회생활 양상 또한 초기 설정값으로서 유년기 말기와 성인기의 인간관계에 영향을 미친다. 타인과의 소통방식과 관련된 메시지는 친절함, 공감, 존중, 협력, 이기심, 반감, 무례함, 말다툼 같은 사회적 초기 설정값이 어떻게 표출될지를 결정한다.

건전한 초기값이 설정되어 있으면 멍청하거나 비열한 행동을 전혀 하지 않는 걸까? 물론 그렇지 않다. 아무리 컴퓨터에 프로그램을 잘 깔고 관리해도 버그, 결함, 고장, 멈춤 현상이 일어나듯 아이들도 그럴 수 있다. 따라서 주기적으로 재충전하고 새로운 정보를 접하게 해줘야 한다. 하지만 이 꼬마 컴퓨터들에게 애초부터 제대로 된 프로그램이 깔렸다면, 적어도 향후 몇 년간은 생산적이고 행복하게 움직이리라 기대할 수 있을 것이다.

부모의 초기 설정값도 중요하다

초기 설정의 개념은 아이에게만 적용되지 않는다. 초기 설정은 아이가 자라는 동안 육아에서도 중요한 역할을 한다. 아이를 기르기 시작할 때 부모는 다양한 경로를 통해 아이에게 수많은 메시지를 전한다. 그러면 아이는 메시지의 질과 양, 전달방식을 체득하고, 자라면서 그것을 초기값으로 설정하게 된다.

아이가 어릴 때는 좋은 메시지를 보내는 것이 여러모로 쉽다. 아이 자신은 물론 부모도 가족이라는 보호막 덕분에 외부의 영향을 덜 받을 수 있기 때문이다. 하지만 아이가 학교라는 사회·문화적 세계에 발을 들이고 나면 부모와 아이 둘 다에게 '현실 세계'의 강렬한 메시지가 점점 더 많이 쏟아진다. 아이들은 친구들과 대중문화에서 접하는 불건전한 메시지의 홍수에 노출된다. 일찍부터 아이에게 긍정적인 메시지를 보내는 것이 중요해지는 시점은 바로 이때다. 나중에 아이가 유해한 메시지에 저항하도록 도와줄 건전한 초기값을 입력해주는 것이 그 메시지들이기 때문이다.

하지만 부모들도 마찬가지로 친구들과 대중문화를 통해 해로운 메시지를 많이 받는다. 부모는 남에게 뒤지지 않아야 한다는 메시지에서 압박을 느낀다. 예를 들어 아이에게 더 좋은 성적을 받으라거나, 운동 경기에서 이겨야 한다고 닦달하고 싶어지는 것이다. 이럴 때는 아이에게 '엄마 아빠는 너를 진심으로 믿지 않아'라는 메시지를 보내기 십상이다. 이런 까닭에 아이가 어릴 때 아이에게 유익한 메시지를 보내는 한편 부모들의 초기값 역시 건전하게 설정하는 것은 큰 도움이 된다. 아이에게 전달하는 메시지와 전달방식에서 긍정적인 초기 설정값을 입력해두면, 아이가 자라는 동안 언젠가 접하게 될 해로운 메시지에 대해서도 대비할 수 있다.

아이에게 어떤 메시지를 보내야 할까?

아이에게 올바른 메시지를 보내고 싶다면 어떤 메시지가 올바른 것인지를 아는 것이 가장 중요하다. 초보 부모는 이 점을 잘 모른다. 아기를 재우고 먹이고 기저귀를 갈아주고 울 때 돌봐주는 등 메시지보다 급한 일들을 처리해야 하는 초보 부모나 예비 부모는 이런 측면에 그다지 신경을 쓰지 않기 때문이다. 그러나 부모가 이 점을 깨닫기도 전에 갓난아기는 쑥쑥 자라고, 그러는 동안 육아는 눈곱만큼도 쉬워지지 않았는데 다른 우선사항까지 계속 등장하는 상황에 처한다. 그러니 부모에게는 여전히 아이의 발달에 중요한 '메시지 보내기'라는 일에 신경을 쓸 시간이나 여력이 없다. 어린 자녀에게 어떤 메시지를 전할지 깊이 생각해보지 않으면 메시지를 보낸다 해도 기껏해야 두서없는 것을 보내거나 제대로 전달하지 못하는 경우가 태반인 데다, 자칫하면 완전히 잘못된 메시지를 보낼 위험까지 있는데도 말이다.

부모 스스로 던져야 하는 질문은 이것이다. "올바른 메시지가 뭔지 어떻게 알 수 있을까?" 올바른 메시지가 무엇인지 구체적으로 알아보는 방법을 알려주기 전에, 흥미로운 연구 결과를 하나 소개하겠다.

이 연구에서는 4세에서 11세 사이의 아이들에게 그들이 부모에게 바라는 점을 말해보라고 했다. 우선 아이들은 부모에게 관심을 더 받고 싶어 했고, 더 많은 시간을 함께 보냈으면 좋겠다고 응답했다. 또한 엄마나 아빠와 둘만의 시간을 더 많이 보내고 함께 무엇을 할지 스스로 선택하고 싶어 하는 한편, 자기가 규칙에 자주 반항하기는 하지만 규칙을 정해주길 바란다고 말했다. 이 조사에 참여한 아이들은 눈에 보이는 방식으로 부모에게 보호받고 사랑받음으로써 통제 불가능해 보이는 세상에서 안전함을 느끼고 싶어 했다. 이를테면 자연스러운 애정 표현이나 밤에 엄마 아빠가 자신을 살펴봐주는 것을 좋아한 반면, 소리를 지르는 것은 싫어했다. 마지막으로 아이들은 '가족끼리 늘 하는 의식, 습관적 절차, 예측 가능한 상황'을 좋아했다.

원칙적으로는 부부가 결혼 전이나 아이를 낳기 전에 육아 방식과 유형에 대해 철저히 상의해야 한다. 하지만 현실적으로 아이가 걸음마를 시작하기 전에만 그런 대화를 시작해도 대다수의 부모들보다 게임에서 앞서는 셈이다. 내 상담 고객들과 아이를 기르는 친구들의 말을 들어보면, 놀랍게도 사람들은 육아 방식에 대해 이야기하는 일이 드물고 의견이 합치되는 경우도 매우 적다.

이런 논의를 시작할 때는 각자의 어린 시절 경험에 대해 이야기를 나누면 좋다. 대부분의 사람은 부모가 자신에게 해준 그대로 따라 하거나 정반대로 행동하려 하기 때문이다. 부부가 각자 어린 시절에 어떤 메시지를 받았는지, 성인이 되는 데 그 메시지들이 어떤 역할을 했는지, 그것이 육아에 어떤 영향을 미칠지 살펴보자.

- 어린 시절 가족의 정서적 분위기와 가족생활 유형은 어땠는가?
  (예 : 조용하고 표현이 적었다. 활발히 감정을 표현하고 정신없는 분위기였다.)
- 가족끼리 어떤 가치에 대한 이야기를 나누었는가?
  (예 : 신념, 자선, 성취, 건강)
- 가족들 사이에서 뚜렷이 나타난 태도나 믿음에는 어떤 것들이 있는가? (예 : 겸손, 공감, 희망)
- 가족과 어떤 활동과 경험을 공유했는가? (예 : 스포츠, 게임, 원예)
- 어린 시절 받은 건전한 메시지 중 아이에게 전해주고 싶은 것은 무엇인가?
- 어린 시절 받은 해로운 메시지 중 아이에게 전하고 싶지 않은 것은 무엇인가?

여기서는 다소 긍정적인 예를 들었지만 위의 질문들에는 분노, 편견, 이기심, 과식 등의 항목이 들어갈 수도 있다는 점을 염두에 두기 바란다.

이제 다음 질문을 참고하여 아이에게 어떤 메시지를 심어주는 것이

가장 중요하다고 생각하는지 각자 이야기해보자.

- 아이에게 어떤 가치를 가장 가르쳐주고 싶은가?
- 아이가 자기 자신에 대해 어떻게 생각하고 믿기를 바라는가?
- 아이가 다른 사람들과 세상에 대해 어떤 태도를 취했으면 좋겠는가?
- 어떤 가치, 신념, 태도로부터 아이를 보호하고 싶은가?
- 해로운 메시지를 배제하고 유익한 메시지를 전하기 위해 어떤 활동이나 경험을 아이와 함께할 수 있는가?

이 책에서는 내 직업상의 경험을 토대로 아이들이 부모에게 받아야 할 메시지 중 가장 중요한 아홉 가지를 제시한다. 그것은 바로 ① 사랑 ② 유능감 ③ 안도감 ④ 동정심 ⑤ 감사 ⑥ 자연과의 유대 ⑦ 존중 ⑧ 책임감 ⑨ 감정과 관련된 메시지다. 나는 이 아홉 가지 메시지가 개인적·문화적 장벽을 초월한다고 믿지만, 메시지의 원천에 해당하는 가치관, 신념, 태도는 가정교육, 문화, 신앙 등 수많은 요소에 따라 달라질 수 있다. 그러므로 아이에게 전해주고 싶은 메시지가 명확히 떠오르면 이 책에서 소개하는 메시지를 그것으로 대체하거나 보완해도 좋다. 여러분이 아이에게 강조하려는 메시지가 무엇이든, 이 책에서 소개하는 정보와 전략을 사용하면 가장 효과적으로 전달할 수 있을 것이다.

물론 이 문제에 대한 결론을 단번에 이끌어낼 수 있는 것은 아니다. 그보다는 정보나 관점을 새로 접하거나 신선한 아이디어가 떠오를 때마다, 또 시각이 바뀌어 가장 중요하다고 여기는 메시지가 명확해지거나 메시지의 우선순위가 달라짐에 따라 지속적으로 대화하면서 다뤄야 한다. 부모의 목적은 합의를 통해 메시지들을 정하여 강력한 연합전선을 구축하는 것이고, 그러면 부모가 전하려는 메시지를 아이가 받을 기회가 늘어날 것이다.

이런 논의를 일찍, 자주 가질 때의 중요한 이점은 갈등이 일어나기 전에 해결하기 쉽다는 것이다. 우리 부부는 두 딸을 낳은 뒤 수많은 자녀교육서를 읽고 다른 부모들의 육아 방식에 대해 이야기를 나누었다. 이때는 거의 모든 측면에서 뜻이 통했지만, 처음에는 사사건건 의견이 충돌했다. 예를 들어 우리는 딸들이 대중문화를 얼마나 접하게 해야 하는가 하는 문제를 두고 부딪쳤는데, 이런 문제가 생기면 대화를 통해 합의를 도출했다. 그 덕분에 아이들이 태어나기도 전에 어떻게 길러야 할지에 대한 연합전선을 구축했고, 혹시나 생길 법한 수많은 의견 충돌을 막을 수 있었다. 아이들이 태어난 후에는 갈등이 생기면 예전의 대화를 떠올리고 우리의 관점을 바꾸었을지 모를 새로운 정보나 경험을 고려해보았다. 이런 식으로 우리는 메시지와 관련된 의견 충돌을 최소화했다.

하지만 메시지 문제에서만큼은 배우자와 의견이 엇갈려도 절충안이나 합의점이 없을 수 있다. 이런 경우 어느 한쪽이 의견을 굽히지 않으면 아이는 뒤죽박죽인 메시지를 받게 되는데, 이것은 아이에게 전혀 도움이 되지 않는다. 어떤 문제에 대해 둘 중 한 명이 뚜렷한 의견을 고수하고 설득력 있는 주장을 펼친다면, 상대방은 메시지의 봉일성을 위해 그 주장을 받아들여야 한다. 이런 갈등이 특히 첨예해지는 경우는 종교(예를 들어 기독교 대 유대교), 대중문화에 노출되는 정도(게임기 대 전자책), 건강 및 식습관(채식주의 대 혼식, 잡식주의) 등 본질적으로 중요한 메시지가 관련되었을 때다. 이렇게 어떤 메시지를 보낼지 합의되지 않은 상황에서는 반드시 어느 한쪽만이 옳다고 할 수 없다. 그보다 중요한 것은 우리보다 아이를 우선으로 생각해야 한다는 점, 장기적인 발달이나 건강과 관련된 문제에서는 양쪽의 입장을 고려해야 한다는 점이다.

아내와 내가 한 가지 깨달은 것이 있다. 우리의 이념과 고집을 제쳐두면 둘 중 한 명은 특정 메시지가 두 아이에게 도움이 될 것이라고 상대방을 설득할 수 있다는 점이었다. 이런 논쟁에서 '지는' 것은 항상 기분 나쁘지만 딸들에게 좋은 일을 해준다는 측면에서는 기분 좋은 일이기도 하다. 감정이 배제된 사려 깊은 논의, 서로 존중하는 분위기, 무엇보다도 아이를 위해 메시지를 둘러싼 갈등의 해결법을 찾겠다는 공통의 목적이 있다면 갈등을 최소화하고 아이에게 좋은 메시지를 최대한 많이 보낼 수 있다.

일찍이 시인 로버트 번즈(Robert Burns)는 "생쥐와 인간의 소중한 계획은 어그러지는 경우가 흔하다"라고 쓴 바 있지만, 소통의 창이 열려 있으면 계획이 어그러진 상황에도 적응할 수 있다. 육아 이론이 실제 육아와 잘 맞아떨어지지 않는 주된 이유는 우리가 자녀교육서를 전부 읽는다 해도 아이들은 그렇지 않기 때문이다. 우리가 아이에게 보내고자 하는 메시지와 전달방식은 현실에 발목을 잡히기 십상이다. 자녀교육서에서 효과적이라고 말하는 방법과 실제는 자주 어긋나기 때문에, 메시지에 관련된 일에서는 유연하게 대처할 필요가 있다.

여러분은 이런 논의를 바탕으로, 아이들에게 전하려는 메시지와 관련된 실질적 기준을 만들고 싶을 수도 있다. 예를 들어 아내 세라와 나는 딸들에게 뭔가를 허락해주기 전에 서로 무슨 일인지 알려줌으로써 아이들이 거짓말을 하는지 확인하기로 했다. 또 동생이 언니를 때린다든지 하는 특별한 상황이 일어나면 늘 일정한 메시지를 보내기로 합의했다. 이를테면 동생에게 언니를 때린 것을 사과하고 정확히 어떤 점이 미안한지("때려서 미안해, 언니") 말한 후 언니를 살짝 쓰다듬게 하는 식이었다.

각자의 성격과 행동방식에 따라 역할을 정해도 좋다. 말하자면 무서운 경찰 역할에 적합한 사람이 있고 착한 경찰 역할에 적합한 사람이 있으니, 더 엄격하고 무서운 사람이 무서운 경찰 역할을 맡고 다정하고 참을성 있는 사람이 착한 경찰 역할을 맡는 것이다. 우리 집에서는 내가 무서운 경찰, 아내가 착한 경찰 역할에 적합하다. 즉, 각자의 장점에 맞는 역할을 정하면 된다. 배우자와 합의한 메시지를 보내는 데 서툰 사람은 아예 메시지를 보내지 말고 배우자에게 맡기는 것도 좋다. 사실 부부마다 자녀에게 메시지를 전달하는 통로와 방식은 아주 다양할 수 있기 때문에, 가족의 특성에 따라 다양한 육아 방식이 장점이 될 수 있다.

좋은 메시지 vs 나쁜 메시지

물론 여러분은 자녀를 사랑하는 마음으로 최대한 유익한 메시지를 보냄으로써 아이들이 자신과 세상에 대해 긍정적인 가치와 신념, 태도를 내면화하길 바랄 것이다. 하지만 성인이 된 뒤 자신의 부모와 가정교육을 돌이켜본 자녀들은 '지옥으로 통하는 길은 선의(善意)로 포장되어 있다'는 것을 깨닫는 경우가 많다. 부모는 아이에게 좋은 메시지도 많이 보내지만 결코 건전하지 않은 메시지를 보내는 경우도 적지 않고, 그 메시지를 받아들인 아이는 성인이 되어서도 영향을 받을 수 있다.

현실적으로 생각해보자. 일단 우리도 장단점이 있는 사람이기 때문에 아이에게 건전한 메시지는 물론 해로운 메시지도 보낼 수 있다. 늘 좋은 것만 주고 싶은 것이 부모의 마음이니 고의로 그렇게 하는 것은 아니지만 그릇된 의도, 이기심, 마음의 응어리나 불건전한 가치관 때문에, 혹은 미처 의식하지 못하는 상태에서 아이의 발달을 저해할 만한 메시지를 보내기 십상이다. 진짜 걱정거리는 아이들이 전혀 바람직하지 않은 메시지를 얼마든지 포착하고 내면화할 수 있다는 점이다.

이 장에서는 자녀에게 보낼 메시지를 결정하는 문제를 다루기 때문에, 우리는 꽤나 민감한 영역에 발을 들이고 있다 할 수 있다. 나는 아이들에게 무엇이 좋고 나쁜지, 무엇이 유익하고 해로운지 평가하는 최종 결정자가 나라고 말하려는 것이 아니다. 나는 진실성, 공감, 노력, 의무감 등 모두가 만장일치로 아이에게 유익하다고 말하는 메시지는 분명히 존재한다고 생각하는 한편 탐욕, 이기심, 냉담함, 비열함 등 해로운 메시지가 있다는 데도 많은 사람이 동의하리라 믿는다. 하지만 오늘날 대중문화는 물론이고 부모들도 자녀에게 '나쁜' 메시지를 자주 보낸다고 주장하고 싶지는 않다.

장담컨대 아이에게 건전하지 못한 메시지를 가끔 보내는 것은 여러분만이 아니다. 5세에서 17세까지의 자녀를 둔 부모 1,600명을 대상으로 한 조사에서는 아이에게 자기 통제, 근검절약, 정직, 독립심, 학교생활에 최선을 다하기, 좋은 식습관, 예절 등을 가르치는 일이 '반드시 필요한' 일이라고 답한 사람이 상당수를 차지했다. 하지만 그 믿음을 뒷받침하는 메시지를 보내는 데 성공했냐고 질문했을 때, 응답자들은 믿음과 실제에서 22~49퍼센트의 괴리를 보였다. 즉, '공손함을 가르쳐야 한다'고 믿는 부모는 84퍼센트였으나 그런 메시지를 실제로 보냈다고 생각하는 부모는 62퍼센트였고, '자기통제를 가르쳐야 한다'고 믿는 부모는 83퍼센트였으나 실제로 그런 메시지를 보냈다고 응답한 부모는 34퍼센트에 불과했다. 응답자 중 한 아버지는 이렇게 말했다. "아이를 훈육하는 일은 매우 집중해야 하기 때문에 힘들어요. 인생은 짧잖아요. 재미있게 살고 싶다고요."

이 장을 읽으면서 자신이 어린 시절이나 그 이후에 받은 메시지들 중 무심코 아이에게 그대로 전달했던 것이 있는지 생각해보기 바란다. 자신의 마음속 앙금과 연약함을 들여다보기 좋아하는 사람은 없으므로 이 '거울 보기(looking in the mirror)' 과정은 고통스러울 수도 있다. 하지만 이 과정은 아이를 위해 자신의 마음속 괴물과 기꺼이 마주하려는 시도이며 용기와 의지가 있는 행동이다. 내가 만나본 많은 부모가 이런 노력을 하는데, 그 결과는 아이들의 인생을 바꿀 만한 것이다. 여러분이 부모에게 받았거나 어딘가에서 배웠을 해로운 메시지를 보내지 않는다면 아이에게 평생 갈 선물을 주는 셈이다.

적절한 역할 모델을 설명하기 위해, 아내와 내가 두 딸에게 전해주었을지 모른다고 걱정하는 나쁜 메시지 두 가지를 소개하겠다. 나는 통제에 집착한다. 통제광(狂)까지는 아니지만, 약속에 늦었다든지 두 딸이 말을 듣지 않는다든지 해서 상황이 예상대로 흘러가지 않으면 스트레스를 받고 지독하게 깐깐해진다. 아이들이 나의 '통제 스위치'를 건드리면 나는 완고함, 불만, 못마땅함, 소리는 지르지 않지만 분명히 화가 났다는 것을 알리는 메시지를 보낸다.

아내의 민감한 스위치는 남들에게 판단받기를 두려워하는 것인데, 육아와 관련된 문제의 경우에는 특히나 그렇다. 타인의 시선에 민감한 이 성향 때문에 아내는 아이들이 너무 시끄럽거나 버릇없을까 봐 걱정하고, 화를 내거나 아이들을 지나치게 통제하려 들기도 한다. 일반적인 기준에서 볼 때 아이들이 그리 시끄럽거나 버릇없지 않을 때에도 마찬가지다. 아이들이 '통제 불가능한' 행동을 한다면 자신이 형편없는 엄마로 보일 거라고 생각한다. 이때 아이들이 받을 메시지에는 엄마를 실망시켰다는 수치심, 완벽해야 한다는 생각, 엄마와 다른 사람에게 자신의 가치를 인정받지 못한다는 느낌이 담겨 있다. 이런 메시지는 아이들의 활발함과 자연스러움을 억누르기도 한다.

아내와 나는 이 점뿐만 아니라 마음속의 또 다른 응어리를 뼈저리게 느끼고 최선을 다해 내면의 괴물에 저항하고 있다. 하지만 우리는 완벽하지 못한 사람이므로, 해로운 메시지를 최소화하고 유익한 메시지를 최대화하기만 해도 우리 아이들이 성공적인 삶을 살게 되리라고 생각한다. 만일 이런 노력을 통해 마침내 마음속 응어리를 풀어내는 법을 알아낸다면 가족 모두가 더 행복해질 것이다.

어떤 응어리가 있는지 알아차렸을 때의 장점은 자신에게 메시지를 바꿀 힘이 있음을 깨닫게 된다는 것이다. 우리 역시 다른 사람들과 마찬가지로 아이에게 해로운 메시지를 전할 수 있지만, 이러한 결점을 인정한다면 해로운 메시지를 알아보고 통제하며 그것을 아이에게 보내지 않거나, 적어도 덜 보내는 법을 배울 수 있다.

자칫 아이에게 보낼 수 있는 해로운 메시지를 알아보는 데는 특별한 비결이 없다. 우리 자신의 어린 시절을 돌이켜보고 부모님이 우리에게 어떤 메시지를 보냈을 때 얼마나 기분이 나빴는지를 떠올리는 것도 하나의 방법이다. 예를 들어 부모님에게 사랑받으려면 완벽해져야 한다는 메시지를 받았을 때 기분이 어땠는지 생각해볼 수 있다. 또 다른 방법은 우리가 아이에게 보내던 해로운 메시지를 다른 부모가 자기 아이에게 보내는 모습을 보고, 그 메시지에 놀라고 아이의 반응에 슬픔을 느끼는 것이다. 예를 들어 주변을 어지럽힌 아이에게 화를 내는 다른 부모의 모습을 보고 깨달음을 얻을 수 있다. 또 아이의 입장이 되어 메시지에 대한 반응을 살펴보는 것도 한 가지 방법이다. 이를테면 계속해서 아이의 말실수를 지적하고 바로잡는다면 아이의 기분이 어떨지 상상해볼 수 있다. 이 모든 경우에 우리는 묵직한 깨달음을 얻고 아이를 위해 메시지를 바꿔야겠다고 생각하게 될 것이다.

메시지의 내용뿐만 아니라 전달방식도 중요한 문제다. 우리는 좋은 의도로 아주 긍정적인 메시지를 전한다고 생각할지 모르지만, 전달방식이 그 메시지를 해로운 것으로 바꿔버릴 수 있다. 예를 들어 아이에게 노력과 성취의 훌륭함을 강조하는 메시지를 보내고 싶다고 가정해보자. 그런데 숙제하라고 끊임없이 들볶고, 좋은 성적을 받으면 물질적으로 보상하고, 아이가 기대에 부응하지 못하면 실망과 불만을 내보이는 방식으로 메시지를 전달한다면 어떨까? 바깥에서 이 메시지를 보면 애초의 좋은 의도는 불신, 조건부 사랑, 분노라는 더 노골적인 메시지에 가려지기 마련이다.

우리가 기억해야 할 중요한 점은 아이에 대한 우리의 영향력이 동전의 양면과도 같다는 점이다. 우리는 아이에게 나쁜 메시지를 보내서 아이를 크게 망가뜨릴 수도 있는 반면, 제대로 된 메시지를 통해 아이에게 놀라운 일을 해줄 힘도 있다.

완벽하게 통제할 수는 없다

메시지를 의식하면서 깨닫게 될 또 다른 사실은 우리가 나쁜 메시지를 전부 알아보고 막을 수는 없다는 것이다. 아내와 나는 이전에 수없이 논의하면서도 예상하지 못했던 메시지, 혹은 우리가 보내리라고는 전혀 생각조차 하지 않았던 메시지를 딸들에게 종종 보냈다는 사실에 충격을 받은 적이 많다. 부모가 전혀 해롭지 않다고 생각한 말이 아이에게는 잊을 수 없는 강력한 메시지가 될 수도 있다.

일례로 아내는 쇼핑을 하러 집 근처 번화가에 갔을 때 주차권을 받을 수 있을까 걱정하는 기색을 몇 번 내비쳤는데, 이제 다섯 살인 딸은 이후 그 근처에만 가면 주차권 걱정을 한다. 여러분도 이미 깨달았겠지만, 육아란 감당하기 힘들고 스트레스를 받는 일이기 때문에 아이를 기르다 보면 자신의 가장 나쁜 성향이 튀어나오고 우울한 면이 더욱 부각될 수 있다. 하지만 그 일로 자책해서는 안 된다. 사람이라면 누구에게나 일어날 수 있는 자연스러운 일이기 때문이다. 다행히도 자녀 육아는 주로 부모의 가장 좋은 면을 이끌어낸다. 아이를 기르다 보면 그 작은 존재가 우리로 하여금 사랑하고, 보호하고, 올바른 일을 하도록 해주기 때문이다.

아마 여러분은 지금쯤 아이에게 24시간 내내 올바른 메시지를 보내야 한다는 압박을 심하게 느낄지도 모르겠다. 다행히도 나는 완벽한 육아란 없다고 믿는다. 그것이야말로 이룰 수 없는 목표다. 우리는 부모이기 이전에 사람이고 부족한 면도 있기 때문이다. 또한 아이들은 회복이 아주 빠르기 때문에 안 좋은 일을 많이 겪더라도 대부분 문제없이 살아가고, 현대보다 훨씬 가혹한 조건에서도 오랫동안 살아남았으며, 성공적인 삶을 살아왔다. 그러니 자신이 불완전한 사람임을 받아들이고, 가끔 분통을 터뜨리거나 참을성 없이 마음대로 행동하더라도 아이를 해치지 않으리라는 사실을 깨닫기 바란다.

나는 가끔 잘못된 메시지를 보내더라도 나쁜 부모가 아니며 아이에게 평생토록 상처를 남기지 않는다는 메시지를 많은 부모가 받았으면 한다. 즉, 부모가 보내는 메시지 가운데 좋은 메시지가 더 많다는 사실을 확신하라는 것이 내가 말하려는 핵심이다. 유익한 메시지는 최대화하고 해로운 메시지는 최소화할 수 있다면, 큰일이 없는 한 아이는 무사할 것이다.

숨어 있는 또 하나의 메시지

부모가 아이에게 어떤 메시지를 보낼 때, 실제로 보내지는 메시지는 두 가지라고 할 수 있다. 첫 번째 메시지는 공개적이고 명확하다. 예를 들어 여동생에게 상냥하게 대하라는 이야기는 '친절'과 관련한 메시지이며, 방을 치우라는 이야기는 '책임감'과 관련한 메시지다. 두 번째 메시지는 그보다 미묘한 것으로, 겉으로 드러나는 메시지 아래에 깔린 '메타메시지(meta-message)'다. 이 메타메시지는 세상에 관한 좀 더 근본적인 교훈을 아이에게 전달한다.

예를 들어 식사 후 접시를 싱크대로 가져오는 문제로 아이와 기 싸움을 한다고 치자. 이때 우리가 보내는 메시지는 '넌 의무를 다해야 해'라는 의미를, 메타메시지는 '따지자면 내가 너보다 윗사람이야. 가끔 네가 하고 싶지 않은 일이라도 내가 시키면 해야 해'라는 의미를 담고 있다. 혹은 아이에게 용돈을 떼어 마음에 드는 자선단체에 기부하라고 하는 경우, 메시지는 '우리는 동정심을 가치 있게 여기고 어려운 사람들을 돕는다'이고, 메타메시지는 '우리는 우리가 가진 것에 감사해야 한다'라고 할 수 있다.

거의 모든 메시지의 기저에는 메타메시지가 깔려 있다. 메시지에 대해 생각하고 아이에게 보낼 메시지를 만들 때는 메시지의 한 꺼풀 아래 도사리고 있는 메타메시지까지 의식해야 한다. 메타메시지가 메시지의 공개적인 의미를 뒷받침하는 동시에 유익하기를 바란다면 말이다.

아이도 부모에게 메시지를 보낸다

이 책의 초점은 '아이에게 유익한 메시지를 보내는 방법'이지만, 사실 메시지는 일방통행이 아니다. 아이들도 우리에게 끊임없이 메시지를 보내지만 우리는 그것을 받거나 받지 못하고, 때론 정확히 해석하지 못하기도 한다. 이런 아이들의 메시지를 받고 이해할 수 있다면 아이에게 최고의 방식으로 최고의 메시지를 보낼 수 있다. 또한 언제 메시지 보내기를 멈춰야 할지, 언제 메시지를 바꿔야 할지도 알 수 있을 것이다.

아이들은 언제든 자신의 상태를 알리는 메시지를 보내는 능력이 놀라울 정도로 뛰어나다. 내 딸들과 비슷한 아이라면 '짜증 난다'는 메시지를 보내는 데 능할 테지만, 부모는 그 메시지 뒤에 숨겨진 메타메시지를 놓치는 경우가 많다. 아이들이 짜증을 낼 때, 그 시끄러운 메시지를 들으면 순간 아이가 말썽쟁이 갓난아기가 되었다는 것을 쉽게 알 수 있다. 하지만 이때 메타메시지는 아이가 겁을 먹었거나, 보살핌을 받지 못한다고 느끼거나, 배가 고프거나 지쳤다는 뜻을 전하고 있을 가능성이 높다. 아내와 내가 이 지극히 감정적인 메시지를 어떻게 해석하는지에 따라 불만과 격한 말투로 대응할지 공감과 친절로 대응할지가 분명히 달라진다.

여러분의 아이 또한 여러분의 메시지가 얼마나 효과적인지 알려줄 것이다. 아이들의 말과 감정, 행동이 메시지와 일치하는지를 살펴보면 '메시지 전송'이 효과적이었는지 판단할 수 있다. 예를 들어 아이가 "해주세요", "고마워요"라고 말하거나, 좌절감에 건설적이고 긍정적으로 대응하거나, 식사 후에 접시를 싱크대로 가져오거나 한다면 우리는 예절, 감정적 성숙, 가정에서의 의무에 대한 메시지가 아이에게 통하고 있다는 꽤 분명한 메시지를 받는 셈이다. 만약 아이가 그렇게 분명한 증거를 보여주지 않거나 우리의 메시지와 정반대인 행동과 태도를 보인다면 그것 또한 강력한 메시지다. 이를테면 뭔가가 메시지 전달을 막고 있다거나, 아이가 우리의 의도대로 메시지를 이해하지 못했다거나, 메시지와 정반대로 행동하도록 부추기는 요인이 있다거나, 메시지가 충분히 전달되지 못했다거나 하는 점을 알려주는 것이다. 이런 정보를 이용하면 메시지를 어떻게 바꿔야 아이에게 잘 전달되어 애초에 의도했던 변화를 이끌어낼 수 있을지 알 수 있다.

아이들은 부모에게 메시지를 바꿀 때가 되었다고 알리는 메시지를 보낼 때가 많다. 이렇게 생각해보자. 메시지 전달의 핵심은 메시지를 아이들의 머릿속에 심어주는 것이다. 하지만 같은 메시지를 너무 자주 보내면 아이들은 그 메시지로 머릿속이 복잡해져서 심하게 짜증을 내기도 한다. 실제로 우리 아이들을 대할 때도 마찬가지다. 나도 메시지를 아이들에게 전달하려는 욕심에 엄격해지고 설교하려 들 때가 있다는 것을 인정해야겠다. 내가 어떤 메시지를 너무 자주 보내면 아이는 아주 짜증 난다는 표정으로 손을 들어 막는 몸짓을 하면서 "아빠아아아! 나도 알아요!"라고 말한다. 그러면 나는 아이의 메시지를 받고서 한발 물러나거나 다른 메시지를 보낸다. 보내는 메시지는 짜증 난다는 뜻이지만 메타메시지는 '아빠 메시지 받았어요. 이제 그만 보내도 된다고요!'라는 뜻이다.

■ 가장 강력한 메시지는 부모의 본보기 ■

이쯤이면 아이들의 삶에 메시지가 영향을 미친다는 사실을 여러분이 충분히 받아들이지 않았을까 싶다. 그럼 이제는 '그렇다면 우리 아이에게 어떻게 메시지를 보내지?'라는 의문이 떠오를 것이다. 실제로 아이에게 특정한 메시지를 보내기 전에, 먼저 아이와 의사소통하는 다양한 방식을 이해할 필요가 있다.

수십 년에 걸친 조사에 따르면 아이가 살아가면서 부모와의 원만한 관계, 건강, 행복, 성공 등 긍정적인 결과를 얻는 데에는 꼭 필요한 능력이 있다고 한다. 최근의 한 연구는 그 능력 가운데 상위 열 가지를 정리해서 발표했다. 이 연구는 부모가 아이에게 해주는 일뿐만 아니라 부모의 됨됨이가 변화를 만들어내는 원동력이라는 내 믿음을 뒷받침한다.

이 연구에서는 부모가 아이에게 해주는 일 중 바람직한 아이를 길러내는 데 가장 중요한 요소는 (당연한 이야기지만) '사랑'과 '애착'이라는 사실을 발견했다. 또 놀랄 것도 없이 일반적으로 부모들은 사랑과 애착을 상당히 잘 표현한다고 밝혀졌다. 다른 '육아 기술'로는 독립심 가르치기, 학습과 교육 장려, 좋은 행동을 고무하기 위한 행동 관리 전략 사용, 영적인 삶 소개, 안전의 보장 등이 있었다.

하지만 이 연구에서 아이에게 직접 어떤 행동을 해주는 것만큼 중요하다고 강조한 것은 부모들 자신이 본보기가 됨으로써 아이들에게 보내는 메시지였다. 사실 사랑과 애착 외에 두 번째, 세 번째로 중요한 육아 능력은 스트레스를 잘 다스리는 능력, 그리고 배우자와 원만한 관계를 맺는 능력이다. 위기 상황을 다루고 인간관계를 유지하는 부모의 방식은 아이들에게 강력한 메시지를 보내는 듯하다. 즉, 이 메시지는 아이들에게 부모를 따라 그런 능력을 계발할 것인지 묻는 셈이다. 하지만 걱정스럽게도 부모들은 스스로 이 두 가지 핵심 능력이 부족하다고 평가한다는 사실이 발견되었다. 아이들에게 영향을 미치는 다른 육아 기술에는 기본적인 욕구를 충족해주기, 앞날을 계획하기, 운동과 좋은 식습관을 결합한 건전한 생활방식으로 이끌기 등이 있다.

연구의 최종 결과를 말해보자면, 자녀교육에서 최상의 방법을 찾기 위해 능동적으로 공부하는 부모들은 최상의 결과를 내는 경향이 있다는 것이다. 이런 부모들은 자녀와 더 돈독한 관계를 유지하고, 그 아이들은 상대적으로 더 건강하고 더 행복하며 더 성공적이다.

메시지는 어떻게 전달되는가

부모의 말을 통해

우리의 메시지는 아이에게 직접 하는 말 속에 들어 있다. 이를테면 "그건 착한 행동이 아니야"라든가 "동생에게 장난감을 빌려주다니 마음이 넓구나"와 같은 말 속에 메시지가 들어 있는 것이다. 중요한 메시지를 담은 말을 하기 전에, 아이에게 전달하고 싶은 진짜 메시지가 무엇인지, 그 메시지를 가장 잘 전달할 수 있는 말인지 꼭 생각해보기 바란다.

예를 들어보자. 모든 아이가 가장 일찍, 자주 접하는 중요한 메시지는 집안일을 도와야 한다는 메시지다(더 자세한 내용은 '메시지 8 책임감은 아이가 스스로 삶을 이끌어가게 한다'를 참조하기 바란다). 집안일을 잘 돕는 아이들에게 대부분의 부모는 "우리 ○○이 착하네"라고 말한다. 이 말은 어떤 메시지를 전할까? 좋은 일을 하면 착하고 안 하면 나쁘다는 건가? 이 메시지는 칭찬받을 만한 행동이 아니라 됨됨이에 초점을 맞추기 때문에 좋은 메시지가 아니다. 메시지의 목적은 아이가 몸에 익히고 앞으로도 반복했으면 하는 태도와 행동을 장려하는 데 있다. 아이가 집안일을 도울 줄 알기를 바란다면 이런 메시지가 낫다. "도움이 많이 되는구나. 엄마(아빠)는 ○○이가 그 일을 해줘서 정말 고마워." 이보다 간단하고 직설적일 수는 없다.

하지만 나이가 어린 아이들은 언어 능력이 미숙하므로 말로 메시지를 전달하기에는 한계가 있다. 아이들이 아직 언어를 자유롭게 구사하지 못한다면 우리의 말을 이해하지 못할뿐더러 메시지도 받지 못할 것이다. 이런 경우에는 다음에 설명하는 다른 메시지 경로가 더 효과적일 것이다.

부모의 감정 표현을 통해

부모는 어조, 표정, 몸짓 등 감정의 표현을 통해 아이에게 메시지를 보낸다. 사실 감정적 메시지는 가장 강력한 메시지라 할 수 있다. 언어 능력이 완전히 발달하지 않은 어린아이들은 부모의 감정에 크게 동조하기 때문이다. 실수만 하지 않는다면 아이들은 어떤 메시지보다 감정적 메시지를 빠르고 효과적으로 받아들일 것이다. 우리가 화가 났든 슬퍼하든 행복해하든, 아이들은 그 감정을 알고 느끼며 메시지를 받아들인다. 우리가 뭐라고 말하더라도 상관없다. 감정을 숨기는 말을 하더라도 그 감정은 드러나기 마련이다. 또한 아이들이 말, 행동, 감정을 통해 서로 다른 메시지를 받게 되더라도 그중 아이의 마음속에서 가장 큰 자리를 차지하는 것은 감정적 메시지일 것이다.

이런 까닭에 반드시 말과 행동, 감정적 메시지를 일치시키는 것이 중요하다. 특히 언어 능력에 한계가 있는 어린아이에게 어떤 말을 할 때, 비록 아이가 그 말 자체는 이해하지는 못하더라도 메시지에 적절한 감정적 내용물이 담겨 있다면 그 속에 담긴 깊은 메시지를 포착할 수 있을 것이다. 만약 여러분이 말과 행동, 감정을 결합한 복합적인 메시지 경로를 사용할 수 있다면 정말 마음에 와 닿는 메시지, 아이가 놓칠 리 없는 메시지를 보낼 수 있다.

부모의 행동을 통해

'백문이 불여일견'이라는 말은 누구보다도 아이들에게 들어맞는 이야기다. 어린아이들은 놀라울 정도로 우리의 행동에 촉각을 곤두세우고, 생각지 못한 때에도 우리의 언행을 보고 듣는다. 아마 여러분은 스스로 미처 몰랐던 표정이나 몸짓, 말, 행동을 아이들이 따라 하는 모습을 본 적이 있을 것이다. 요컨대 아이들은 우리의 행동을 따라 하고 싶어 한다. 이렇게 부모는 유난히 강력한 역할 모델로 영향력을 발휘한다.

하지만 큰 힘에는 무거운 책임이 따르는 법이다. 이렇게 자신의 영향력이 엄청나다는 사실을 깨닫고 나면 아이가 그다지 훌륭하지 못한 메시지를 포착하지 않을까 두려워지기 마련이다. 그렇긴 해도, 그와 동시에 우리에게는 아주 긍정적인 행동으로 모범을 보일 능력도 있으니 너무 걱정할 필요는 없다.

부모의 평소 모습을 통해

말, 행동, 감정을 통한 메시지 전달을 이야기할 때 '메시지'는 반드시 우리가 아이에게 전달할 의도로 만든 메시지만을 의미하는 것이 아니다. 사실 아이와의 직접적 관계 외에 우리가 세상을 살아가는 방식, 그리고 평소 모습 그대로 무심결에 아이에게 보내는 메시지 역시 똑같이 아이에게 영향을 미친다. 예를 들어 우리의 인간관계, 일, 취미, 관심사, 정서적 반응, 아이가 들을 수 있는 거리에서 나누는 타인과의 대화 등은 모두 아이에게 강력한 메시지를 보낸다.

메시지를 보내려는 특별한 의도 없이 평소 모습을 통해 아이에게 보내는 메시지는 동전의 양면이 될 수 있다. 반짝이고 매끄러운 동전의 앞면은 정말 좋은 메시지를 보낼 수 있게 해준다. 예를 들어 여가 시간을 노숙자 쉼터에서 봉사하는 데 할애하거나, 책을 탐독하거나, 감정이 격할 때 냉정을 잃지 않거나, 배우자를 자상하게 대한다면 이런 있는 그대로의 모습은 아이들에게 아주 유익한 메시지를 보내는 셈이다.

하지만 동전의 뒷면은 이보다 거칠고 흐릿하다. 부모는 본래의 역할에 맞게 아이들에게 유익한 일을 많이 한다. 그러나 그들 역시 사람이고 마음에 응어리가 있을 수 있기에 아이에게 유익한 메시지를 보내지 못할 때도 있다. 앞서 언급했듯 사람들은 이 사실을 곧잘 잊어버린다.

그리고 세상을 보는 방식, 전반적인 감정 상태, 그날그날 관여하는 일 등 우리의 평소 모습 또한 좋지 않은 메시지를 보내기도 한다. 만약 우리가 다른 사람의 흠을 잘 잡고 심술궂게 군다거나, 화가 났을 때 소리를 지른다거나, 어머니에게 못되게 군다면 분명 아이에게 안 좋은 메시지를 보내고 있는 것이다. 그러므로 우리가 도전할 목표는 우리 자신의 긍정적인 면을 강조하고 전달하는 동시에 누구에게나 있는 단점을 인식하고 줄여나가는 것이다.

최근의 신경학 연구는 부모가 역할 모델로서 발휘하는 놀라운 힘, 부모의 영향력이 그토록 강력한 이유, 역할 모델의 영향을 받는 발달상의 영역 등을 밝혀내고 있다. '거울 뉴런 체계(mirror neuron system)'는 다른 사람을 보기만 해도 활성화되는 뇌의 영역으로 알려져 있다. 이 영역은 공감, 비언어적 의사소통, 감정 인식, 사회적 행동, 운동 기능, 언어의 발달과 관련되어 있고, 거울 뉴런 체계의 손상은 자폐증의 원인이 될 수도 있다는 주장 또한 제기되어왔다. 거울 뉴런 체계에 관한 이런 연구를 통해 아이가 우리에게 받는 메시지는 비단 '심리적'인 효과만 보이는 것이 아니라, 아이의 뇌 구조에 입력되어 평생 영향을 미칠 수도 있다는 점을 알 수 있다.

아이 자신의 행동을 통해

우리의 행동은 말보다 효과적이지만, 이 두 가지보다 더욱 효과적인 것은 아이 자신의 행동이다. 우리가 전하고 싶은 메시지를 반영하는 말, 행동, 감정을 아이에게 경험하게 하면 아이는 그 말과 행동, 감정을 더 직접적이고 확실하게 자기 것으로 만든다. 다시 말해 부모에게 다정하게 굴거나, 형제자매와 무언가를 나눠 쓰거나, 방을 치우는 등 우리의 의도와 일치하는 메시지를 담은 언행을 하고 감정을 느낄 때, 아이는 긍정적인 메시지를 자기 자신에게 아주 확실하게 보내게 된다.

이런 경우 아이는 메시지를 보내는 사람이자 받는 사람이고 행동은 메시지를 깊이 각인시키는 가장 좋은 방법이기 때문에, 아이가 자신의 행동을 통해 스스로 받는 메시지의 효과는 더욱 크다고 할 수 있다.

메시지를 전달하는 4가지 전략

지금까지 자녀에게 메시지를 전달하는 일반적 경로에 대해 알아보았다. 여기에는 메시지를 실제로 전달하는 수단인 구체적 전략이 포함되어 있다. 각 전략의 목적은 아이들의 머릿속으로 메시지를 보내는 통로를 마련해주는 데 있다.

표어

우리 부부는 아이들에게 전하고 싶은 메시지가 있을 때마다 구호나 표어를 만들곤 한다. 예를 들어 인내를 강조하는 메시지와 관련해서는 '기다리기는 재미있는 놀이'와 같은 표어를 만들어내는 것이다. 이보다 더 좋은 방법은 아이들이 표어를 직접 생각해내게 하는 것인데, 이런 표어는 대부분 웃긴 데다 기억하거나 알기 쉽고, 이상적인 이론이나 개념이 아니라 현실적인 아이디어와 행동을 중심으로 한다.

표어가 가지는 또 다른 특성은 바로 '끈질기다'는 것인데, 이 말은 아이들이 그 표어를 꾸준히 사용한다는 뜻이다. 우리 집의 표어는 우리 중 누군가의 말이나 행동에 바탕을 두고 자연스럽게 만들어질 때가 많다. 일례로 큰딸은 '그런 얼굴(257쪽 참고)'이라는 말을 표어로 사용했다. 재미있고 기억하기 쉬웠기 때문에 두 아이는 그 표어를 반복하고 그것으로 놀이를 만들어내기도 했다. "기다리기는 재미있는 놀이, 음악 듣기는 훌륭한 취미, 호루라기는 시끄러운 소리('기다리기는 재미있는 놀이'라는 표어에 이어 모음 'ㅣ'로 끝나는 말장난)"는 '인내심'을 강조하기 위해 앞서 이야기 했던 표어가 놀이로 확장된 예에 해당한다.

아이들이 표어를 반복하고 놀이를 만들어낸다는 것은 그것을 기억하고 우리가 보내려는 숨은 메시지와 연결하고 있다는 뜻이다. 이 책에서는 아홉 가지 메시지와 관련된 표어를 각 장에서 몇 가지씩 소개한다. 여러분은 책을 읽어가면서 메시지가 표어와 연결되는 다양한 사례를 접하게 될 것이다.

일과와 습관적인 절차

앞서 언급했듯 반복은 메시지 전달의 핵심적인 부분이며 아이들은 매일의 일과와 습관적인 절차를 통해 특정 언행을 꾸준히 반복한다. 이렇게 메시지를 받아들일 때, 아이들은 부모의 말과 행동뿐 아니라 훨씬 더 강력한 요소인 자기 자신의 행동에 의해서도 영향을 받는다. 또한 일과와 습관적인 절차를 수행하고 긍정적인 결과를 경험하는 과정에서 아이는 자신에게 메시지를 보내는 입장이자 메시지의 주인이 된다. 이 현상은 아이가 향후 장기적으로 메시지의 영향을 받는 데 핵심적으로 작용한다.

아이들의 지적·정서적·사회적·언어적·학문적 발달에서 일과와 습관적인 절차가 중요하다는 사실을 뒷받침하는 문헌은 상당히 많다. 자기 전이나 식사 시간 등의 습관적 절차는 일상생활에 필요한 일들을 수행한다는 실질적인 목적을 가진다. 아이들은 매일의 일과를 통해 옷 입기, 목욕, 몸단장과 같은 중요한 능력을 계발할 수 있는 한편 습관적 절차를 통해 예측 가능한 체계를 인식하고, 그 결과 점점 넓어지는 자기 세계를 구조화하고 이해할 수 있다. 또한 친숙함과 통제, 편안함과 더불어 발달에 필수적인 안도감도 느끼게 된다.

친척들과 함께 일요일마다 저녁을 먹거나 명절을 쇠는 등의 습관적 절차에서 아이들은 유대감과 정신적 가치를 담은 메시지를 받아들이고 한층 깊은 삶의 의미를 느낀다. 이런 절차나 의식은 사랑과 친밀함, 지지를 강조하는 등 각 가족 특유의 활동으로 나타난다. 습관적 절차와 의식은 가족 내의 정서적 분위기를 조성하고, 그 분위기에 따라 아이들은 자신이 감정을 경험하고 해석하고 표현하는 방식을 형성한다. 종교의식, 가족 캠핑, 문화 활동 등의 의식은 각 가족이 가장 중요하게 여기는 가치를 담은 메시지를 아이에게 보낸다.

아내와 나는 아이들에게 전해주고 싶은 메시지를 더욱 강조하는 일과와 습관석 설차를 자주 만들어낸다. 예를 들어 소유물에 대한 책임과 물건 정리를 강조하는 메시지를 보내고 싶으면 아이들이 매일 자기 전거실 탁자에 흩어진 책을 가지런히 정리하고 장난감을 치우게 하고, 등교하는 날 아침에는 잠자리를 정돈하고 옷을 입게 한다. 이런 습관적 절차에는 학교 가는 날 바쁜 아침의 협동과 준비성이라는 메시지가 내재한다.

우리 가족이 정기적으로 지키는 습관적 절차로는 식사 전에 감사하기, 화요일을 할머니와 함께 보내기, 근처 산으로 하이킹하러 가기 등이 있다. 두 아이에게 특별한 의미가 있는 이 절차들은 각각 감사, 친척과의 유대감, 자연과 건강에 대한 경외라는 메시지를 보낸다.

나는 우리 가족의 습관적 절차가 생겨나고, 변하다가, 결국 다른 것으로 대체되어 사라지는 현상을 지켜보았다. 우리 부부는 무의식적으로 결정한 일이지만, 새로운 절차들은 새로운 가능성, 새로운 사고 과정, 새로운 경험으로서 기능을 수행하며 오래된 것을 자연스럽게 대체하는 듯하다.

즉, 오래된 습관적 의식과 절차에는 일종의 '유통기한'이 있고 새로운 의식과 절차가 저절로 등장하는 것이다. 따라서 그 의식과 절차의 바탕에 깔려 있는 메시지는 아이들에게 신선하고 설득력 있는 상태로 유지될 수 있다. 이 책에서는 중요한 메시지들과 관련이 있는 다양한 습관적 의식과 절차를 소개할 것이다.

활동

부모의 말보다 훨씬 효과적으로 메시지를 전달하는 것은 부모와 자녀의 행동이기 때문에, 가장 직접적으로 메시지를 전달하는 방식은 메시지가 내포된 활동을 아이들에게 시키는 것이다.

매끼 식사 준비하기, 집 안팎의 잡일하기, 놀이하기, 책 읽기, 가족 야유회 등 메시지를 담은 이런 활동은 가정생활의 어디에서나 쉽게 찾을 수 있다. 아이들에게 이런 활동에 참여할 기회를 주는 것은 아이들이 그런 메시지에 내재하는 가치를 직접 경험하면서 그 이점을 지켜볼 수 있도록 해준다.

외부의 지원

하지만 부모의 힘으로 아이에게 전하고 싶은 메시지를 모두 전할 수는 없다. 아이가 우리의 보호를 벗어나 해로운 메시지가 가득한 세상으로 나가기 전에 건전한 메시지의 보호막으로 감싸려면 주위의 도움이 필요한데, 이러한 외부의 지원은 친척, 친구, 아이가 다니는 학교, 가족이 다니는 교회, 아이가 참여하는 과외 활동 등을 통해 얻을 수 있다. 긍정적인 메시지를 제공하는 외부의 출처가 많을수록 아이가 그 메시지의 가치를 알아보고 자기 것으로 받아들일 가능성은 높아진다.

부모가 아이에게 유익한 메시지를 보내는 문제에서 외부 지원이 어떤 가치를 지니는지 입증하는 연구도 있다. 예를 들어 미국 소년소녀 클럽(Boys and Girls Clubs of America) 회원을 대상으로 한 연구에 따르면 이 클럽의 회원들은 비회원에 비해 자아 개념이 더 탄탄하고 대인관계 기술도 뛰어나며, 긍정적 행동을 강화하는 자극을 더 많이 받고 문제가 되는 행동에 덜 관여하며, 해로운 영향력에도 덜 취약했다.

아이의 신호를 포착하고
다양한 경로로 메시지를 보내라

아이들에게는 놀라운 능력이 있다. 그들은 언제든 부모에게 신호를 보내 자기에게 필요한 메시지나 자기가 메시지를 잘 받아들일 수 있도록 메시지를 보내는 방식을 알려준다. 아이들의 주파수에 맞추어 이런 신호를 포착해내는 것은 우리의 수용력에 달려 있다. 아이들이 매일 겪게 될 경험과 도전, 반응은 아이들에게 메시지를 전달할 절호의 기회를 우리에게 알려줄 것이다.

어떻게 해야 메시지를 가장 잘 보낼 수 있을지 아이가 인도하게 해보라. 여러분이 보내고 싶은 메시지를 담은 표어, 습관적 의식과 절차, 활동을 적용할 수 있는 기회를 가만히 기다려보자. 아이들은 창의적이고 장난기가 많기 때문에 진지한 메시지를 진지한 장난으로 바꿀 수 있고, 그럼으로써 메시지에 더욱 주의를 기울이고 그것을 실행하고 싶어 하게 될 것이다.

한 연구에서는 아이들에게 다양한 학습 유형이 있다는 사실을 밝혀 냈다. 학습 유형은 일반적으로 시각(보기), 청각(듣기), 운동 감각(하기), 읽기·쓰기, 촉각(만지기) 등으로 나뉘는데, 이상적으로 보면 아이의 학습 유형에 맞는 경로로 메시지를 보내서 전달 가능성을 높이는 것이 좋다.

하지만 다른 한편으로는 아이 특유의 학습 유형에 상관없이 여러 가지 경로로 메시지를 보내면 더 다채로운 방식으로 아이에게 메시지를 전달할 수 있기도 하다. 또한 여러 심리적·생리적 체계를 통해 아이에게 복합적이고 다양한 경로로 메시지가 전달된다면 아이는 그 메시지를 더욱 온전히, 마음속 깊이 받아들일 수 있다.

또한 우리는 아이에게 메시지를 직접적 혹은 간접적으로 전달할 수 있다. 이른바 '확성기 메시지'는 아이가 받았으면 하는 메시지를 직접 말하기, 다른 사람들이 어떻게 하는지를 가리켜 보여주기, 특정 메시지를 담은 이야기해주기 등의 방법을 통해 전해진다. 이런 직설적인 메시지의 특징은 메시지를 보내는 부모의 의도가 혼동되지 않고, 아이가 그것에 주의를 기울이고 집중할 수 있다는 것이다. 대신 아이가 모든 메시지를 지겨워하고 부모에게 짜증을 내면서 메시지를 거부할 수 있다는 위험도 존재한다.

반면 이른바 '남몰래 메시지'는 아이가 게임이나 활동에 참여하면서 메시지와 연관된 행동을 하고 있다는 사실을 전혀 모르게 하는 것이다. 아이로 하여금 자기가 즐겁게 놀고 있다거나 우리를 돕고 있다고 생각하게 한다면 이 메시지는 아이의 마음속으로 몰래 숨어 들어갈 것이다.

■ 보내고, 보내고, 또 보내라 ■

아이에게 유익한 메시지를 보낼 때 우리가 마주할 가장 큰 고난은 아이에게 메시지를 충분히 이해시키는 일이다. 인내와 반복, 끈기, 그리고 불굴의 의지는 그 고난에 대처할 네 가지의 강력한 무기다. 메시지가 효과적으로 영향을 미치게 하려면, 즉 아이가 메시지를 받아들이고 그것에 동화되어 몸소 그 메시지를 나타내게 하려면 메시지를 계속 보내고, 보내고, 또 보내야 한다.

나는 두 아이에게 메시지가 통하게 하는 최고의 방법을 발견했다. 바로 아이들이 성가셔하기 시작할 때까지 메시지를 보내는 것이다. 성가셔한다는 것은 곧 아이들이 메시지에 주의를 기울이고 있고 우리가 아이들의 머릿속에 침투하고 있다는 것을 뜻한다. 물론 아이들이 이런 신호를 보낼 때쯤이면 우리는 아이들이 우리에게 분통을 터뜨리지 않도록 메시지 보내는 횟수를 줄여나가거나 메시지를 다른 것으로 바꾸려고 노력한다.

인내는 성공적인 메시지 전달의 네 가지 비결 중 나머지 세 가지의 토대 역할을 한다. 의도적인 메시지 보내기에 골몰하면서 부모로서 우리가 가장 먼저 알게 되는 점은 오랫동안 이 일을 하게 되리라는 사실이다. 또한 부모로서 경험이 쌓일수록, 아이와 관련된 일은 결코 하루아침에 일어나지 않는다는 사실도 점차 깨닫게 된다. 아이와 관련된 모든 일은 시간이, 그것도 오랜 시간이 걸린다.

불행히도 우리는 인생에서 시간이 걸리거나 어려울 것이 없다는 말을 들으며 살아간다. '즉각적인', '힘들이지 않고'라는 말이 시대정신의 중심이 되었고, 셀레뷰턴트(celebutante : 유명인과의 관계를 통해 갑자기 유명해진 여성-옮긴이), 전자레인지, 인터넷 검색 등의 말을 쉽게 떠올릴 수 있다. 하지만 이런 태도를 지향하는 부모들의 육아 경험은 좌절과 분노, 절망, 실패로 가득할 것이 분명하다. 이런 태도는 자녀 육아의 세계와 공존할 수 없기 때문이다.

이렇듯 육아는 인내에서 시작한다. 우리는 대부분의 노력이 몇 달, 몇 년이 될지 모르는 오랜 세월 동안 보상받지 못하리라는 사실을 안다. 하지만 그와 동시에 육아는 우리의 헌신과 노력이 언젠가는 결실을 맺으리라는 믿음에 바탕을 두기도 한다. 이렇게 도를 닦는 태도로 인내하며 육아를 시작하면 장애물이나 좌절, 방해, 실패 등을 육아라는 긴 여정의 일부로 받아들이게 된다. 우리도 사람이기 때문에 육아와 연결된 불쾌한 감정을 느낄 때가 분명히 있겠지만, 전반적으로는 부모들의 변함없는 동반자인 역경에 직면해서도 침착함을 잃지 않을 것이다. 그 결과 우리는 결심이 더욱 굳어지고, 더욱 현명해지고 공감 능력이 향상되며, 덜 좌절하고, 무엇보다도 '난 절대 포기하지 않아!'라는 지극히 명백한 메타메시지를 아이에게 보내게 된다.

반복이라는 전략은 아이들이 한두 번, 열 번, 백 번 메시지를 보내도 대부분의 메시지를 받아들이지 못한다는 단순한 사실을 겨냥한 것이다. 얼마 전 나는 한 가지 운동 기술을 익히려면 2,000번을 반복해야 한다는 연구 결과를 읽었다. 이것이 부모로부터 메시지를 받아들이는 아이들에게도 적용될지는 모르겠지만, 우리 부부가 딸들에게 상을 차리라거나 설거지거리를 싱크대로 가져오라거나 집에 들어올 때는 신발 정리를 하라고 말한 횟수를 떠올려봤을 때, 메시지가 아이들 머릿속에 자리 잡을 때까지 2,000번의 반복만 필요하다면 너무 적은 게 아닌가 싶을 정도다.

그만큼 엄청난 횟수로 무언가를 반복하는 일이 쉽다고 말할 부모는 세상에 없을 것이다. 사실 내가 보기엔 결정적인 횟수에 한참 모자란 상태에서 포기하는 부모가 많을 듯하다. 왜일까? 글쎄, 빈손으로 삽질하듯 헛된 시도를 하는 것 같기 때문일 것이다. 딸들에게 끊임없이 메시지를 보내지만 아이들이 받지 않을 때 가끔 우리 부부가 느끼는 감정도 그런 것이다. 이런 경우에 보통 우리가 느끼는 감정을 요약하자면 좌절, 분노, 피곤, 절망 정도라 할 수 있다. 그러나 일반적으로 절망에 부딪히면 포기라는 것을 할 수 있는 반면, 육아에서는 항복할 곳이 없다는 점이 다르다. 우리가 메시지 전달을 포기하고 수건을 던진다는 것은 곧 아이를 포기한다는 것이고, 그러면 아이들은 패배자가 되기 때문이다.

그렇기에 끈기는 아이들에게 메시지를 전달하는 데 가장 필요한 수단이다. 아이가 겉으로 보기에는 우리 이야기를 듣고 있지만 실제로는 듣는 것 같지 않을 때, 메시지를 받고 있지 않은 것처럼 눈빛이 멍할 때, 우리의 한계를 시험하듯 메시지와 반대되는 행동을 할 때에도 메시지 전달에 힘을 쏟는 모습과 좌절에 맞서 끈질기게 버티려는 의지는 결국 아이들이 진정으로 메시지를 받아들이느냐를 결정하는 요인이 될 것이다. 그러므로 우리는 아이에게 아무리 메시지가 먹혀들지 않는 것처럼 보여도 끝까지, 또 악착같이 물고 늘어지며 매달려야 한다.

아이들은 우리의 말을 전혀 듣지 않는 것처럼 보이기도 한다. 그럴 때 "애는 손톱만큼도 신경 쓰지 않는데 내가 왜 긍정적인 메시지를 보낸답시고 시간과 에너지를 쏟아야 해?" 하며 좌절하고 포기하기는 쉽다. 하지만 상남컨대 아이는 그 모든 것을 보고 들으며, 메시지도 받아들이고 있다. 아이가 메시지와 일치하는 행동을 할 정도로 충분히 메시지를 받아들이려면 몇 년이 걸릴 수도 있지만, 그것은 그만큼 기다릴 가치가 있는 일이다.

하지만 끈기만으로는 충분치 않다. 자주 돌부리에 걸려 휘청거릴 것이고, 그만큼 우리의 근성이 시험받을 것이기 때문이다. 때로는 아이가 메시지를 놓치고 있을 뿐만 아니라 정반대의 메시지를 받아들이는 것 같다고 느끼는 경우도 생긴다. 예를 들어 '형제자매에게 친절하게 대하라' 또는 '아빠가 엄마와 얘기하고 있을 때는 끼어들지 말라' 등의 메시지를 몇 달 동안 보냈는데도 아이는 여전히 못되게 굴고 불쑥 끼어든다. 그때의 좌절감이란 이루 말할 수 없다.

여기서 불굴의 의지가 필요해진다. 단순한 끈기와 불굴의 의지는 다르다. 끈기는 정상적인 조건하에서 계속 메시지를 보내려는 태도고, 불굴의 의지는 장애물과 낙심 속에서도 계속 메시지를 보내려는 태도다. 불굴의 의지를 키워주는 마법의 약은 없다. 불굴의 의지는 아무리 지치고 낙심하며 분통이 터지더라도 아이에게 가장 좋은 일을 해주려고 변함없이 애쓰는 데서 생겨난다. 또한 아이가 언제 우리를 벼랑 끝까지 몰고 가는지만 알고 있어도 포기하지 않는 데 도움이 되니 그것을 늘 의식하고, 반드시 메시지를 계속 보내겠다고 반복해서 다짐하며 점점 강해진다. 그리고 아이에게 보내는 메시지들이 얼마나 가치 있는 것인지를 깊이 신뢰하면서 끝을 맞이한다. 즉, 우리의 노력이 언젠가는 보상받으리라는 변함없는 확신 덕분에 우리는 벼랑 끝에서 되돌아올 수 있고, 아이를 위해 유익한 메시지를 보내는 여정을 계속하겠다는 결단을 내릴 수 있는 것이다.

■ 메시지 전달을 가로막는 장애물들 ■

당신은 가끔 아이가 메시지를 한 번 듣기만 해도 받아들일 때가 있다는 것을 아는가? 메시지를 수백 번씩 보내고 또 보내도 언제 그랬냐는 듯이 답답할 정도로 통하지 않을 때가 있는가? 진정한 육아의 세계에 온 것을 환영한다. 이곳에서는 예상대로 돌아가는 일이 없고 되어야 하는 일이 안 되고, 안 될 것 같은 일이 되고, 잘 일어나야 하는 일이 가끔씩만 혹은 제한된 시간 안에만 일어나기도 한다. 우리가 최선의 노력을 기울이는데도 왜 어떤 메시지는 쉽게 받아들여지고 어떤 메시지는 전혀 통하지 않는지 그 이유를 알아내려면 탐정처럼 열심히 탐색하고 아이를 진정으로 이해해야 한다.

아이에게 보내고 싶은 메시지를 이해하고, 전달 경로도 알며, 그 유익한 메시지를 보낼 전략을 세웠다 해도 그 메시지가 잘 통하리라고 확신할 수는 없다. 아이에게 메시지를 보내는 일은 매번 미로에서 길을 찾아가는 것과 같다.

이 '메시지 장애물'의 미로는 아이에게 보내려는 메시지를 빗나가게 하거나 약화시킬 수도 있고, 더럽히거나 완전히 망가뜨려놓을 수도 있다. 이 장애물들을 이해할 수 있다면 그 영향력을 줄이는 한편 우리의 유익한 메시지로 아이들의 정신이 형성될 기회를 더 많이 마련할 수 있을 것이다.

장애물 01 | 지나치게 복잡한 메시지
"엉?"

메시지 소통 과정에서의 난제 중 하나는 아이가 실제로 메시지를 이해하게 하는 것이다. 이 과정의 핵심은 아이의 발달 수준에 적절한 방식으로 메시지를 전달하는 것이다. 내가 본 많은 부모는 자기가 보기에는 더없이 명확한 메시지를 아이들이 못 받아들이는 이유를 이해하지 못하거나, 설상가상으로 그것이 아이 탓이라며 비난하기도 했다.

문제는 부모들이 아이의 눈이 아닌 자신의 눈으로 메시지를 본다는 점이다. 하지만 아이는 우리처럼 생각하지 않는다. 우리에게는 수십 년간 세상을 해석하고 이해하는 능력을 갈고닦으며 쌓아온 경험이 있다. 반면 아장거리는 아기나 유치원생, 초등학생이나 그보다 더 큰 아이라 해도 세상을 인지하고 해석하고 분석하여 그와 관련된 결정을 내리는 문제에 한해서는 상대적으로 미숙한 상태다.

따라서 우리는 아이의 입장이 되어보아야 한다. 만약 내가 우리 아이라면 어떤 메시지를 받아들일까? 아이가 현재 해당하는 발달 단계에서 어떤 특징이 메시지를 받아들이는 방식에 영향을 미치는지 생각해보자. 우리 아이는 말, 행동, 감정 중 어떤 것을 쉽게 받아들이는가? 아이의 연령에 따라 감당할 수 있는 범위가 어디까지인지 이해할 수 있다면, 아이의 발달 상태에 적합한 방식으로 메시지를 조정할 수도 있고 아이가 메시지를 이해할 가능성도 최대화할 수 있다.

장애물 02 | 보내기와 받기의 불일치
"그런 뜻이 아니라……."

메시지 보내기와 받기가 맞아떨어지지 않는 경우로는 여러 가지가 있다. 우선 어떤 메시지를 보내려 했지만 결국은 다른 메시지를 전한 셈이 되어버릴 때가 있는데, 이런 불일치는 우리의 의도와 행동 사이에서 일어난다. 가령 전하려던 메시지는 '채소를 먹으면 키가 크고 튼튼해지니 채소를 먹어야 한다'였지만 정작 실제로는 '채소 안 먹으면 화낸다!'라는 메시지를 보내는 경우가 그 예다.

불일치 현상은 보낸 메시지와 받은 메시지 사이에서도 일어난다. 내가 전하려는 메시지가 아니라 아이가 받을 메시지가 무엇일지 생각해봐야 한다. 내 메시지가 얼마나 명확한지 스스로 묻고 답해보라. 내가 세 살이라면 어떤 메시지를 받아들일지 생각해보는 것이다. 예를 들어 당신이 아주 힘든 직종에서 일하면서 온 가족을 먹여 살리고 있다고 가정해보자. 당신이 아이에게 보내려는 메시지의 내용은 '엄마(아빠)는 이 일을 아주 좋아하고 가족을 돌보는 것은 엄마(아빠)에게 중요한 일이다'라는 것이다. 하지만 아이는 '우리 엄마는 나보다 일에 더 많은 신경을 쓴다'라는 메시지를 받는다. 이 두 메시지 사이의 불일치는 아이가 자신에 대한 엄마(아빠)의 마음과 엄마(아빠)의 일을 인식하는 데 큰 영향을 미친다.

일과 관련하여 명확한 메시지를 보내려면, 당신이 일을 멀리하기 어렵다는 사실과 그렇게 열심히 일하는 이유를 아이에게 이야기해줌으로써 '가족을 돌본다'라는 당신의 진짜 메시지를 아이가 깨닫게 할 수 있다. 또한 퇴근 후 최대한 아이와 함께 시간을 보낸다면 아이는 당신이 그 무엇보다도 자신을 사랑한다는 진짜 메시지를 포착할 수 있을 것이다. 이런 메시지는 인생이 어떤 것인지 말해주는 메타메시지를 형성하기도 한다. 즉, 어른이 되면 하고 싶은 일(아이와 함께 있기)도 있지만 해야 하는 일(가족을 부양하기)도 있다는 메타메시지가 전해질 수 있다.

또한 앞서 언급한 대로, 아이들이 메시지를 받아들이는 정도에 영향을 미치는 다양한 '학습 유형'이 존재한다. 시간이 지남에 따라 우리는 아이가 어떤 유형의 학습에 유리한지 알게 되고, 그렇게 되면 그것에 맞춰 메시지를 조정하는 것이 가능해진다. 예를 들어 유아기의 자녀에게 '식사 후 접시를 싱크대로 가져오라'는 메시지를 보내려 한다고 해보자. 아이의 학습 유형이 청각 중심이라면 당신이 원하는 바를 말로 설명해주고, 시각 중심이라면 해야 하는 일을 직접 행동으로 보여주는 것이 좋다. 부모의 메시지 전달방식과 아이의 학습 유형이 불일치할 경우에는 메시지를 보내기도 전에 실패가 예견될 수 있다.

아이의 기질 때문에 생기는 불일치도 있다. 기질은 우리가 보내는 메시지를 아이가 받을 것인지, 받는다면 어떻게 받을지에 영향을 미친다. 예를 들어 정서적으로 예민한 아이는 덤덤한 아이에 비해 모순되거나 일관성이 없거나 감정적인 메시지에 더 큰 영향을 받는다. 따라서 메시지를 보낼 때는 아이가 고집이 센지, 자제력이 강한지, 주의가 산만한지 등 타고난 기질을 고려해야 한다.

이런 예들은 메시지를 보낼 때 가능한 한 많은 경로를 이용하는 것이 중요하다는 점을 일깨워준다. 아이가 메시지를 제대로 받아들일지의 여부에 영향을 미치는 요소는 상당히 많으므로, 메시지의 표현방식을 다양화한다면 아이가 우리의 의도에 맞게 그것을 받아들일 가능성이 높아질 것이다.

장애물 03 | 불충분한 메시지
"내가 몇 번이나 말했니?"

통하기만 한다면 메시지는 아이에게 큰 영향을 미칠 수 있다. 어떤 메시지는 아이가 한두 번만 접해도 받아들일 수 있을 정도로 강력하다. 예를 들어 아이가 뜨거운 난로에 손만 한번 대본다면 '난로에 가까이 가지 말라'라는 메시지를 단번에 알아들을 것이다. 하지만 대부분의 경우에는 우리가 '보내기' 버튼을 많이 누를수록 아이가 메시지를 받아들일 가능성도 높아진다. 따라서 충분히, 자주 메시지를 보내지 않으면 그것이 아이의 마음속에 새겨지기는 어렵다.

대부분의 부모는 엄청나게 바쁘고 직장, 식사 준비, 집안일, 가족 돌보기, 쇼핑 등 매일 할 일의 우선순위 목록이 꽉 차 있어서 메시지 보내는 일까지 챙길 틈이 없다. 빽빽한 '해야 할 일 목록'을 들고 여기저기 뛰어다니며 빠듯한 하루를 보내다가 어느 순간 그 중요한 메시지 전달 작업을 해야겠다는 생각이 들 수도 있다. 하지만 가족과의 생활이 여유로워지는 일은 드물기 때문에 메시지 보내는 일은 점점 우선순위 목록에서 뒤로 밀리다가 언젠가는 사라지기 일쑤다.

메시지 보내기를 미뤄두지 않고 꾸준히 진행하려면 냉장고 문에 붙어 있는 잡동사니를 싹 치우고 아이에게 보내고 싶은 중요한 메시지를 붙여두거나, 스마트폰에 종일 메시지 보내기를 상기시키는 알람을 설정해두는 등 되도록 그 일을 관심 영역에 올려놓아야 한다. 메시지 보내기를 꼬박꼬박 일깨워달라고 부부가 서로에게 부탁하는 방법도 좋다.

앞으로 설명하겠지만 메시지를 담은 표어, 습관적 의식과 절차, 활동의 장점은 그것이 바로 메시지를 보낼 때 언제든 사용할 수 있는 '메시지 도구'라는 것이다. 우리는 이 도구를 사용하여 메시지가 가족생활에 스며들게 하고, 그 결과 아이들이 메시지를 저절로 체득하게 할 수도 있다. 이렇게 메시지가 일상이 되면 자신을 끊임없이 일깨울 필요도, 메시지에 대해 생각할 필요도 사라진다.

장애물 04 | 너무 많은 메시지
"이것도 하고, 저것도 하고, 다른 것도 해야지."

아이에게 의도적으로 메시지를 보낼 때 한 가지 주의해야 할 점은 메시지 과다 현상, 즉 한꺼번에 너무 많은 메시지를 보내지 않아야 한다는 것이다. 우리는 흔히 아이에게 좋은 메시지를 몽땅 보내주고 싶은 마음에 들떠 한 번에 최대한 많은 메시지를 퍼붓곤 한다.

하지만 이런 의욕이 지나치면 몇 가지 문제가 생긴다. 첫 번째는 메시지가 명확해지기보다는 도저히 구분할 수 없을 정도로 뒤섞이고 쌓여서 그 가치를 잃는다는 것이고, 두 번째는 아이가 쏟아지는 메시지를 온통 뒤집어쓴 채 어느 하나에 제대로 집중할 수가 없다는 것이다. 최악의 상황은 메시지에 압도당한 아이가 본격적으로 그것에 저항하고 우리가 보내는 메시지와 정반대로 행동하는 것이다.

따라서 아이의 현재 상황 및 발달 상태에 가장 적합한 메시지를 몇 개 선택하고 그것에만 초점을 맞추는 것이 최고의 전략이다. 살다 보면 아이가 무엇을 배워야 하는지 부모가 알게 되는 상황이 흔히 생긴다. 예를 들어 오빠가 여동생과 물건을 함께 쓰지 않는다든지, 막내가 언니를 때린다든지 할 때 우리에게는 '뭔가를 가르쳐줄 기회'가 찾아온다. 이때가 바로 너그러움과 다정함에 대한 메시지를 보낼 기회다.

장애물 05 | 일관성 없는 메시지
"이번엔 해도 돼."

인정하고 싶지 않겠지만 우리 중에는 일관성 없는 부모들이 많다. 이런 부모들은 그때그때 편한 대로 아이에게 뭔가 해도 된다고 했다가 안 된다고 할 때가 자주 있다. 이렇게 일관성을 잃으면 아이가 어떤 메시지를 받아들이겠는가? 잘돼봐야 둘 다 받아들이지 않는 것이고, 최악의 경우에는 아이가 모순되는 메시지에 헛갈린 나머지 우리의 의도와는 달리 자기에게 맞기만 하면 아무렇게나 메시지를 선택해버리고 만다. 설상가상으로 '일관성이 없어도 괜찮다'라는 메타메시지를 받아들일 위험도 있다.

일관성 없는 메시지를 보낼 것 같은 상황이 되면 자기 자신에게 질문을 던지는 것이 도움이 될 수 있다. 아침에 아이들을 준비시켜 내보내야 할 때, 원하는 것을 얻지 못한 아이가 짜증을 낼 때, 제때 저녁 식사를 차리려고 할 때 등 스트레스를 받을 때가 바로 일관성 없는 메시지를 보낼 가능성이 높은 상황이다. 이 사실을 깨닫기만 해도 마음속의 알람이 울려 일관된 메시지를 보내야겠다는 생각이 들 수 있다. 또한 우리는 그런 힘든 상황에 놓일 때 심호흡을 하거나 일관성 있는 메시지의 중요성을 상기하는 데 도움이 되는 핵심어를 정하는 등의 전략을 생각해낼 수도 있다. 두 가지 방법 모두, 우리가 모순된 메시지를 보내거나 아무런 메시지도 보내지 않으려 할 때 의지를 다지게 하고 힘을 실어줄 것이다.

장애물 06 | 상충하는 메시지
"아빠는 안 그랬는데……."

엄마와 아빠가 보내는 메시지가 서로 상충된다면 아이에게 통하지 않을 가능성이 높다. 아이는 명확한 메시지를 받지 못하는 데다가, 믿을 만한 출처에서 서로 충돌하는 메시지가 온다는 사실에 혼란스러워질 것이다. 또 부모가 원하는 것이 무엇인지, 자기에게 어떤 메시지를 보내는 건지 확실히 알 수가 없어 이러지도 못하고 저러지도 못한 채 굳어버릴 것이다.

아이가 명확한 메시지를 못 받는다는 명백한 사실은 제쳐두더라도, 상충하는 메시지에는 또 다른 문제가 있다. 바로 아이들은 자기가 원하는 것을 엄마와 아빠 중 누가 충족해줄지 기가 막히게 알아채는 재주가 있다는 점이다. 두 살밖에 안 된 아이도 엄마의 메시지("안 돼, 이제 사탕은 그만 먹어")가 마음에 안 들면 아빠에게 더 좋은 메시지("자, 사탕 여기 있다, 아가")를 얻어내기 위해 노력하는 식으로, 자기가 원하는 바를 얻기 위해 부모를 갈라놓고 교묘하게 조종하는 데 놀라운 능력을 보인다.

메시지가 상충하는 데는 몇 가지 이유가 있다. 부모들 자신이 어린 시절 받았던 교육을 바탕으로 '좋은 육아'에 대한 의견과 시각이 각자 다르고, 그 결과 저마다의 육아 철학과 유형이 다른 경우가 많다. 또한 부모 중 한쪽은 느긋하고 다른 한쪽은 다혈질인 등 성격과 기질이 다른 것도 이유가 된다. 한쪽이 중요하다고 생각하는 메시지를 다른 한쪽은 그렇게 생각하지 않는 등 상이한 가치관도 메시지를 상충시킨다. 또 최악의 경우 아이에게 도움이 되는 방향이 아니라 자신들에게 편한 방향으로 행동하는 부모들도 있다.

메시지가 상충하는 경우를 줄이려면, 부모들은 육아에 대한 각자의 믿음을 살펴보고 상충하는 메시지의 근원지가 어디인지 탐색해야 한다. 앞에서 언급했듯, 메시지가 상충할 가능성을 알아보고 갈등을 해결하기 위해서는 반드시 미리 육아 철학과 유형에 대한 깊은 대화를 나누어야 한다. 부모들은 애초에 아이에게 메시지를 전하기 한참 전에 부부가 합의에 도달하기를 바라지만 그건 이상적인 세계에서 가능한 이야기고, 현실 세계에서는 일관성 있는 메시지를 빨리 만들어내는 것만으로도 아이에게 도움이 된다.

장애물 07 | 말과 감정의 불일치
"엄마 화 안 났어. 엄마 말대로 하자."

의식적으로든 무의식적으로든, 메시지는 다양한 경로를 통해 전해진다. 어른의 주된 의사소통 수단이 언어이기 때문에 우리는 메시지라고 하면 말로 하는 것을 가장 먼저 떠올린다. 하지만 아이들은 이제 막 언어를 배워가는 단계에 있으므로, 부모의 말을 많이 알아듣는다 해도 그 말의 복잡성을 파악하기에는 아직 이르다.

그런 한편 아이들은 매우 직관적이고, 태어난 그날부터 감정을 탐지하는 능력을 계속 갈고닦아왔다. 사실 감정적 메시지를 직관적으로 알아차리는 능력의 역사는 초기 인류까지 거슬러 올라간다. 인간이 동굴에 살았던 시절, 인류의 언어가 으르렁대는 소리에 가까웠을 그 시기에 부모와 자녀는 말을 사용하지 않고 의사소통을 했다. 그때 아이들의 생존 여부는 부모의 목소리, 표정, 몸짓을 통해 메시지를 얼마나 잘 포착해내느냐에 달려 있었다. 이렇게 비언어적으로 부모의 의사를 파악하는 능력은 오늘날에도 분명히 남아 있으며, 아이가 부모의 메시지를 이해하는 데 중요한 역할을 한다.

말보다 감정에 훨씬 민감하다는 것은 곧 우리의 감정과 반대되는 메시지를 말로 전할 때 아이들이 감정적 메시지를 받아들이기 쉽다는 뜻이다. 예를 들어 아이를 유치원에 데려다줘야 하는 경우를 상상해보자. 아이가 나갈 준비를 하면서 늑장을 부리는 바람에 지각할 것 같지만, 당신은 침착함과 인내심을 유지하기 위해 애쓰고 억지 미소를 지으며 차분한 목소리로 말한다. "자. 어서 움직이자, 아가. 유치원에 늦고 싶진 않잖니." 하지만 속은 완전히 부글부글 끓고 스트레스가 쌓이고 있다. 이럴 때 아이는 어떤 메시지를 받을까? "이런 젠장, 늦었잖아! 빨리, 빨리, 빨리! 너 때문에 엄마 화났다!"

말과 감정의 이런 불일치를 막는 유일한 길은 우리의 감정을 인정하고 받아들이는 것뿐이다. 우리는 화났다는 것을 아이가 모르길 바라기 때문에 감정을 숨기려고 할 때가 있다. 말과 감정을 일치시키는 최고의 방법은 솔직해지는 것이다. 사실 우리가 실망하고 화가 났다는 사실을 아이에게 알려도 괜찮을 뿐만 아니라 그렇게 하는 편이 오히려 아이에게 유익하다. 그렇게 해야 우리가 보내는 모순적인 메시지에 아이가 혼란스러워하지 않고 자신이 받아야 할 메시지를 받는다. 즉, 자기가 엄마에게 협조하지 않았기 때문에 엄마가 실망하고 화가 났다는 사실을 알게 된다는 뜻이다.

물론 당신은 아이에게 소리를 지르고 싶지는 않을 것이다. 소리를 지른다면 우리의 의도와는 정반대로 '화가 날 때는 소리를 질러도 된다', '감정을 주체하지 못해도 된다'는 메시지를 보내는 셈이다. 우리가 감정적으로 솔직해지면 아이들은 유익한 메타메시지를 몇 가지 더 받을 수 있다. 이를테면 부정적인 감정을 느낄 때 그 감정을 적절히 표현하면 괜찮다거나, 자신의 행동이 다른 사람에게 영향을 미친다는 중요한 교훈 등을 말이다.

장애물 08 | 부모의 피로
"너무 피곤해."

24시간 대기 중인 유모 부대를 보유한 게 아니라면, 신체적·정신적 피로는 육아에서 피할 수 없는 부분이다. 잠은 지독히 부족하고, 잠시도 쉴 수 없으며, 내 욕구를 해결할 시간조차 없는 상황들 때문에 멍하고 의욕 없는 상태가 되고, 최악의 경우에는 우울증과 신체적 질병이 생기기도 한다. 이렇게 피곤할 때는 건전한 메시지를 보낼 에너지조차 사라진다.

게다가 피곤해지면 편의를 추구하게 된다. 편의를 추구한다는 것은 곧 아이에게 좋은 것보다는 부모의 이기심에 따라 행동한다는 뜻이므로 육아에서 가장 나쁜 말에 해당한다. 불행히도 '부모의 이기심'과 '훌륭한 육아'는 양립할 수 없다. 피곤해지면 자연히 노력과 에너지가 가장 조금 필요한 일에 마음이 끌리기 마련이다. 당신이 편의를 추구하고 있다면 아이에게 유익한 메시지 보내는 일은 포기했다고 봐도 무방하다. 가령 저녁 식사 전에 과자를 주면 입맛이 떨어지는데도 아이가 징징대는 것을 멈추려고 쿠키를 준다든지, 마트에서 아이가 난동 부리는 것이 싫어서 계산대에 있는 장난감을 사 준다든지 하는 경우가 그 예다. 이런 것들은 가장 쉽고 즉각적인 해결책임에는 틀림없지만 가장 좋은 장기적 메시지는 결코 아니다.

피곤하거나 스트레스를 받거나 시간이 모자랄 때에도 마음과는 달리 아이에게 긍정적인 메시지를 보낼 수 있는가의 여부는 모든 부모에게 시험과도 같다. 우리는 편할 때만 건전한 메시지를 전하려는 것이 아니다. 그렇게 한다면 '쉽고 편할 때만 신념을 고수하고 올바른 일을 한다'라는 메타메시지를 전하는 셈이 되는데, 아이에게 이런 메시지를 전하고 싶은 부모는 없을 것이다. 앞에서 언급했던 1,600명의 부모를 대상으로 한 조사에서는 응답자의 17퍼센트가 자신을 '마음 약한 사람'이라고 지칭하며 "전 가끔 너무 피곤해서 아이들한테 엄격해야 할 때도 그렇게 하지를 못해요"라거나 "그냥 흘러가게 놔두는 경우가 너무 많아요", "전 너무 빨리 두 손을 들어버릴 때가 있어요"라고 이야기했다. 또 44퍼센트는 자녀가 쇼핑에 돈을 너무 많이 쓴다고 말했고, 48퍼센트는 자신이 아이들의 응석을 다 받아준다고 생각했으며, 81퍼센트는 아이를 살살 달랜다고 했고, 53퍼센트는 아이를 너무 버릇없이 키우고 있는 것 같아 걱정된다고 답했다.

우리가 피곤하고 편의를 추구할 때 보내게 되는 또 다른 메타메시지는 아이의 욕구보다 우리 자신의 욕구가 더 중요하다는 것이다. 아이들은 마음 깊숙이에서 자신이 가치 없고 무시당한다고 느끼고 있기 때문에 냄새를 맡은 사냥개처럼 이러한 메타메시지를 알아차린다. 이 외에도 '살기 힘들 때는 쉬운 길을 택해도 된다'라는 또 하나의 메타메시지가 아이에게 전해질 수 있다.

덜 피곤해지는 방법을 묻는다면 쉽게 답할 수는 없다. 불행한 현실이지만 부모란 예전에도 피곤했고 앞으로도 뻔히 피곤하리라고 예상되는 자리이기 때문이다. 하지만 한편으로, 기진맥진한 부모는 불행한 아이를 만든다고 할 수 있다. 피곤한 상태만 계속된다면 좋은 부모가 되기는 어려울 것이다. 따라서 우리는 에너지를 재충전할 방법을 찾아야만 한다. 배우자와 상의해서 일주일에 한 번쯤은 늦잠을 자거나, 운동을 하거나, 조용한 시간을 보내거나, 친구들과 저녁에 외출하는 등의 '이기적인' 활동이 있어야 피곤함과 멀어질 수 있다. 어린 자녀를 두었다면 다들 언젠가는 밤에 푹 잘 수 있는 날이 오기를 바랄 텐데, 그런 일은 아마 아이가 대학에 갈 때쯤에나 가능할 것이다.

정말 피곤할 때는 분명하게 생각하거나, 선택지를 이리저리 재보거나, 올바른 선택을 하기가 어렵다. 다시 말해 생각하기가 너무 어려우면 기본값으로 설정된 반응을 보이기 쉽다. 평소 아이에게 어떤 메시지를 전하고 싶은지 확실히 생각해보지 않았거나 메시지 전달에 전력을 다하지 않는다면 '피곤할 때는 아예 긍정적인 메시지를 전하지 않는다'라는 선택지가 초기 설정으로 되어 있을 것이다. 하지만 아이에게 전하고 싶은 메시지에 대해 깊이 생각해보고, 메시지를 전하겠다는 의지를 변함없이 다져왔으며, 습관이 될 정도로 메시지를 자주 보냈다면, 유익한 메시지를 보내는 것이 초기 설정값일 가능성이 높다. 이런 경우에는 편의를 추구하려 할 때 더 많은 생각과 노력이 필요하다. 옳고 그름을 안다면 자신의 이익에 따라 행동하려 했다는 사실만으로도 정상적인 죄책감을 느낄 것이고, 아무리 피곤해도 올바른 메시지를 보내겠다는 건전한 의지가 생겨날 것이기 때문이다.

그렇다고 올바른 메시지를 보내는 데 100퍼센트의 시간을 투자해야 한다는 것은 아니다. 어떤 부모도 그런 짐은 감당하지 못한다. 우리 자신의 건강과 온전한 정신을 유지하려면 가끔은 편의를 추구할 필요도 있고, 항상 그런 것만 아니라면 문제가 되지 않는다. 마음과 몸이 건강하지 못하면 좋은 부모도 될 수 없기 때문이다. 그러니 주기적으로 실수를 하더라도 죄책감을 느끼지는 말았으면 한다. 사실 아이가 받아들여야 할 핵심적인 메타메시지는 '부모에게도 욕구가 있고 아이가 항상 우주의 중심이 될 수는 없다'는 것이다. 아이에게 보내는 메시지 중 다수가 유익한 것들인 한, 아이는 자기가 받아야 할 메시지와 메타메시지를 받을 것이다.

장애물 09 | 부모의 불행한 결혼생활 혹은 이혼
"아가, 넌 누구 편이니?"

결혼생활에 문제가 있거나 이혼한 부모들은 아이에게 명확하고 일관성 있는 메시지를 보내는 것이 특히 어렵다. 메시지를 보낼 때는 통일성이 매우 중요한데, 이런 상황에서는 통일된 메시지를 만들어내기가 극도로 어려워지기 때문이다. 하지만 서로에 대한 감정이 어떻든 아이에게 필요한 것을 우선으로 하는 한편 일관성 있고 유익한 메시지를 보내기 위해 협력할 책임이 있다는 것을 인식한다면 가능한 일이다. 메시지는 아이에게 일생 동안 영향을 미치므로 부모가 책임져야 할 부분은 일찌감치 제대로 해내는 것이 중요하다. 아이에게 일관성 있는 메시지를 보내기 위해 부부가 협력한다면 불화나 이혼으로 인한 부정적인 영향도 적을 것이다.

갈등을 겪는 부부가 통일된 메시지를 만들어내기란 어렵지만 매우 중요한 일이기도 하다. 부부관계의 질은 아이의 건강과 행복에 상당한 영향을 미치기 때문이다. 연구에 따르면 부모의 갈등을 보고 자란 아이는 부모가 자기에게 덜 다정하며 감정적으로 도움이 덜 된다고 느끼고, 자긍심이 낮으며, 정서적인 문제도 더 많이 경험하고, 자기만족도 또한 낮다. 게다가 부부의 갈등은 아이의 수면, 식습관에 악영향을 끼치고 질병에 취약해지게 하는 등 아이의 신체적 건강을 해치는 스트레스를 유발한다.

결혼생활에서 문제를 겪고 있는 부모라면 자신들의 문제를 아이의 문제와 분리할 수 있도록 배우자나 전 배우자와 터놓고 대화해야 한다. 부부로서는 둘 사이의 통일성이 부족할지라도 아이를 위해서는 부모로서 통일성 있는 분위기를 조성해야 할 책임이 있기 때문이다. 이런 논의를 하는 데 외부 전문가의 도움이 필요하다면 조언을 구해보는 것도 좋다. 부모의 역할 중에서 가장 중요한 것은 아이가 가능한 한 좋은 메시지를 받도록 보장해주는 것이고, 그것은 결혼생활에 존재하는 어떤 어려움보다 중요하게 여겨져야 한다.

장애물 10 | 형제자매
"너 말고, 네 오빠한테 한 얘기야."

외동이 아닌 아이들은 손위 혹은 손아래 형제자매와 관련된 온갖 종류의 메시지에 노출된다. 부모가 형제자매에게 직접 보내는 메시지뿐만 아니라 형제자매가 부모와 주고받는 메시지를 받기도 하며, 형제자매와 서로 메시지를 주고받기도 한다. 이 말은 곧 집 안에서 수많은 메시지가 오간다는 뜻인데, 그중에는 모든 아이에게 적합한 메시지도 있고 덜 적합한 메시지도 있을 것이다.

가정에서 상충하는 메시지를 자주, 많이 주고받는 경우 몇 가지 문제가 있다. 현실적으로 봤을 때, 나이가 많든 적든 아이들은 저마다 기질, 성격, 학습 유형이 다르고 발달 수준도 제각각이므로 특별히 자기에게 맞추지 않은 메시지도 많이 받게 된다. 또한 자기에게 보내는 메시지와 그렇지 않은 메시지를 쉽게 구분할 정도의 지적 발달이 이루어지지 않은 경우가 많다. 게다가 손위 아이들은 동생들에게 메시지를 보낼 때 거의 배려를 하지 않아서, 아무리 나쁜 메시지라도 거리낌 없이 보내고 심지어 동생들을 '망가뜨리는' 데서 비뚤어진 즐거움을 느끼기도 한다. 그리고 부모라면 누구나 알겠지만 동생들은 손위 형제자매를 우러러보고 그 아이들이 어떤 메시지를 보내더라도 쉽게 수긍한다.

하지만 동생들 역시 손위 형제자매가 메시지를 받는 데 장애물이 되기도 하고 잘못된 메시지를 보낼 때가 있다. 예를 들어 아기는 도움이 많이 필요하고 울기만 하면 즉각적인 관심을 받기 때문에 손위 아이들은 '나도 울기만 하면 바라는 만큼 관심을 받을 수 있겠구나'라는 메시지를 받기도 한다.

이런 혼란 상태에서 무엇보다 중요한 것은 부모의 민감함이다. 아이의 입장이 되어서 주변의 모든 상황이 얼마나 불공평해 보이는지 생각해보라. 마음껏 관심을 받고, 울기만 하면 엄마가 달려가는 동생을 보며 손위 아이들은 '나라고 못할 게 뭐야?'라고 생각한다. 반대로 손위 아이들이 밤늦게까지 깨어 있거나 혼자 밖에 나가 놀면 동생들도 '나라고 못할 게 뭐야?'라고 생각한다. 물론 우리는 아이들이 계속 메시지를 받지 않고 심지어 밀어내기까지 하면 실망하고 좌절할 수 있다. 하지만 왜 그런 일이 일어나는지, 아이들은 또 얼마나 실망하고 좌절할지 생각해보라.

그렇다면 이런 메시지 혼란에 어떻게 대처해야 할까? 먼저 모든 아이들에게 적용되는 몇 가지 메시지를 마련해볼 수 있다. 예를 들어 정직, 책임, 친절 등의 기본적 가치는 나이와 상관없이 모든 아이에게 적용된다. 이런 가치를 이용하여 '때리지 않기(전하는 메시지 : 친절)', '장난감 치우기(전하는 메시지 : 책임)'와 같이 모두에게 의미 있는 메시지를 만들어보는 것이다. 이렇게 모든 아이들을 아우를 수 있는 이른바 '담요 메시지(blanket message)'는 메시지 도구, 즉 표어, 습관적 의식과 절차, 활동을 총동원하여 아이들에게 전해질 수 있다.

이런 메시지를 전할 때 손위 아이들은 역할 모델로서 동생들에게 유익한 메시지를 전달하는 데 도움이 된다. 예를 들면 그레이시는 언니가 저녁 식사 전에 상을 차리고, 식사를 마친 후에는 접시를 싱크대로 가져오는 모습을 보면서 자신이 저녁 식사 시간에 해야 할 일을 빨리 배울 수 있었다. 따라서 아이들이 아직 어리다면 손위 아이들에게 보낸 긍정적인 메시지는 자연히 동생들의 레이더에도 잡히고, 조금이나마 흡수되기 시작할 것이다. 잘될 경우에는 동생들이 손위 아이들에게 완전히 동화될 것이다.

또한 특정 메시지를 전하고자 할 때는 아이들을 분리시켜 메시지를 나누어 보낼 수 있다. 손아래 아이들이 주변에 없을 때 손위 아이들에게 특정 메시지를 보낸다면 메시지의 대상은 분명해진다. 물론 눈코 뜰 새 없이 바쁜 보통 가족의 경우 아이들을 떼어놓는 것이 항상 가능한 것은 아니기에, 메시지를 전할 때는 그 대상과 이유를 명확히 알 수 있게 해야 한다. 아이의 이름을 부르고 눈을 보며 말한다면 적어도 누구에게 이야기하고 있는지는 아이들이 이해할 수 있을 것이다.

사실 자녀가 두 명 이상이라면 이런 혼선이 일어날 수밖에 없다. 하지만 손아래 아이의 언어와 인지적 능력이 충분히 발달할 때까지는 누구를 향한 메시지인지 아이들이 꼭 구분할 필요가 없다는 점을 인정해야 한다. 이 말은 아이의 마음속에 메시지가 자리 잡을 시간을 더 많이 줌으로써 메시지가 점차 명확해지게 해야 하는 한편, 아이가 우리의 바람대로 빨리 메시지를 받아들이지 못하더라도 인내를 발휘해야 한다는 것을 뜻한다.

장애물 11 | 친인척
"내 손자 내가 버릇없게 키우겠다는데, 뭐?"

할머니, 할아버지, 고모, 이모, 삼촌, 사촌들을 비롯한 친인척 중 일부는 아이들에게 보내고자 하는 메시지와 관련하여 우리와 의견이 일치하지만 나머지는 그렇지 않다. 가령 어떤 친척은 당신과 자신이 비슷한 가치관이나 태도를 가지고 있다고 여기고, 그 때문에 자기가 아이에게 보내는 메시지를 당신이 반대할 수도 있다는 점을 깨닫지 못한다.

아이에게 대중매체를 너무 많이 접하게 한다거나, 단것을 너무 많이 준다거나, 식사 후에 설거지하기를 기대하지 않는 것이 그 예다.

특히 할머니나 할아버지는 부모가 아이에게 보내고자 하는 메시지를 뒷받침해주겠다는 생각을 하지 않는다. 이미 자신의 아이들을 키우면서 할 일을 다 했기 때문에 손자들에게는 그렇게 하지 않아도 된다고 여기는 것이다. 그래서 아이들과 재미있게 노는 특혜는 다 누린 뒤 아이가 지치고 배고프고 짜증 나게 되면 우리에게 돌려보낸다. 할머니, 할아버지는 대개 아이를 혼내거나 통제해야 하는 책임에서 벗어나 있다. 우리 딸들의 할머니 한 분도 "내 손녀 내가 버릇없게 키운다는데 누가 뭐라니?"라고 얘기하신다.

가족이나 친척이 우리의 메시지에 미치는 영향력은 물리적 거리에 좌우될 수 있다. 아이의 조부모, 이모, 고모, 삼촌, 사촌들이 멀리 살고 당신의 가족과 자주 만나지 못한다면 거의 해를 끼칠 일이 없다. 가족의 평화를 지키려면 당신 가족이 가끔 친척 집에 놀러 가 있는 동안에는 아이가 건전하지 못한 메시지를 받을 수 있다는 점을 받아들이는 것이 좋다. 드물게 친척 집에 잠깐 머무는 동안 받는 메시지보다야 항상 접하는 부모의 메시지가 훨씬 영향력 있을 테니 말이다.

하지만 가까운 곳에 살고 아이와 자주 만날 수 있는 친척은 우리 입장에서 용인할 수 없는 메시지를 아이에게 보낼 가능성이 있으므로 우리는 힘든 선택을 해야 한다. 친척들이 보내는 불건전한 메시지를 받아들이되 우리의 메시지가 그보다 영향력 있기를 바라거나, 불편해질 각오를 하고 친척들이 보내는 메시지와 우리가 원하는 메시지의 불일치에 대한 대화를 시도해보는 것이다. 물론 모든 부모는 자신이 아이들에게 긍정적인 메시지를 보낸다고 믿고, 또 어떤 부모도 일부러 나쁜 메시지를 보내지는 않기에 친척들은 당신의 그런 대화 제안을 공격으로 받아들일 수 있다. 따라서 이런 대화를 하려면 친척의 가치관을 존중하며 조심스럽게 접근해야 한다.

가장 중요한 점은 친척이 비난받는다거나 우습게 보인다고 느끼지 않도록 우리가 한 발 물러나야 한다는 것이다. 이 대화의 목적은 우리가 아이의 삶에서 친척의 존재를 소중히 여기는 한편 아이가 친척으로부터 좋은 메시지만 받을 수 있도록 최선을 다하고 있다는 점을 알리는 것이다. 목적에 맞게 대화를 한다면 친척 집에 머무는 동안 다들 편안하게 지낼 수 있을 것이다.

할머니나 할아버지의 경우에는 이런 대화가 조금 쉬울 수도 있다. 이제 아이를 기르는 일과 거리가 멀어졌기 때문에 이런 대화를 하는 것이 그들의 육아 방식을 공격하는 일이 되지는 않기 때문이다. 내가 발견한 최고의 해결책은, 아이와 놀아주고 우리에게 휴식을 주어 감사하다는 말로 대화를 시작하는 것이다. 그다음 아이에게 심어주고 싶은 가치들에 대해 이야기하면 그 말에 반박하기는 어려울 것이다. 그런 후 그들이 아이에게 해준 모든 일에 대해 감사를 표하며 당신이 아이에게 전하고자 하는 메시지와 관련된 일종의 기준을 제공하라. 예를 들어 아이에게 주는 선물이나 단것을 제한하고 아이가 공손하고 협력적이기를 바란다는 식으로 말하면 된다.

장애물 12 | 사회적 세계
"바깥세상은 정글이야."

아이들은 외부와 단절되어 혼자 자라지 않는다. 이 넓은 세상에는 부모 외에도 아이에게 영향력을 미치는 존재가 또 있다. 가정의 울타리를 벗어나기가 무섭게 아이는 친구나 다른 아이들, 다른 아이의 부모나 육아자들, 학교 친구들, 선생님들을 비롯하여 자신이 속한 사회적 세계에서 온갖 종류의 메시지를 받는다. 아이가 집 밖에서 만나는 모든 사람을 우리가 통제할 수는 없기 때문에, 이 사회적 세계는 아이가 메시지를 받는 데 엄청난 장애물로 작용할 수 있다.

아이를 사회적 세계에서 보호할 수는 없지만 우리가 원하지 않는 메시지에 노출되는 것을 막기 위해 최선을 다할 수는 있다. 가장 좋은 방법은 사회적 세계를 아주 신중하게 구성하여 우리가 원하는 메시지만 아이가 받도록 하는 것이다. 그러려면 육아 도우미나 어린이집 등의 보육시설, 유치원, 초등학교, 과외 활동, 친구와의 놀이 약속 등을 우리의 메시지를 뒷받침하는 데 가장 큰 영향을 미칠 수 있는 쪽으로 신중하게 선택해야 한다.

아이의 사회적 세계를 구성하면 그곳에서 친구들과의 세계가 나타날 것이다. 친구들은 대개 어린이집이나 학교, 동네에서 사귀게 되는데, 아이들이 생활할 사회적 세계를 신중하게 선택하고 구성하면 아이의 친구와 그 가족들 또한 유익한 메시지를 보낼 가능성이 높아진다. 우리는 아이의 친구와 그 가족들에 대해 점차 알게 되면서 그들이 제대로 된 메시지를 보낼지 더욱 확신할 수 있다. 가깝게 지내면서 그들이 우리의 메시지를 뒷받침해줄지 깎아먹을지 지켜볼 수 있기 때문이다.

아이의 친구와 그 가족들이 여러분이 동의할 수 없는 행동을 한다는 이유만으로 그들을 밀어내고 거부하라는 뜻은 아니다. 그 대신 아이가 받았으면 하는 메시지나 그렇지 않은 메시지들을 아이 친구의 부모와 허심탄회하게 이야기하고, 그 부모들에게 당신이 정한 한도를 존중해달라고 부탁해야 한다. 가령 우리 딸들이 친구들과 놀기로 약속을 정하면 우리 부부는 딸 친구의 부모나 육아자에게 "우리 아이들은 사탕을 자주 먹지 않으니 단것을 주지 말아주세요"라고 이야기한다. 이렇게 했을 때 우리 요구에 부정적으로 반응하거나 요구를 지키지 않는 사람들은 본 적이 없다.

장애물 13 | 대중문화
"안 돼, 탐험가 도라 인형은 이제 그만 사."

대중문화 역시 아이에게 유익한 메시지를 전하는 데 심각한 장애물이 될 수 있다. TV, DVD, 잡지 등 비교적 오래된 매체에서 휴대전화, 인터넷 등 최근 폭발적으로 사용이 증가한 매체에 이르기까지, 대중문화는 항상 주변에 존재하는 데다 강렬하며 인정사정없는 메시지 전송 수단이 되었다. 그 메시지 중에는 건강에 좋지 않은 정크 푸드나 부유함, 외모, 유명인을 강조하는 등 건전하지 못한 것도 많다.

물론 대중문화는 아이에게 긍정적인 메시지를 전하는 다양한 오락

거리를 제공하기도 한다. 예를 들어 '탐험가 도라(Dora the Explorer : 라틴계 소녀 도라가 주인공인 교육용 애니메이션으로 전 세계에서 방영되어 엄청난 대중적 인기를 누림 —옮긴이)'는 친절, 다양성, 탐험, 가족, 문화적 전통, 우정, 공감, 신체 활동 등과 관련된 메시지를 전한다. 한편 어린이를 대상으로 하는 모든 TV 프로그램과 DVD는 소비와 관련된 메시지를 전하는 강력한 파생상품을 내놓는다. 또한 도라와 친구들이 세계를 탐험하는 동안 도라를 지켜보는 아이들은 화면 앞에서 그저 멍하니 앉아 있을 뿐이다. 미국 소아과학회(American Academy of Pediatrics)에서는 두 살 이하의 어린이가 화면을 보게 하지 않는 것을 권장하지만, 사실 카이저 재단(Kaiser Foundation)에서 실시한 조사에서는 두 살 이하의 어린이 중 3분의 2가 TV, DVD, 비디오 게임 등의 화면 매체를 하루 두 시간 이상 이용하는 것으로 나타났다. 이 '화면 보는 시간'은 아이가 유아원, 유치원, 초등학교를 거치는 동안 부쩍 늘어난다.

일반적 통념과 달리, 실제로는 아이가 컴퓨터 같은 과학 기술을 일찍 접하는 경우 학업 성취에 해로운 영향을 받는다. 초등학생을 대상으로 한 연구에서 밝혀낸 바에 따르면 집에 컴퓨터가 들어온 시점부터 아이들의 시험 성적이 하락했고, 집에서 쉽게 컴퓨터를 사용할 수 있는 아이는 그렇지 않은 아이보다 성적이 낮았다. 이 연구에서 성적 차이의 원인으로 꼽힌 것은 아이가 컴퓨터를 사용하는 동안 부모가 관찰하고 지도해주지 않았다는 것과 비교육적인 컴퓨터 사용 시간이었다.

아이들을 대상으로 하는 대중문화를 넘어서면 상황은 훨씬 더 암울하다. 청소년을 대상으로 하는 대중문화에서 보내는 메시지를 해체하여 분석해보면 피상성, 천박함, 물질만능주의, 멸시, 무책임, 탐욕, 관음증, 이기심 등의 가치를 발견할 수 있다. 물론 '우리 애들은 아직 어리고 그런 대중문화에 노출되지 않았어'라고 생각하는 사람도 있을 것이다. 하지만 지금의 어린아이들은 성인 대상의 대중문화에 생각보다 훨씬 많이 노출되며, 이런 일은 집 안팎에서 모두 일어난다. 가령 집 안에서 우리는 TV 프로그램이나 영화, 음악, 잡지 등 우리가 재미있어 하는 대중문화 요소에 아이를 노출시키고 있는 셈이다.

조금 더 자란 아이들의 경우에도 상황은 마찬가지다. 집에서 멀리 떨어져 있을 때도 아이들은 광고 게시판이나 상점 광고, 전시 등을 통해 대중문화의 폭격을 받는다. 예를 들어 슈퍼마켓에서는 쇼핑 카트를 끌고 가는 아이의 눈높이에 맞게 아동을 대상으로 하는 제품(이라고 쓰고 정크 푸드라 읽는 제품)을 의도적으로 진열해둔다. 최근의 한 연구는 세 살이면 브랜드를 인식하고 애착을 보이기 시작한다는 점을 밝혀냈다. 어떤 시리얼 회사의 간부는 이렇게 말했다. "어린 소비자들을 겨냥할 때 우리는 프록터 앤드 갬블(Procter & Gamble) 사의 '요람에서 무덤까지' 모형을 따릅니다. 어릴 때 잡으면 평생 소비자로 잡아둘 수 있다는 거죠."

부모들은 대중문화의 해악을 알지만 항상 그것에 저항하는 조치를 취하지는 않는다. 앞서 언급했던 1,600명의 부모를 대상으로 한 조사에서 대중문화가 아이에게 정말 해로운 메시지를 보낸다고 믿는 부모들의 비율은 압도적으로 높았다. 응답자의 75퍼센트는 '아이의 친구들과 매체가 아이에게 미칠 부정적인 영향이 걱정된다'라고 대답했다. 또한 응답자 중 다수는 생활비 지출처럼 실제 생활과 관련된 걱정보다 대중문화가 육아에 미치는 부정적인 영향에 대한 걱정이 더 크다고 말했다. 조사에 참여했던 한 엄마는 이렇게 말했다. "정말 진이 빠져요. 아이들이 현실 세계를 살면서 스스로 결정하는 법을 배울 수 있게, 인격이 제대로 형성될 때까지 세상에서 멀리 떨어뜨려놓는 게 참 힘들어요."

어린 시절 대중문화에서 받은 해로운 메시지들은 아이가 발달하는 동안 아이의 행동에 심하게 부정적인 영향을 미칠 수도 있다. 몇몇 연구에서 발견한 바에 따르면, 성인을 대상으로 하는 매체에 노출되었던 아이들은 감각을 추구하고 위험을 무릅쓰는 행동 양상을 보이기 쉽다고 한다. 또 다른 연구에서는, 부모의 통제를 받아 성인용 매체를 접하지 못했던 아이는 부모의 제한 없이 성인용 매체를 접했던 아이에 비해 음주, 흡연, 성행위, 폭력 행위에 덜 관여했다고 밝혔다.

아이를 영원히 보호막 속에 가둬둘 수는 없으므로 아이도 어느 정도는 대중문화를 접하게 된다고 주장하는 사람도 있을지 모른다. 물론 대중문화에 조금 노출되었다고 해서 피해를 받지는 않을 것이고, 분명 아이들도 어느 정도는 대중문화로부터 자신을 지키는 법을 배워야 한다. 하지만 발달 단계상 매우 중요하고 외부의 영향을 쉽게 받는 상태인 아이들이 그렇게 어린 나이에 대중문화를 너무 많이 접하는 것은 해로운 일이 아닐 수 없다. 그러니 우리가 먼저 아이들을 준비시킨 후에 세상에 내보내는 편이 낫지 않을까?

피할 수 없을 정도로 광범위하게 존재하는 대중문화는 우리가 아이에게 메시지를 보내는 과정에서 마주하는 장애물 중 가장 강력한 것이다. 사실 한창 자라는 아이를 대중문화의 불건전한 메시지로부터 완전히 보호할 수는 없다. 다만 유일한 현실적 희망은 아이가 준비될 때까지 대중문화에 발을 들여놓는 시간을 늦추는 것뿐이다. 그동안 우리는 아이에게 예방주사를 놓듯 긍정적인 메시지를 보내 초기 설정값을 입력함으로써 아이가 몇 년 안에 본격적으로 대중문화를 접하게 될 때 그것이 아이를 지켜주게 할 수 있다.

아이가 일상에서 대중문화의 어떤 측면을 접하는지 살펴봄으로써 아이가 대중문화와 접촉하는 것을 제한할 수도 있다. 아이가 매체를 통해 받을 수 있는 메시지를 분석하고, 우리가 용인할 만한 것인지 결정해야 한다. 이 결정은 우리의 이익과 가치관에 근거한 개인적 결정이지만, 나는 대중문화가 아이에게 미치는 영향을 여러분 스스로 연구하고 아이에게 적절한 것이 무엇인지 충분한 근거에 따라 결정하라고 권하고 싶다. 아이가 경험해도 좋다는 생각이 드는 대중문화에는 어떤 것이 있는지 알아보고 신중하게 선택하기 바란다.

메시지 규칙

1. 전하고자 하는 말과 행동, 감정을 명확하게 전달하라.
2. 아이의 발달 수준에 맞게 최대한 단순화하라.
3. 말이 아니라 행동으로 주고받아라.
4. 아이의 말에 귀 기울여라.
5. 말, 행동, 감정 등 다양한 방식으로 전달하라.

MESSAGE

사랑은 아이를
만드는 원천이다

아이가 어떤 사람이 되든, 그 원천이 되는 것은 사랑이다. 사랑은 아이가 자기 자신과 세상에 대해 가장 기본적인 믿음을 형성하는 바탕이고, 이 믿음은 아이가 어린 시절을 거쳐 어른이 될 때까지 생각, 감정, 행동의 방향을 인도할 것이다. 사랑은 우리가 아이의 발달을 도와주는 동안 마음대로 사용할 수 있는 가장 강력한 힘이다.

■ **아이를 행복하게 하는 사랑, 아이를 망치는 사랑** ■

적절히 사랑받는 아이는 누군가 자신을 받아준다는 느낌과 안정감을 느끼며 자란다. 이 느낌은 아이가 자신을 소중히 여기고, 세상을 탐색하며, 위험을 감수하고, 목표를 위해 분투하며, 다른 사람들과 유대를 맺는 능력의 바탕이 된다. 사랑을 느끼는 아이는 세상이 자신을 보호하고 만족시켜준다고 믿을 수 있는, 친근하고 안전한 곳임을 배운다. 사랑의 유익함은 건강한 자기애, 타인에 대한 사랑, 행복, 건전한 인간관계, 학교와 직장에서의 성공 등으로 나타난다. 부모와 자녀의 관계에 대한 연구에서 가장 믿을 만한 결과는, 부모에게서 가장 사랑받는다고 느끼는 아이들이 정신적으로 가장 안정된다는 점이다.

사랑받는 아이들이 있는 곳의 반대쪽 끝에는 학대받거나 방치되어 사랑받지 못한다고 느끼면서 자라는 아이들이 있다. 이 아이들은 세상이란 살기 힘들고 두려우며 위협적인 곳임을 배운다. 사랑받지 못한다고 느끼는 아이들은 자긍심 부족, 스트레스 장애, 비정상적인 인간관계, 높은 약물 남용 가능성, 학교와 직장에서의 갈등을 비롯하여 수많은 문제에 시달린다.

사랑받는 아이와 사랑받지 못하는 아이의 중간에는 덜 건전한 방식으로 사랑을 표현하는 부모를 둔 아이들이 있다. 내가 상담실과 이 사회에서 가장 흔하게 보는 이런 아이들은 세상을 모순적인 시각으로 본다. 이들은 부모에게 사랑을 받고 그 혜택을 누린다. 하지만 한편으로는 그 사랑이 예측하기 어렵거나 일관성이 없고 조건에 따라 달라지는 경우가 많기 때문에 아이들은 세상도 똑같은 방식으로 굴러간다고 생각하게 된다. 그 결과 진정한 안정감과 편안함을 느낄 수 없고 세상이나 자기 자신을 믿지 못한다.

분명 좋은 의도에서 나오는 행동이겠지만 이런 아이의 부모는 아이에게 사랑을 듬뿍 쏟고, 비현실적인 칭찬을 계속하며("넌 세상에서 제일 훌륭한 아이야!"), 해낸 일에 걸맞지 않은 보상을 주고, 무리하게 아이의 발달을 촉진하려 한다. 사랑이라는 이름으로 아이를 위한다면서 이 모든 행동을 하는 것이다. 불행히도 이런 부모들의 노력은 역효과를 낳아 목표와는 완전히 반대의 결과를 초래하는 경우가 많고, 결국 아이에게 도움을 주기보다는 해를 끼치게 된다. 이런 아이들은 자신이 쓸모없다는 느낌, 슬픔, 분노, 죄책감, 수치심, 성공에 대한 내적 압박에 시달리며 힘들어한다. 이런 성향이 겉으로는 뛰어난 성적이나 운동 실력 등 긍정적인 양상으로 나타나기도 하지만 내면은 혼란과 불안에 휘둘린다. 이 슬픈 현실의 원인은 부모가 아이를 많이 사랑하기는 하지만 그 방식이 잘못되었기 때문이다.

헬리콥터 부모의 해로운 사랑

자녀에 대한 사랑은 최근 들어 많은 비난을 받아왔다. 자녀 옆을 계속 맴도는 '헬리콥터 부모', 자녀 옆에 벨크로(velcro)처럼 딱 붙어 있는 '벨크로 부모', 어린 자녀의 야구 경기에 지나치게 집착하는 '리틀 리그 아빠', 어린 연예인 자녀를 극성으로 지원하는 '스테이지 엄마' 등의 신조어는 부적절하고 해로울 수 있는 사랑을 잘 나타내는 말이다. 흔히 '조건부 사랑', '조선석 사랑'이라는 말로 표현되는 이런 '최신식 사랑'의 핵심은 아이의 삶을 대상으로 한 부모의 과잉투자다.

이런 경우 부모의 자긍심은 아이와 얽혀서, 아이가 부모의 기대에 부응하는지에 따라 높아지기도 하고 낮아지기도 한다. 의도가 있든 없든, 부모들은 이렇게 과잉투자를 했으므로 아이가 자신의 기대를 충족하면 사랑과 관심, 칭찬, 선물을 쏟아붓지만, 실패하면 차가운 태도로 거리를 두고 쏟아부었던 사랑을 거두어들이거나 아이에게 실망, 좌절, 분노를 표현한다. 어느 쪽이든 아이는 부모의 사랑이 자신의 성취에 달려 있다는 메시지를 받는다. 이렇게 부모와 아이의 뒤엉킨 자아는 아이에게 엄청난 짐이 될 수 있고, 특히 높은 기대와 비현실적으로 뛰어난 성과를 강조하는 오늘날의 문화에서는 더욱 그렇다.

아이가 어릴 때는 조건부 사랑이라는 메시지를 감지하기 어렵다. 이 메시지는 아이가 또래 아이들만큼 발전을 보이지 않을 때 부모가 실망하는 형태로 전달되기도 한다. 어린 시절의 발달은 성장한 후의 성취 수준과 크게 상관이 없는데도 말이다. 아이가 점차 자라서 본격적으로 학교생활을 하고 운동경기나 예술 활동에도 참여하다 보면, 과도한 성취를 강조하는 문화적 메시지에 쉽게 영향을 받는 아이의 성향과 부모의 과잉투자가 섞이면서 위험이 발생한다. 아이가 학교에 들어갈 나이가 지나고 결과지향적인 세상에 발을 들이면서, 아이가 어렸을 때 부모가 느꼈던 무조건적 사랑의 순수함은 조건적 사랑이 섞인 치명적인 혼합물로 변한다.

조건적 사랑이 초래하는 해로운 결과는 수많은 연구를 통해 거듭 입증되어왔다. 자신의 가치가 성과에 달려 있다고 믿는 아이는 자기비판적인 성향이 강하고, 부정적인 감정을 잘 느끼며, 자신이 해낸 일을 혹독하게 비판하고, 장애물이 있을 때 끈기가 약했다. 또한 부모에게 조건적 사랑을 받고 자란 아이들은 성공에서 느끼는 기쁨이 오래가지 못하고 자기 단점에 대해 죄책감과 수치심을 많이 느낀다고 말했다. 설상가상으로 이 아이들은 부모가 자신을 대하는 방식이 마음에 안 들고 부모가 원망스럽다고도 했다. 조건적 사랑은 세대를 넘어서까지 영향을 미치기도 한다. 부모에게 조건적 사랑을 받았다고 말한 엄마들은 성인이 되어서 자신이 무가치하다고 느꼈고, 조건적 사랑에 상처를 받았으면서도 똑같은 방식으로 자녀를 대하는 경우가 많았다.

■ '어두운' 사랑의 메시지 ■

어린 자녀를 둔 부모에게 힘든 일은 의식적으로 아이에게 사랑을 쏟는 것도, 아이가 처음으로 일어나 앉거나 걸었을 때 관심을 보이는 것도, 아이가 실패했을 때 화를 내거나 거부하는 태도를 보이면서 벌을 주는 것도 아니다. 정말 힘든 일은 우리가 의도하지 않은 사랑의 메시지, 종종 해로운 사랑의 메시지를 아이에게 보내기 쉽다는 점을 알아차리는 것이다. 우리의 목적은 긍정적인 사랑의 메시지를 보내는 것이지, 우리 마음의 짐에서 나오는 '어두운 면'에서 우러난 사랑의 메시지를 보내는 것이 아니기 때문이다.

발달 과정에서 중요한 성과를 이룬 아이를 보고 부모가 흥분하는 것은 당연하다. 특히 다른 아이들보다 발달이 빠르다면 더욱 그렇다. 또 자녀가 이웃 아이보다 발달이 한참 더딜 때 실망하는 것 또한 당연한 일이다. 가능한 한 자기 아이가 최고이기를 바라는 부모들에게 이것은 정상적인 반응이다. 그에 반해 아이를 통해 부모가 평가받는다거나 아이가 일찍, 빨리 뭔가를 이룰수록 높게 쳐주는 육아 문화에 별로 영향을 받지 않는 사람들도 있다.

하지만 어느 쪽으로든 너무 극단적인 반응을 보인다면 아이는 '어두운 면'에서 나오는 사랑의 메시지를 받을 것이다. 우리의 목적은 어디까지나 아이를 위해서 상황에 맞게 사랑을 표현하는 것이지, 아이의 성과에 대해 극단적이거나 적절하지 않은 반응을 보여주는 것이 아니다.

나는 네 살이었던 딸이 두발자전거 타는 법을 배울 때 도와주면서 내 사랑의 어두운 면을 경험했다. 내가 밀거나 잡아주는 동안 딸아이는 자기가 어디로 가는지 보지도 않고, 페달을 밟으려고 하지도 않고, 핸들을 똑바로 잡고 있지도 않았다. 몇 번은 상냥하게 지적했지만 아이가 노력하지 않는다는 데 점점 실망하고 짜증이 난 나는 누가 들어도 화난 목소리로 감정을 표현해버렸다. 케이티는 곧 눈물을 보였고, 나는 아빠가 된 이래 최악의 순간을 맞이했다. 평소 다른 사람들에게 하지 말라고 조언했던 행동을 내가 그대로 한 것이었으니 말이다. 내 마음의 짐, 이 경우에는 완벽주의적 성향에 못 이겨 케이티에게 좋지 않은 메시지를 보낸 것이었다.

당연하게도 나는 딸의 마음에 상처를 주었다는 생각에 처참한 기분이 들었고, 내가 자전거와 관련된 경험에 지울 수 없는 상처를 남기는 바람에 아이가 다시는 자전거를 타지 않으려고 할까 봐 걱정스럽기도 했다. 실제로 딸아이는 몇 주 동안 자전거를 타지 않았다. 하지만 그러던 어느 날 딸아이가 내게 자전거를 타러 가지 않겠냐고 물었다. 함께 자전거를 가지러 차고로 가던 도중, 케이티는 걸음을 멈추고 내 눈을 보면서 어린아이만이 보일 수 있는 진지한 태도로 이번에는 자기를 친절하게 대해줄 것인지 물었다. 나는 목이 메고 눈물이 차올라서 아이를 꼭 안고, 이번에는 정말 친절하게 가르쳐주겠다고 약속하고 그대로 했다.

아이가 아직 어린 그때는 정말 중요한 시기다. 우리가 사랑을 표현하는 방식으로 초기 설정한 값은 아이가 자신의 인생을 좌우할 수도 있는 '성취의 기차'를 타고 질주할지, 탄다면 언제 탈지를 결정하기 때문이다. 어린아이에게 보내는 사랑의 메시지는 아이에게 전달되어 그들이 앞으로 훌륭한 사랑의 바탕을 마련하게 할 것이다. 또한 이 시기에 보낸 사랑의 메시지는 초기 설정값의 형태로 남아서 우리가 '어두운' 사랑의 메시지를 보내지 않게 해주는 한편, 아이가 넓고 가혹한 세상에 발을 내디딜 때 필요한 건강한 사랑을 주도록 도울 것이다.

아이의 눈으로 본 사랑

자녀를 사랑한다는 것은 '무조건적인 사랑은 좋고 조건적인 사랑은 나쁘다'는 식으로 딱 떨어지는 일이 아니다. 사실 '무조건적인 사랑이 나쁘고 조건적인 사랑이 좋은 것일 수도 있다'라고 말하면 부모들은 매우 강하게 반발할 것이다. 보통은 자신이 '조금도 주저 없이 온 마음을 다해 아이를 사랑하지는 않는다'라는 메시지를 보낼 수도 있다는 것을 꿈에도 생각하지 않는다. 하지만 이런 실수는 아이가 아닌 자신의 눈으로 사랑을 보기 때문에 발생한다. 즉, 부모들은 자신이 실제로 보낼 수 있는 메시지와 아이가 실제로 사랑에 대해 받을 수 있는 메시지를 혼동하는 것이다.

아이의 시각에서 보면 부모는 아이의 행동에 상과 벌을 주는 데 끊임없이 사랑을 이용한다. 아이가 이기적으로 행동하거나, 불평하거나, 말을 듣지 않거나, 못되게 구는 등 나쁜 행동을 하면 부모는 마냥 사랑을 주지는 않을 것이다. 사실 여러분은 짜증이나 화가 꽤 많이 날 수도 있고, 별로 추천하고 싶지는 않지만 아이에게 소리를 지를지도 모른다. 그럼 이런 상황에서 당신은 정말로 사랑을 주지 않고 있는 것인가? 물론 아니다. 당신은 여전히 아이를 사랑하기 때문에 자신의 행동을 그저 못마땅함의 표현 정도로 여길 뿐이다.

하지만 중요한 것은 우리의 생각이나 의도가 아니라 아이의 인식과 경험이라는 점을 명심하라. 아이는 중학교에 들어갈 무렵까지 '네 행동이 못마땅하다'와 '네가 그런 행동을 했으니 사랑을 주지 않겠다'의 차이를 잘 구분하지 못한다. 아이는 사랑이 일시적으로 거두어졌다고 인식하고 '내가 잘못을 해서 엄마 아빠는 이제 날 사랑하지 않는구나'라고 느낄 뿐이다. 이런 까닭에 아이에게 벌을 준 다음 얼마나 사랑하는지 말해줘야 한다고 육아 전문가들이 조언하는 것이다. 요컨대 우리가 인정하든 아니든, 아이의 눈으로 보면 우리 부모들은 끊임없이 사랑을 주었다 빼앗는 일을 반복한다. 다음 내용을 읽으면서 여러분의 시각이 아닌 아이들의 시각으로 무조건적인 사랑과 조건적인 사랑에 대한 내 의견을 곰곰이 생각해보기 바란다.

무조건적 사랑

무조건적 사랑의 바탕이 되는 것은 '아이가 어떤 행동을 하든 상관없이 있는 그대로의 아이를 사랑해야 한다. 아이는 자기 행동 때문에 부모가 사랑을 덜 줄까 봐 걱정하지 않고, 무슨 일이 있어도 부모가 사랑을 주리라고 믿을 수 있어야 한다'라는 생각이다.

이것은 꽤나 합리적인 것처럼 보이지만, 찬찬히 살펴보면 무조건적 사랑이 꼭 좋은 것만은 아님을 알 수 있다. 조건적 사랑을 없애고 무조건적 사랑을 줄 때, 부모는 아이에 대한 영향력을 잃는다. 즉, 좋은 행동을 용인하고 나쁜 행동을 탐탁지 않게 여길 힘을 잃는 것이다. 이것은 '아무렇게나 행동해도 되는 자유는 어떤 식으로든 아이의 자긍심을 형성하고 성숙함과 독립심을 길러준다'는 잘못된 믿음에 따라 아이에게 백지 위임장을 주는 것과도 같다. 하지만 사실 그런 자유는 철없고 자신 없고 무책임해서 성인의 삶을 살아갈 준비가 제대로 되지 않은 아이를 만들 뿐이다.

조건적 사랑

어느 시점에선가 부모들은 무조건적 사랑이 효과가 없다는 사실을 깨달았다. 게으르고 무관심하며 무례하고 통제할 수 없는 아이들이 많아졌기 때문이다. 무조건적 사랑을 받고 자란 아이들은 좋은 사람도,

성공하거나 행복한 사람도 아니었다. 확실히 변화가 필요했다. 많은 부모는 조건적 사랑으로 돌아가기로 했다.

그러나 불행히도 이 부모들은, 내가 '결과적 사랑(outcome love)'이라고 부르는 잘못된 조건적 사랑으로 돌아왔다. 아마도 최근의 불확실한 경제 상황이나 출세지향적이고 경쟁을 부추기는 현대 대중문화의 영향이었겠지만, 부모들은 아이들의 성취에 조건적 사랑을 쏟기로 결정했다. 이 방식이 아이들에게 열심히 노력하고 성공하려는 동기를 불어넣을 것이라 생각했던 것이다. 부모들은 아이들이 공부, 운동, 예술 영역에서 어떤 성과를 얻어내느냐에 따라 애정을 주기 시작했다. 가령 아이가 A학점을 받거나, 테니스 대회에서 이기거나, 학교 오케스트라에서 제1바이올린 연주자 자리를 따내면 부모들은 사랑과 관심을 퍼붓고 선물을 안겼다. 반면 D학점을 받거나, 테니스 대회에서 지거나, 오케스트라에 들어가지 못하면 부모들은 사랑을 거두고 실망이나 당황, 분노의 감정을 표현했다. 결국 아이들의 자긍심은 성과를 거두려는 노력과 과도하게 연결되었고, 조건적 사랑 때문에 성과는 아이들에게 부담스러운 것이 되었다. 부모의 사랑을 받을 수 있느냐 없느냐가 성공과 실패와 너무 밀접하게 연결되어버렸기 때문이다.

한편 부모들은 아이들의 행동과 인격과 관련해서는 무조건적 사랑을 주었다. 제한 없는 자유를 주고 책임은 거의 지우지 않았으며, 아이의 행동에 책임을 묻거나 행동이 어떤 결과를 낳았는지 혹은 어떤 가치관이 좋거나 나쁜지 이해시키지도 않았다. 또한 아이가 학교나 스포츠 등의 영역에서 문제가 없는 한, 어떻게 행동하든 상관없이 계속 애정을 표현했다. 이 부모들이 저지른 실수는 조건적 사랑과 무조건적 사랑을 거꾸로 이해했다는 것이었다. 따라서 우리는 조건적 사랑과 무조건적 사랑을 이러한 사례와 반대로 적용해야 한다.

올바른 사랑의 유형

그렇다. 조건적 사랑도 좋은 것일 수 있다! 아마 여러분은 무조건적 사랑을 선(善)으로, 조건적 사랑을 악(惡)으로 생각하도록 길들여졌겠지만 실은 그렇지 않다는 뜻이다. 세상 만물이 그렇듯, 무조건적 사랑이든 조건적 사랑이든 그 자체는 좋지도 나쁘지도 않다. 우리가 그 두 가지 사랑을 어떻게 사용하느냐에 따라 좋을 수도 있고 나쁠 수도 있다. 우리는 사랑을 아이의 건전한 성장을 위한 도구로 사용할 수도 있고, 아이의 발달을 저해하는 무기로 사용할 수도 있다. 사랑은 보상의 궁극적 형태라는 점을 감안하면, 아이가 어떻게 행동하든 상관없이 사랑으로 보상하는 행위는 '행동에는 결과가 따른다'라는 가장 중요한 교훈을 아이에게서 앗아 가는 셈이다. 좋은 행동을 하게 하는 데 부모의 사랑을 잃을지도 모른다는 위협보다 강력한 동기가 어디 있겠는가?

성취에 대한 무조건적 사랑

부모의 기대에 부응하지 못하면 사랑을 못 받을지 모른다는 아이들의 두려움을 없애려면 아이가 무엇을 성취하든 무조건적 사랑을 주어야 한다. 다시 말해 아이가 최선을 다했다고 가정하고(이 부분에 대해서는 곧 자세히 설명하겠다) 이기든 지든, 성공하든 실패하든 지지하고 격려해야 한다는 뜻이다. 이러한 무조건적 사랑은 사랑을 잃을지 모른다는 두려움으로부터 아이를 해방시키고, 아이가 스스로 분투하고 위험을 무릅쓰는 한편 최선을 다해 노력하고 가능한 한 최고 수준의 성과를 내도록 격려해준다.

가치에 대한 조건적 사랑

사랑에는 조건이 붙어야 한다. 신뢰, 존중, 책임 같은 가치든 교육이나 직업처럼 실질적인 것이든, 인생에서 중요한 요소들은 대부분 노력으로 얻어내야 하고, 사랑도 다를 바 없다. 하지만 핵심은 사랑을 올바른 영역과 연결해야 한다는 점이다.

결과적 사랑 대신 우리는 '가치적 사랑(value love)'을 사용해야 한다. 가치적 사랑이란 아이가 사회적으로 적절하게 행동하거나 중요한 가치관을 받아들였을 때 조건적 사랑을 주는 것으로, 긍정적 가치관의 발달과 도덕적 행동, 건강한 성장을 촉진한다. 부모는 아이가 존중, 책임, 공감, 동정, 관용 등의 가치를 행동으로 보여줄 때 그것을 인정해주고, 그렇지 않을 때는 못마땅함을 표현함으로써 그 가치를 아이에게 심어줄 수 있다.

성과를 내려는 아이의 노력을 격려하기 위해 결과적 사랑에 의존하지 않고 조건적 사랑을 이용할 수도 있다. 그러기 위해서는 학교생활, 운동, 예술 영역에서 아이의 포부를 뒷받침해줄 인생의 기술 및 가치관과 관련하여 조건적으로 애정을 표현해주면 된다. 가령 아이가 열심히 노력하고 훈련하는지, 훌륭하게 의사를 결정하는지, 효율적으로 시간을 관리하는지, 인내와 끈기를 발휘하는지의 여부에 따라 조건적으로 사랑을 주는 것이다.

가치적 사랑 vs 결과적 사랑

가치적 사랑과 결과적 사랑이라는, 형태가 매우 다른 이 두 가지 조건적 사랑 사이에는 몇 가지 중요한 차이가 있다.

첫째, 가치적 사랑은 아이의 전반적인 발달 및 행복과 관련 있는 것으로, 이 사랑의 목적은 다방면에 걸쳐 두루 우수하고 제대로 된 사람으로 아이를 성장시키는 데 있다. 반면 결과적 사랑은 그와 반대의 결과를 빚어낼 수 있다. 물론 결과적 사랑을 받으며 자란 아이도 어느 정도 성공적인 결과를 보이기는 한다. 더 잘하지 않으면 부모가 사랑을 주지 않을 테니 말이다. 하지만 부모들이 아이를 한 인간으로 존중해주기보다 성과에만 너무 집중하기 때문에, 아이는 평범하고 선량한 사람이 되는 데 필요한 인생 기술과 올바른 가치관을 받아들이지 못하고 놓치기 십상이다.

둘째, 결과적 사랑은 아이의 통제권 밖에 있다. 아이가 항상 자기의 의지대로 부모의 기대에 부응할 수는 없다. 단순히 능력이 부족하거나, 본인에게는 잘못이 없지만 다른 아이가 더 잘할 수도 있기 때문이다.

그에 반해 가치적 사랑으로 기를 수 있는 가치관과 인생 기술은 전부 아이의 통제 안에 있다. 이런 경우 아이들은 가치관에 따라 행동하고 이득을 누리거나 그 반대로 행동한 뒤 결과에 시달릴 것을 선택할 권한이 있다.

셋째, 결과적 사랑을 받는 경우 아이들은 부모가 자녀를 위해서가 아니라 부모 자신의 필요와 이기심에 기반을 두고 행동한다는 점을 감지한다. 아이가 이 점을 인식하면 부모와 갈등을 빚게 되고, 그 과정에서 분노와 원망을 느끼고 저항하는 등의 해로운 결과가 발생한다. 하지만 부모는 자신이 조건적 사랑을 잘못 적용한다는 사실을 모르는 경우가 대부분이므로 억울함을 느낀다. 아이를 성공으로 이끈 자신의 노력을 아이가 고마워하지 않는다고 여기기 때문이다. 결국 이 갈등은 아이가 부모에게 복수하기 위해 노력을 중단해버리는 결과로 끝난다. 슬프게도 부모와 아이의 관계는 심하게 망가지고, 가끔은 회복할 수 없을 정도로 엉망이 되기도 한다.

마지막으로, 결과적 사랑을 받고 자란 아이들은 부모의 사랑 방식을 내면화하고 자신을 그와 똑같은 방식으로 대한다. 즉, 스스로 정한 기준에 도달할 때만 자신을 사랑하고 실패하면 자신을 혐오하는 경향을 보인다. 반면 가치적 사랑을 받고 자란 아이들은 자신이 경험한 사랑의 방식을 배우고 성과와 상관없이 자신을 사랑하며, 마음속 깊이 자리 잡은 가치관에 따라 건전한 자기애를 기를 수 있다.

아이의 자아관과 세계관을 형성하는 사랑의 메시지

어린 자녀에게 보내는 사랑의 메시지는 정말 중요하다. 수많은 책, 시, 희곡, 영화, 노래 가사에서 묘사하는 것처럼 강력하고, 복잡하고, 놀라우며, 가끔 고통스럽기도 한 감정인 사랑은 자녀의 삶에서 중심 역할을 하는 요소이기 때문이다.

아이에게 사랑을 표현함으로써 보내는 메시지는 아이가 사랑이라는 감정과 맺을 관계의 바탕이 된다. 다시 말해 자신과 타인에 대한 사랑, 사랑을 주고받는 방식, 부모와 다른 사람들에게 사랑을 전하려는 마음 등이 부모의 메시지에 따라 달라진다. 순수한 의미에서, 부모가 어린 자녀에게 표현하는 사랑은 아이에게 처음으로 입력되는 감정이고 '나는 사랑받고 있는가?', '나는 안전한가?', '나는 가치 있는가?' 등 자기 자신에 대한 아이의 시각을 형성한다.

또한 부모의 사랑은 '이 세상은 안전한가?', '친절한가?', '내게 도움을 주는가?'와 같이 아이가 세상을 보는 시각을 형성하기도 한다. 더불어 부모가 아이에게 가치관, 태도, 신념을 가르칠 기반을 마련해주는데, 이런 것들은 아이를 친절하고 사려 깊으며 책임감 있는 사람이 되도록 이끌 것이다.

태어난 첫날부터 아이들은 부모에게 처음으로 사랑의 메시지를 받는다. 신체 접촉, 시선 맞추기, 체온, 목소리, 모유, 아이의 욕구에 반응해주기 등 모두가 사랑의 메시지다. 이렇게 생애 초기에 받는 단순하고 순수한 사랑은 아이가 자라면서 사랑과 삶이 점점 복잡해지는 동안 부모의 사랑을 받아들일 바탕이 된다. 복잡하고 힘든 삶에서 부모가 아이에게 변함없이 단순하고 순수한 사랑을 줄 수 있다면, 그것은 결국 아이가 살아가는 동안 사랑이라는 감정과 어떤 관계로 지내게 될지를 결정할 것이다.

부모는 아이가 자신의 사랑을 느끼기를, 또 그 사랑이 가족의 삶에 스며들어 아이를 늘 감싸고 보호해주기를 바란다. 가정에 사랑이 충만해져서 아이가 부모와 함께하거나 부모가 해주는 모든 일에서 그 사랑을 느끼기를 바란다. 아이는 편안함과 안정감의 든든한 토대가 되는 그 느낌을 의지하여 마음껏 자신을 사랑하고, 터놓고 사랑을 주고받으며, 다른 사람들에게 사랑을 표현할 수 있다.

그러니 아이를 충분히, 솔직히 사랑하되 어리석거나 무분별한 사랑의 메시지는 보내지 않기를 바란다. 최대한 건전한 방식으로 아이에게 사랑을 표현하는 것은 빠를수록 좋다. 어린 자녀에게 건전한 사랑의 메시지를 보내는 것은 곧 사랑이란 어떤 것인지를 알려주는, 일종의 틀을 제공하는 것과 같다.

또한 이런 사랑의 표현을 통해 부모는 아이에게 건전한 사랑을 주는 방법을 연습하게 된다는 점도 중요하다. 훌쩍 자라난 아이들의 삶이 복잡하고 힘들어질 때에도, 옛날과 마찬가지로 상냥하고 순수한 사랑의 메시지를 보내는 부모가 될 수 있게 말이다.

사랑을 표현하는 표어

두 딸이 태어난 뒤로 꽤 오랫동안, 나는 매일 밤 아이들이 잠들기 전에 귓가에 대고 부드럽게 속삭이듯 물었다. "아빠가 너희를 얼마나 사랑하게?" 물론 딸들이 갓난아기였을 때는 대답을 기대하지 않았을뿐더러 애초에 답이 필요한 질문도 아니었다. 내가 얼마나 사랑하는지 아이들이 느낄 수 있길 바랄 뿐이었으니 말이다.

그러던 어느 날, 두 살 반쯤 된 딸아이가 내 질문에 대답했다. "아주 아주 많이!" 메시지가 통했던 것이다! 그때부터 '아주아주 많이!'는 사랑을 표현하는 우리 가족의 표어가 되었다.

내가 알고 지냈던 수잔나라는 한 엄마는 '이 세상보다 더 사랑해'라는 표어를 사용한다. 아이들이 문자 그대로, 또 비유적으로도 알 수 있도록 아이들을 향한 사랑에 물리적 개념을 부여하고 싶어 한다. 그녀의 집 거실에는 지구본이 하나 있는데 세 아이가 어렸을 때는 그 지구본이 거대해 보였다고 한다. 그녀는 아이들에게 "이 세상보다 더"라고 말할 때마다 지구본을 가리켰는데, 그러면 아이들은 지구본을 안으면서 엄마가 보내는 사랑의 크기를 느껴보곤 했다. 그녀는 다른 방식으로 이 메시지를 보내보려고 자신의 심장께를 가리켰다가 지구본을 가리키기도 했다.

세 아이가 자라 실제로 이 세상이 얼마나 큰지 알게 되고, 우주와 태양계에 대해 배우게 되자 아이들은 표어로 장난을 치기 시작했다. 그녀가 "이 세상보다 더"라고 말하면 아이들은 자신들의 사랑이 얼마나 큰지 경쟁이라도 하듯 "토성보다 더 사랑해", "하늘보다 더 사랑해"라고 말했다. 그녀는 물리적인 개념을 이용해서 사랑을 표현하면 아이들을 향한 엄청난 사랑의 크기가 더 명확히 마음에 와 닿는다고 한다.

나의 지인 중에 두 아들의 아빠가 있다. 그는 농구를 자주 하는데, 농구는 표어나 구호가 자주 등장하고 하이파이브를 하는 것처럼 가슴을 서로 부딪치는 등 감정을 몸으로 표현하는 운동이기도 하다. 그가 속한 팀 선수들은 득점 후에 주먹으로 가슴을 치며 "대박!"이라고 외친다고 한다. 하루는 차고 진입로에서 그가 농구를 하는 동안 아이들이 구경하고 있었는데, 득점한 그가 즉흥적으로 "대박 사랑!"이라고 외치며 손으로 '사랑(Love)'을 의미하는 L자를 만들어 가슴을 쳤더니 아이들이 굉장히 좋아했다. 그때부터 '대박 사랑!'은 그들 가족의 표어가 되었다. 아홉 살, 일곱 살인 그의 두 아들은 이제 농구에 푹 빠져서, 집에서 농구를 하다가 득점하면 손으로 L자를 만들고 가슴을 치면서 "대박 사랑!"이라고 외친다고 한다.

표어는 반드시 말이 아니라 소리여도 괜찮다. 또 한 아이 아빠는 갓 태어난 딸과 처음으로 눈을 맞추는 순간 빵 터져버릴 것 같았다고 말했다. 딸이 병원에서 집으로 옮겨진 순간부터 '사랑이 폭발하는 소리'인 "빵!"은 그의 구호가 되었다. 그의 딸아이가 아직 갓난아기였을 때, 그는 딸을 안고 작게 "빵" 소리를 냈다. 아기가 조금 자라자 그는 딸 앞에 서서 만면에 미소를 띠고 가슴을 움켜쥐었다가 폭발하는 것처럼 팔을 크게 벌리며 "빵!" 소리를 내곤 했다. 그가 이 이야기를 할 때 나는 어린 그의 딸아이가 혹시 아빠에게 심장병이 있나 생각하지 않았을까 걱정했지만, 그의 말대로라면 패트리스는 항상 아빠의 장난에 즐거워했다고 하니 다행이다. 이제 네 살이 된 그의 딸은 아빠에게 작은 사랑의 폭발을 표현한다고 한다.

애정을 표현하는 말 또한 표어의 또 다른 유형으로서 아이에게 강력한 사랑의 메시지를 보낼 수 있다. 또 다른 두 딸의 아빠가 있다. 그는 집안 여자들을 각각 사랑이 담긴 애칭으로 부르는데, 아내에 대한 애칭은 '내 사랑', 큰딸은 '오랑', 작은 딸은 '육랑'이라고 한다. 이 애칭은 세 사람에 대한 사랑을 표현하면서도 각자에게 독특하고 특별한 의미를 부여한다.

마지막으로 오랜 세월을 견디고 살아남은 가장 믿을 만한 표어, "사랑해!"를 잊지 말자. 다소 구식이고 감상적이기는 하지만 이보다 더 강력하고 분명하며 직접적으로 사랑의 감정을 표현하는 말은 없을 것이다. '사랑해'라는 말을 들으면 그저 따뜻하고 포근한 느낌이 든다. 가능하면 안아주고 뽀뽀도 해주면서(이것은 다양한 메시지 경로로 사랑을 전하기에 좋은 방법이다) 아이와 배우자에게 일찍부터 자주 '사랑해'라는 말을 하면 곧 가족끼리 자주 쓰는 표어가 될 것이다.

사랑을 표현하는 습관적 의식

"아빠가 너희를 얼마나 사랑하게?" "아주아주 많이!" 이 질문과 표어는 이제 오래된 일종의 의식이 되었다. 잠자리에 들 때 나의 두 딸은 역할을 뒤바꿔 내게 묻고, 나는 대답한다. 이 주고받기는 우리가 밤마다 습관적으로 하는 일과다. 이제 하루 중 어느 때든 자연스럽게 딸들이 내게 "아빠, 우리가 아빠를 얼마나 사랑하게?"라고 물으면 나는 "아주아주 많이!"라고 대답하는 단계가 되었다. 이때 아이들은 미소를 짓거나 키득거리는 식으로 반응한다. 이렇게 표어나 일종의 의식을 자기 것으로 소화하면서 케이티와 그레이시는 사랑을 표현하는 우리 가족만의 방식에 능동적으로 참여하게 되었다. 이렇게 하면서 아이들은 아빠와 엄마에 대한 사랑, 자매끼리의 사랑을 표현하는 법을 배운다.

케이티와 그레이시가 말을 막 배우기 시작했지만 아직 제대로 구사하지는 못했을 때, 우리는 아이들에게 졸림, 배고픔, 목마름 등 욕구 표현에 도움이 되는 기본적인 수화와 더불어 '사랑해'라는 뜻의 수화도 가르쳤다. 생후 15개월쯤 되자 두 아이 모두 우리에게 신호를 보내왔다. 나는 아이들이 그 신호의 뜻을 정확히 알고는 있는지 의아했지만, 우리가 표정과 몸짓으로 '따뜻하고 포근한' 느낌을 전했기 때문에 아이들은 우리가 손으로 말하는 것이 뭔가 좋은 것이라는 사실은 알고 있었다.

수화는 아이가 사랑의 메시지를 주고받을 수 있는 또 다른 경로다. 특히 감정을 표현할 만큼 언어를 자유자재로 구사하지 못하는 아이들에게는 더욱 유용하다. 또한 사랑이란 본능적인 경험이므로, 수화는 단순한 몸의 움직임이 아니라 사랑과 연관된 감정으로 쉽게 통하는 길을 마련해주는 수단이 된다. 이때껏 우리 딸들은 사랑을 표현하고자 할 때 '사랑해'라는 신호를 쓰고 있다. 예를 들어 아내와 내가 차를 타고 나가면 거실에서 바깥을 내려다보면서, 혹은 할머니 할아버지와 영상통화를 하면서 신호를 보내는 것이다.

마사는 넉 달 동안의 출산휴가가 끝나고 직장으로 돌아가자 갓난쟁이 딸 어맨다가 보고 싶어 견딜 수 없었다. 마사는 딸 어맨다에게 엄마가 늘 생각하고 있다는 사실을 알게 해주기 위해 5년이 넘는 시간 동안 매일 아침 포스트잇에 빨간 하트를 그리고 '사랑해'라고 써서 아기에게 주었다. 마사가 일하는 동안 어맨다를 봐주던 어맨다의 할머니는 마사에게 말하지 않고 그 쪽지를 모았다. 그리고 최근에 맞이한 마사의 생일에 어맨다는 할머니의 도움을 받아 엄마의 쪽지를 하나하나 붙인 앨범을 마사에게 선물했고, 그로써 그날의 파티는 눈물바다가 되기에 충분했다.

스티브와 케이틀린은 쌍둥이 남매 카일과 소피가 태어났을 때 아이들에게 푹신하고 껴안기 좋은 담요를 주었다. 이제 네 살이 된 카일과 소피의 담요는 편안함의 근원이다. 그 담요는 아이들이 처음으로 자연스럽게 엄마 아빠에게 사랑을 표현한 수단이었고, 이제는 습관적으로 그 용도로 사용된다. 스티브의 이야기에 따르면 카일과 소피를 잠자리에 누일 때마다 아이들은 닳고 닳은 담요 모서리를 잡고 그걸로 부드럽게 뺨을 문지르면서 엄마 아빠에게 사랑을 표현했다고 한다. 이런 습관적 의식의 힘은 놀랍다. 쌍둥이 중 한 명이 화가 나면 다른 한 명이 위로의 뜻으로 담요를 얼굴에 부드럽게 문질러주는가 하면, 슬퍼진 아이는 뺨을 담요로 문지르며 스스로 마음을 가라앉히기도 했다고 한다.

두 살, 네 살, 여섯 살 난 세 아이의 아빠인 블레이크는 매일 아침 세 아이가 '달려서 안겨'를 할 때까지 출근할 수가 없다고 한다. 이 아침 의식은 블레이크가 현관 앞에서 무릎을 꿇고 있으면 세 아이가 한 명씩 3미터쯤 떨어진 곳에서 "하나, 둘, 셋!"을 외친 다음 아빠에게 달려와 안기고 뽀뽀를 해주는 것이다. 이 집 아이들은 창의력을 발휘해서 '달려서 안겨'를 '춤추다 안겨', '뛰어와 안겨', '기어와 안겨' 등으로 다양하게 변형했다고 한다.

사랑을 표현하는 의식은 배우자 혹은 역할 모델이 되는 다른 사람들과 함께 가져도 좋다. 나와 아내가 함께 만들어낸 것은 의도적으로 만든 것이라기보다 서로에 대한 사랑에서 자연스럽게 우러나온 것으로, 집에 드나들 때마다 서로 뽀뽀해주는 것이다. 우리는 친척들과 친한 친구들과도 이렇게 사랑을 표현하는 의식을 한다. 두 딸은 다양한 사람들 사이에서 다양한 방식으로 표현되는 사랑을 보고, 사랑이란 우리가 깊은 애정을 나누는 사람들에게 적절히 표현하면 되는 것이라는 메시지를 받는다.

이렇듯 직계가족 이상으로 사랑의 범위를 넓히는 것은 매우 긍정적인 메시지다. 우리 이웃인 낸시의 아들이 일요일마다 가지는 의식은 할머니 할아버지와 영상통화를 하는 것이다. 멀리 떨어져 있는 할머니와 할아버지에게 새로 개발된 영상통화 기술은 선물과도 같았다. 이제 그들은 화면과 음성이 결합된 매체를 통해 손자와 훨씬 자주 연결될 수 있고, 아이들 역시 이런 기술 덕분에 자주 만나지 못하는 친척들과도 친밀한 관계를 형성하고 유지할 수 있다. 또한 가족은 중요한 것이라는 메타메시지도 덤으로 받게 된다.

의식이 된 사랑의 표현 말고도 즉흥적인 애정 표현은 아이에게 극적인 메시지를 보낸다. 예상치 못한 사랑의 말, 포옹과 뽀뽀, 부드럽고 편안한 접촉만으로도 아이는 눈이 반짝이고, 더 활짝 웃으며, 기분이 좋아진다. 아이가 미리 예상치 못한 부모의 애정 표현은 평온함, 기쁨, 애정 등의 반응을 이끌어내는 특별 간식과도 같다.

■ 사랑을 표현하는 활동 ■

아이 한 명 한 명과의 특별한 시간

아이에게 사랑을 표현할 수 있는 가장 효과적인 방법 중 하나는 시간이라는 선물을 주는 것이다. 하지만 슬프게도 대부분의 가정에서는 이 '시간'이 부족하다. 아이와 함께 있을 때 우리는 아이가 우선순위 목록의 가장 위에 있을 정도로 사랑한다는 메시지를 보내려 하지만, 불행히도 대부분의 가정에서처럼 우리 부부 또한 정신없이 바빠서 딸들과 진정으로 교류할 수 있는 그 잠깐의 짬조차 내기 어렵다. 그래서 아내와 나는 '특별 시간'을 따로 마련해서 그 시간에는 딸 한 명씩과 함께 재미있는 활동을 하기로 하고, 지난 몇 년간 번갈아 가며 케이티는 〈호두까기 인형〉 발레 공연에, 작은딸은 동물원에 데리고 갔다.

하지만 특별 시간에 반드시 어떤 활동을 해야 할 필요는 없다. 놀이를 할 수도 있고, 산책을 할 수도 있고, 그냥 앉아 있거나 꼭 껴안고만 있어도 되니 말이다. 아내는 두 딸이 이 특별 시간을 어떻게 보낼지 결정하게 해주었다. 큰딸은 엄마와 함께 그림 그리기를 좋아하고, 작은딸은 봉제인형을 가지고 놀거나 엄마가 책을 읽어주는 것을 좋아한다. 내 직업은 시간이 많이 걸리는 일이기도 해서, 나는 아이들과 각각 특별 시간을 보내기 위해 따로 노력한다. 달리기를 하러 갈 때 한 명씩 데리고 가거나, 산악자전거를 타러 갈 때 뒤에 매다는 아동용 자전거에 큰딸을 태워서 같이 가기도 한다. 작은딸은 페달 없는 자전거에 타고 나와 함께 돌아다니기도 한다. 하지만 내게 가장 특별한 '특별 시간'은 내 손을 잡은 아이와 함께 이야기를 나누고 자연을 탐색하면서 동네를 이리저리 돌아다니며 소박한 시간을 보낼 때다.

사랑을 표현하는 전통 만들기

습관이나 전통으로 굳어진 활동은 아이에게 사랑의 메시지를 보내는 매우 좋은 기회가 된다. 우리 가족의 친구인 엘리아나는 밸런타인데이에 딸들을 데리고 차를 마시러 가는 전통을 만들었다. 그녀는 딸들에게 각각 밸런타인데이 카드를 만들어주고, 다 같이 차려입고서 사랑을 상징하는 이날을 기념하며 오후를 보낸다.

아이에게 특별한 것 만들어주기

테드는 분명 예술가 타입은 아니지만, 아들 아니가 물감으로 그림을 그리고 있던 어느 날 아들과 함께 물감을 사용해보기 시작했다. 그가 작품을 보여주자 아니는 좋아서 팔짝팔짝 뛰었다. 테드는 비록 자신이 미술적 재능이 많지는 않지만 그림 그리기를 좋아한다는 사실을 깨달았다. 그래서 그는 출장 가기 전이면 그림을 그리거나 고무찰흙으로 작은 상을 만든 뒤 나중에 아들이 발견하게 놓아두곤 한다. 그러면 아니는 이런 아빠의 작품 선물을 소중히 모아서 책장에 진열해놓는다.

사랑에 관한 이야기 만들기

레니의 엄마는 뛰어난 이야기꾼이었다. 레니가 어렸을 때, 엄마는 몇 시간 동안이나 푹 빠져 있을 정도로 놀라운 이야기를 만들어내곤 했다. 레니는 자신이 두 아이에게 이야기해주기를 좋아하는 이유를 거기에서 찾았다. 아이에게 이야기를 해주는 것이 사랑의 메시지를 전하기에 굉장히 좋은 수단이라는 사실을 발견했기 때문이다. 그는 아이들이 이야기에 좀 더 관심을 가질 수 있도록 두 아들을 주인공으로 삼아 정교한 모험 이야기를 만들어내고, 주인공인 두 아들과 부모 사이에 사랑과 지지의 요소를 끼워 넣는다. 그 이야기는 물론 주인공들이 악당을 이긴 뒤 그 가족이 다 함께 껴안고 뽀뽀하는 내용으로 끝난다.

불건전한 사랑의 메시지를 보내는 활동 없애기

새로운 통신 기술 덕분에 우리는 배우자, 가족, 친구에게 전화 통화, 음성 메시지, 이메일, 문자 메시지 등 다양한 경로로 메시지를 전할 수 있다. 이론적으로 보자면 그 덕에 부모들은 더욱 효율적으로 움직일 수 있게 되어 아이들과 보낼 수 있는 오붓한 시간이 늘어났다. 하지만 현실은 이론과 사뭇 다르다. 세상과 24시간 내내 연결될 수 있다는 사실 때문에 과장을 조금 보태자면 아이보다 휴대전화에 더 관심을 쏟는 새로운 부모 유형이 등장한 것이다.

다음번에 산책을 하거나 슈퍼마켓에 갈 일이 생기면, 통화를 하거나 이메일을 확인하거나 문자 메시지를 보내면서 아이는 그냥 내버려두는 부모들이 얼마나 많은지 살펴보기 바란다. 이런 부모들은 아이에게 어떤 메시지를 보내고 있을까? 진실이 무엇이든, 아이들은 '휴대전화로 할 수 있는 것들이 너보다 훨씬 중요해'라는 메시지를 받음과 동시에 '엄마는 날 사랑하지 않는 것이 분명해. 날 사랑한다면 휴대전화를 내 욕구보다 중요하게 생각하지는 않을 테니까'라는 메타메시지를 느끼게 된다.

가끔은 불건전한 사랑의 메시지를 보내는 활동을 없애는 것도 일종의 애정 표현이 된다. 마시는 자녀를 둔 친구들이 아이를 내버려두고 휴대전화로 떠드는 행동을 경멸했다. 하지만 두 아이를 키우게 된 마시는 자신도 모르게 그런 엄마로 변해 있었다. 마시는 자신이 휴대전화에 주의를 빼앗긴다는 사실을 알았다. 아이를 아무리 사랑해도 온전히 아이하고만 시간을 보내면 지루할 때가 많았기 때문에 친구에게 전화를 하거나 문자 메시지를 보냈고, 이메일을 확인하거나 웹서핑을 했다.

하루는 세 살인 새미와 한 살인 제시가 엄마의 관심을 끌려고 했지만 마시는 그녀의 어머니와 통화 중이었다. 두 아이는 몇 번 엄마의 시선을 끌려고 시도하다 실패하자 울기 시작했고 새미는 "엄마는 나보다 전화기를 더 좋아해!"라고 소리쳤다. 그 사건과 새미가 보낸 메시지가 매우 충격적이었기 때문에, 이후 마시는 아이들과 함께 있을 때면 꼭 필요한 경우에만 짧게 휴대전화를 쓰고 나머지 시간에는 사용하지 않는다는 규칙을 만들었다.

우리 부부의 경우에는 딸들과 함께 있을 때 주방 조리대에 놓인 컴퓨터로 이메일을 확인하거나 인터넷 검색을 하곤 했다. 케이티와 그레이시가 음식을 먹는 동안 노트북을 열 때도 많았고, 그러면서 우리가 굉장히 시간을 효율적으로 쓰고 있다고 생각했다.

하지만 시간이 지나자, 아이들은 우리가 자신들을 무시하고 있다면서 불평하기 시작했다. 아이들 말이 옳았다. 우리는 몸만 아이들과 함께 있고 정신은 딴 데 가 있었다는 사실을 깨달았다. 우리 둘 다 주방에 들어갈 때마다 우리를 부르는 노트북의 유혹적인 손짓을 거부할 만한 의지력이 없었다. 그래서 아내와 나는 극단적인 방법을 택했다. 노트북을 주방에서 치우고 세라의 요리책이 있는 선반 구석에 올려놓았다. 딸들이 없을 때 아내가 인터넷에서 요리법을 찾아보려고 하거나, 우리 중 한 사람이 이메일을 확인하거나 웹서핑을 하려고 할 때는 쉽게 꺼내서 이용할 수 있었지만 예전처럼 항상 노트북에 마음을 빼앗길 정도는 아니었다. '눈에서 멀어지면 마음에서도 멀어진다'는 우리의 믿음은 역시 효과가 있었던 것이다.

유능감은 아이의 성공을 결정짓는다

유능함(competence), 즉 능력은 자긍심에 기여하는 요소 중 가장 간과되기 쉽다. 1970년대에 시작된 '자아존중감 운동(self-esteem movement)' 또는 '자긍심 운동'에서는 아이가 사랑받는다고 느끼게 해야 한다는 것만을 강조한 나머지, 자긍심 발달에서 유능함이 가지는 역할은 축소되거나 무시당하고 오용되었다.

그러나 유능함은 아이가 세상에 영향을 미치고 그 세상을 통제할 수 있다고 느끼는 바탕이 된다는 점에서 중요하고, 또 여러모로 어른과 아이를 분리하는 요소이기도 하다. 아이는 아직 인생 기술이 들어 있는 큰 '도구함'을 발달시키지 못했기 때문에 다른 사람들, 특히 부모에게 의존해서 세상을 살아간다. 반면 어른은 세상을 혼자 헤쳐 나가는 데 필요한 유능함을 거의 다 가지고 있다.

유능함은 아이의 개인적·사회적·신체적·성취지향적 세계에 영향을 미친다. 유능감(sense of competence)이 충분히 발달한 아이는 가족이 보장해주는 안전에서 벗어나 탐색하고, 위험을 감수하며, 역경을 극복하고, 목표를 위해 분투할 자신감이 있다.

반면 자신의 유능함에 대한 기본적인 믿음이 없는 아이는 의심하고, 불확실한 상황에서 초조해하며, 익숙하지 않은 환경에 처했을 때 주저하거나 두려워할 가능성이 크다. 이 유능감은 아이가 살아가면서 반드시 마주칠 신체적·지적·감정적·사회적 고난과 마주쳤을 때 굴하지 않고 맞서기로 결정할 수 있는 결단력과 강인함을 길러준다. 또한 한 연구에 따르면 유능함은 의외로 행복과 밀접한 관련이 있다고 한다. 따라서 어린 자녀에게 유능함에 대한 올바른 메시지를 자주 보내는 것은 매우 중요한 일이다.

■ 유능감은 성공과 성취의 동력이다 ■

아이들은 자신의 행동을 통해 유능감을 키워야 한다. 다시 말해 자신의 행동이 중요하며 어떤 행동에는 결과가 따른다는 것, 즉 '내가 좋은 일을 하면 좋은 일이 일어나고 나쁜 일을 하면 나쁜 일이 일어나며, 아무 일도 안 하면 아무 일도 일어나지 않는다'라는 이해를 바탕으로 유능감을 발달시켜야 한다는 뜻이다. 유능감과 함께 오는 자긍심은 동전의 앞뒷면과 같다. 아이가 자신의 실수와 실패를 받아들이지 않는다면 성공과 성취를 위한 책임감을 얻지 못한다. 물론 실수하고 실패할 때 기분이 좋지 않을 것임은 분명하다. 하지만 우리 부모들은 아이가 일을 망쳤을 때 기분이 나빠지기를 바란다. 그렇지 않으면 앞으로 더 나은 사람이 되기 위해 해야 할 일과 하지 말아야 할 일을 어떻게 배우겠는가?

유능감은 아이가 더 높은 목표를 세우고, 장애물이나 역경과 마주했을 때 굴하지 않고 맞서며, 삶의 모든 영역에서 성공을 추구할 수 있는 능력이 자신에게 있다는 것을 믿게 해준다. 이러한 유능감이 없을 때 아이는 삶에서 맞닥뜨릴 많은 도전에 능숙하게 대응할 수 없다고 느끼게 된다. 연구에 따르면 유능감이 낮은 아이는 어떤 활동에 참여하거나 그것을 끈기 있게 밀고 나가기 어려워하고, 자기 자신을 좋게 생각할 수 없으며, 자기의 노력에서 의미와 만족, 기쁨을 찾을 수 없다고 한다. 자신에게 일어날 수 있는 일을 변화시킬 힘이 없다고 믿는 이런 아이는 진정한 의미의 '희생자'다. 이에 반해 유능감이 있는 아이들은 상황이 나빠질 때에도 삶을 더 낫게 변화시킬 힘이 자신에게 있다는 것을 배운다.

의도는 항상 좋지만 잘못된 방향으로 나가기 일쑤인 육아 문화를 보면 부모들이 아이의 유능감을 훼손한다는 것을 알 수 있다. 아이에게 자신감을 심어주겠다는 명목으로 너무 높은 기준을 세우면 아이들은 그것을 버거워하고 '나는 절대 저 기준에 못 미칠 거야'라고 느낀다. 아무리 성공을 거두고 행복해하며 사회에 도움이 되는 구성원이라도, 혹은 그 이상의 능력이 있는 사람이라 해도 성취 불가능할 정도로 높이 설정된 기준에는 못 미친다고 생각한다.

이러한 '무능함'의 메시지가 발생하는 원인에는 세 가지가 있다. 부모의 비현실적인 기대, 능력에 대한 완벽주의적인 기준, 너무 높은 기준에 도달할 수 없다는 사실을 깨닫고 발생하는 실패에 대한 두려움이 그것이다.

■ 유능감을 훼손하는 메시지 ① 잘못된 기대 ■

아이에게 기대를 하는 것은 부모의 중요한 책임이다. 기대는 곧 부모가 무엇을 중시하는지를 아이가 알게 하는 동시에 어떤 목적을 위해 분투해야 하는지에 대한 기준이 되기 때문이다. 하지만 기대는 양날의 칼이 될 수 있다. 부모가 어떤 기대를 하느냐에 따라 아이의 발달에 엄청난 도움이 될 수도 있고 자긍심을 파괴하는 무거운 짐이 될 수도 있는 탓이다.

이런 기대와 관련하여 중요한 것은 부모가 보내는 메시지 그 자체뿐 아니라 아이들이 그것을 받아들이고 해석하는 방식이다. '메시지 전달을 가로막는 장애물들'에서 언급했듯 우리가 보내는 메시지와 아이가 받는 메시지는 일치하지 않을 수 있다. 그리고 한 연구에서는 이처럼 부모에게서 받는 메시지가 부모의 의도와 다를 때 아이에게 악영향을 미칠 수 있다는 것을 밝혀냈다. 또 다른 연구는 학교생활에서 자신의 수행 능력에 대한 불안을 경험한 학생들은 그로 인해 자긍심에 상처를 입을 수 있으며 학교생활에 적응하기 어려워질 수도 있다는 사실을 알아냈다. 하지만 이런 발견들은 곧 학생들이 부모의 기대를 과장해서 인식했다는 사실을 보여준다. 좀 더 구체적으로 말하자면 학생들은 학업 성취에 대한 부모의 기대를 실제보다 훨씬 높은 것으로 생각한다는 것이다.

해로운 기대 — 재능 기대와 결과 기대

부모가 아이에게 하지 말아야 할 기대에는 두 가지가 있다. 바로 재능과 결과에 대한 기대다. 재능 기대(ability expectation)는 아이가 타고난 능력 때문에 어떤 결과를 성취하기를 기대하는 것이다. "넌 똑똑하니까 A학점 기대할게", "넌 거기서 제일 뛰어난 선수니까 이기길 기대할게"와 같은 메시지가 그 예다.

하지만 이런 경우, 아이들에게는 자신의 재능에 대한 통제권이 전혀 없다는 점이 문제다. 아이들은 정해진 만큼의 재능을 갖고 태어나고, 그들이 할 수 있는 일은 어떤 재능을 받았든 그것을 최대화하는 것이다. 사실 아이가 부모의 재능 기대에 못 미친다 해도 그 정도의 재능밖에 주지 않은 것이 부모인데 누굴 탓하겠는가. 재능에 대한 기대의 또 다른 문제점은, 아이가 성공의 원인을 재능에 돌린다면 실패 역시 자신의 재능이 부족한 탓으로 돌릴 위험이 있다는 점이다. '내가 실패한 건 멍청하기 때문이야'라는 식으로 말이다.

대중문화 역시 결과가 무엇보다도 중요하다는 메시지를 보낸다. 이에 따라 부모들은 "이 경기 이기길 기대할게", "학교 공연에서 네가 독무를 추게 될 거야" 등과 같이 결과 기대(outcome expectation)를 설정하고,

능력 있어 보이려면 특정한 결과를 얻어야 한다는 메시지를 보낸다. 이 경우에도 문제가 되는 것은 결과에 대한 통제권이 아이에게 없다는 점이다. 누군가 그 아이보다 잘했다면 아이가 재능을 최대로 발휘했더라도 부모가 기대하는 결과에 못 미칠 수 있다. 그러면 아이는 잘했는데도 자신을 무능력하다고 생각할 수밖에 없다. 이때 결과 기대는 우리가 무엇보다도 결과를 중시한다는 메타메시지를 아이에게 전달하고, 아이는 그와 같은 기준으로 자신을 판단할 것이다. 그러므로 우리가 믿는 바와 반대로, 재능과 결과에 대한 기대는 아이의 능력 발달을 저해할 수 있다.

결과 기대 대신 결과 목표

어쩌면 당신은 지금쯤 '잠깐, 아이에게 높은 성적을 받으라거나 운동경기 등의 활동에서 최선을 다하라고 하면 안 된다는 거야? 그러려고 이 책을 산 게 아닌데!'라고 생각할 수 있겠다. 하지만 나를 비난하기 전에, 먼저 현실 세계로 돌아가 이 개념들을 생각해보길 바란다.

현실적으로 우리 문화에서 결과가 중요하다는 점은 모두 인정한다. 두말할 것도 없이 우리 사회 대부분의 영역에서 아이들은 '능력은 (성적, 승리, 시험 점수, 순위 등의) 결과에 따라 평가된다'라는 메시지를 받는다. 아이가 좋은 의도와 노력에 따라 보상을 받으면 좋겠지만 세상은 그렇게 돌아가지 않는다. 불행히도 사회에 만연한 이런 메시지로 인해 부모들은 장기적으로 아이에게 유능감을 심어주고 싶다는 바람보다는 단기적으로 자녀가 남들보다 뛰어났으면 하는 바람을 우선시할 수 있고, 그 결과는 아이의 성장에 도움보다 방해만 된다.

그러므로 결과 기대는 완전히 버리되, 그 대신 아이에게 '결과 목표(outcome goal)'를 주라고 권하고 싶다. 목표는 기대와 매우 다르다. 결과 기대는 아이와 상의하거나 아이가 받아들이는 과정 없이 "전 과목에서 A학점 받기를 기대할게", "테니스 선수권 대회에서 이기기를 기대할게"라며 부모들이 세우는 경우가 많은데, 그 속에는 거의 항상 은연중에 '우리 기대에 미치지 못한다면 우린 널 사랑하지 않을 거야'라는 위협이 들어 있다. 그러므로 아이들은 이런 기대를 향해 억지로 끌려가는 기분, 소리치며 발버둥치고 싶은 기분을 느낄 때가 많다. 즉, 아이들은 기대에 대한 권한이 전혀 없을 뿐 아니라 부모의 위협을 빼면 그 기대를 이루어야 할 동기도 거의 없는 상태나 마찬가지인 것이다.

내가 아이들에게 기대에 대해 물으면 대부분은 얼굴을 찌푸리며 "우리 엄마 아빠가 엄청 진지해지면 저한테 뭔가 부담을 주려고 하는 거예요", "엄마 아빠가 뭘 하라고 했는데 제가 그보다 더 잘하지 않으면 골치 아파져요"라고 말한다. 이런 건 절대 기분 좋은 육아가 아니다. 게다가 결과 기대를 담은 메시지는 '기대에 부응하고 성공하지 못하면 실패로 간주된다'라는 흑백논리를 내포하고 있다. 다시 말해 성공할 가능성은 거의 없는 반면 실패할 여지는 많은 것이다.

목표는 기대와 완전히 다르다. 목표를 추구하고자 하는 인간의 본능은 우리의 생존에 도움이 되어왔고, 목표를 설정하고 노력하여 이루는 것은 인생의 큰 기쁨 중 하나이기도 하다. 그렇기에 아이들은 목표에 관여할 권한이 있고 부모나 교사, 코치의 지도를 받아 스스로 목표를 정하고 노력하고 싶어 한다. 목표의 예로는 "이번 학기에는 전 과목에서 A학점 받는 걸 목표로 삼고 싶어", "어떻게든 학교 연극에서 주연을 따내고 말 거야"와 같은 것이 있는데, 이런 목표의 좋은 점은 흑백논리가 아닌 성취의 정도로 평가된다는 것이다. 목표한 것 모두를 이룰 수는 없지만 거의 대부분의 경우에는 목표를 향해 더 나아간 부분이 있고, 이 진전이 성공을 결정짓는다.

예를 들어 어떤 부모가 아이에게 한 학년 동안 수학 점수를 80점에서 92점으로 올렸으면 좋겠다는 결과 기대를 설정했는데, 아이는 89점이라는 성적을 거두었다고 하자. 결과 기대로만 보면 아이는 그것을 충족하는 데 실패했다 할 수 있다. 그러나 그 아이가 결과 목표를 92점으로 잡았다면 비록 목표에 완전히 도달하지는 못했지만 89점도 성공한 것으로 여길 수 있다. 예전에 비해 상당히 오른 점수이기 때문이다. 이처럼 목표를 향해 아이가 최선의 노력을 다했다면 실패할 가능성은 거의 없는 대신 성공할 가능성이 아주 커진다. 목표에 대해 물어보면 아이들은 얼굴에 활기를 띠고, 결과에 대해 물어볼 때와는 아주 다르게 "목표라는 건 제가 뭘 하기로 결정하고 열심히 노력하는 거예요", "우리 엄마 아빠가 제 뒤에서 지켜봐준다는 느낌이 들어서 신이 나요"라고 대답하곤 한다.

많은 부모는 어린 시절의 결과가 중요하다고 믿고 결과 기대를 세움으로써 아이에게 '중요한 것은 결과'라는 메타메시지를 보낸다. 하지만 어린 시절은 훗날 성공하는 데 필요한 가치관이나 태도, 유능함을 얻고 향상시키기 위한 시기다. 그렇기에 아이에게 기대 대신 목표와 관련된 메시지를 보내는 것은 아이의 유능감을 길러주는 방법이 된다.

하지만 결과 목표 또한 이상적인 것은 아니다. 결과에 초점을 맞추면 그 결과가 발생할 가능성이 커진다고 많은 부모가 생각하지만 사실은 그와 반대다. 시험이나 대회 등 어떤 수행의 결과는 언제 나오는가? 당연히 마지막에 나온다. 아이가 수행의 마지막에 집중한다면 분명 중간 과정에 집중하지 못할 것이다. 이것이 역설적인 점이다. 결과보다 과정에 집중해야 어떤 과제를 더 잘 수행할 수 있고, 과제를 더 잘 수행해야 애초에 원하던 결과를 이루기도 쉽다. 아이들이 시험, 운동경기, 연주회나 발표회 전에 긴장하는 이유는 무엇인가? 바로 결과를 두려워해서, 더 구체적으로 말하면 실패를 두려워해서다. 결과에 집중하면 긴장하게 되고, 그 결과 맡은 일을 잘 수행하지 못하고 원하던 결과를 이루기도 어렵게 된다.

따라서 결과와 관련된 메시지를 보내고 싶다면 결과 '기대'가 아니라 반드시 결과 '목표'를 보내되, 그 후 곧바로 과정에 집중하도록 권장하는 또 다른 메시지를 보내야 한다. 과정에 집중하는 것이야말로 아이의 능력을 드러내고 결과 목표를 이루기 위해 필요한 일이기 때문이다.

노력 기대 — 네가 최선을 다하길 기대할게!

아이가 필수적인 유능감을 발달시키기 바란다면 아이가 통제력을 발휘할 수 있는 '노력 기대(effort expectation)'에 대한 메시지를 보내야 한다. 노력 기대는 부모가 원하는 결과를 이루는 데 필요한 노력을 하도록 아이를 격려해준다. 자신의 유능함을 확인할 수 있는 수단이 자기에게 있다고 생각하는 아이는 목표를 받아들이고 추구할 가능성이 훨씬 높아진다. 아이가 역량을 기르기 위해 무엇이 필요한지 생각해보고, 그 역량을 향상시킬 수 있는 노력 기대를 세워보라.

역량을 기르기 위한 노력으로는 전념, 헌신, 긍정적 태도, 노력, 훈련, 인내, 집중, 끈기, 불굴의 의지 등이 있다. 노력 기대에 대한 메시지는 "우리 가족 모두 네가 최선을 다해 노력할 거라고 기대하고 있어" 또는 "우리 가족은 네가 공부를 최우선 순위에 두길 기대할게" 정도가 될 것이다. 또한 이렇게 말함으로써 우리는 '가장 중요한 것은 노력'이라는 메타메시지를 아이에게 보내는 셈이기도 하다.

여기서 '우리', '부모'라는 말 대신 '우리 가족'이라는 말을 쓴 것에 주목하기 바란다. 이 미묘한 차이 덕분에 몇 가지 중요한 메시지와 메타메시지를 보낼 수 있다. '우리'가 '우리 가족'으로 변함에 따라 메시지의 원천에서 부모가 빠지면서 초점이 아이에게 더욱 맞춰졌고, 노력 기대는 우리와 아이가 함께 만드는 것이라는 의미가 추가되었다. 협력을 강조한 이 메시지는 아이가 일방적으로 기대를 강요받는 대신 가족 구성원으로서 함께 기대를 세우는 데 관여한다는 것을 깨닫게 해준다. 우리는 이런 노력 기대를 담은 메시지를 보내면서 아이가 노력과 유능함을 연결하는 중요한 메시지를 받기를 바란다. 이때의 메타메시지는 '우리가 네게 보내는 메시지는 우리 가족의 일부이고, 모든 가족 구성원이 그 메시지를 따라야 한다'라는 의미를 담고 있다.

아이가 우리의 노력 기대에 부응한다면 자연히 그에 따라오는 보상인 유능함과 경험을 얻을 것이다. 반면 아이가 우리의 노력 기대에 못 미친다면 유능감을 경험하지 못하고 실망할 텐데, 그것 또한 필요한 과정이다. 아이는 실패에 부딪히는 대신 앞으로 그 기대를 충족하기 위한 힘도 자신에게 있다는 것을 알게 될 것이다.

■ 유능감을 훼손하는 메시지 ② 완벽주의 ■

오늘날 아이들이 받는 메시지 중에서도 가장 파괴적인 것이 바로 완벽주의다. 문제는 부모들이 완벽주의에 대단히 끌린다는 점이다. 특히 완벽주의에 지나치게 휘둘린 나머지 '그냥 좋은 정도'로는 부족하다고 여기는 문화에서 더욱 그렇다. 자기 아이가 완벽하길 바라지 않는 사람이 어디 있을까? 물론 경제 상황이 매우 불확실하니 부모들은 완벽함만이 아이에게 성공적인 삶을 보장해줄 것이라고 생각할 수 있다.

그러나 불행히도, 아무리 좋게 해석한다 해도 완벽주의는 양날의 검밖에 안 된다. 검의 한쪽 날은 부모로 하여금 아이를 완벽주의로 몰아넣도록 재촉한다. 이런 아이들은 전 과목에서 A학점을 받고, 최고 수준의 운동선수가 되며, 주말이면 세계를 구하기 위해 자신을 채찍질한다. 이 모든 노력은 자신의 완벽한 유능함을 보여주는 데 초점이 맞춰져 있다. 하지만 현실에서 '완벽'이란 도달 불가능한 목표이므로 완벽을 기대한다면 반드시 실패할 수밖에 없고, 결국 완벽해야 한다는 기대를 받는 아이는 아무리 능력이 있고 노력하더라도 충분치 않다는 내용의 메시지를 받고 만다.

완벽하지 않으면 널 사랑하지 않을 거야

완벽주의 부모는 절대로 도달할 수 없는 높은 기준을 담은 메시지를 아이에게 보내고, 뭐든 완벽하지 않으면 받아들일 수 없다고 생각한다. 부모와 대중문화를 통해 이런 완벽주의적인 메시지를 내면화한 아이들은 그 말도 안 되는 기준에 도달하는 데 실패했을 때 자신을 가혹하게 질책한다. 이들은 다른 사람들이 보기에는 대단히 능력 있는 사람이더라도 자신을 무능력하다고 여긴다. 완벽주의 성향이 있는 아이는 객관적으로 아무리 대단한 성과를 내더라도 자신의 노력에 만족하지 못하고 완벽하지 못한 자신에게 벌을 준다.

최근에 나는 고등학생들을 대상으로 강연한 적이 있는데, 강연 후 한 여학생이 찾아와서 해준 이야기가 있다. 그 학생은 최근 시험에서 100점을 받은 뒤 보너스로 주어진 10점 만점짜리 추가 시험에서 7점을 받아 107점의 총점을 얻었단다. 그런데 추가로 받지 못한 3점 때문에 자신이 너무나 멍청하다는 생각이 들어 며칠 동안이나 초조함에 시달렸다는 것이다.

물론 부모들이 의도적으로 그러는 것은 아니지만, 아이가 부모로부터 받는 이런 완벽주의적인 메시지의 핵심에는 대부분 '완벽하지 않으면 널 사랑해주지 않을 거야'라는, 매우 위협적인 내용이 들어 있다. 이런 위협이 발생하는 이유는 완벽해지는 것과 자긍심을 연결하기 때문이다. 즉, 자신이 완벽하면 사랑받을 가치가 있다고 여기고 스스로를 존중해주는데, 완벽주의적인 아이에게 그런 메시지는 곧 '내가 완벽하지 않다면 유능하지 못한 것이고, 내가 유능하지 못하면 우리 부모님은 나를 사랑하지 않을 거야'라는 의미로 와 닿는다. 이런 아이들이 생각하기에 '내가 완벽하지 못하기 때문에 치러야 할 대가'는 어마어마하다. 한 연구는 그 대가가 우울, 불안, 식이 장애, 약물 남용, 자살 등 대단히 파괴적인 것일 수 있다고 밝히기도 했다.

완벽함을 숭배하는 문화

우리는 완벽함을 숭배하는 문화 속에서 살아간다. 우리 문화는 '유능함'의 경지를 어이없을 정도로 높은 곳까지 끌어올렸기 때문에 이제 그냥 좋은 것만으로는 충분하지 않다. 아이들은 명문대를 목표로 하지 않으면 안 되고, 부유해져야 하며, 완벽한 집과 완벽한 차를 가져야 한다. 또한 우리 문화에서는 완벽한 외모도 찬양을 받는다. 미용 성형의 인기와 더불어 예쁘고 날씬한 여자만 나오는 리얼리티 쇼에서 알 수 있듯이, 특히 여자아이들은 완벽한 몸, 완벽한 얼굴, 완벽한 머리카락, 완벽한 치아를 갖춘 완벽한 사람들의 이미지에 파묻히다시피 한다.

태어날 때부터 완벽주의자는 없다

강연이 끝날 때마다 "정말 맹세하는데 저희 아이는 태어날 때부터 완벽주의자였어요"라고 말하는 부모가 꼭 한 명씩 있다. 하지만 완벽주의가 선천적으로 타고나는 성향임을 입증하는 과학적 증거는 없다. 연구에 따르면 아이들은 부모에게 받은 메시지를 통해 완벽주의를 배우는데, 특히 동성인 부모로부터 학습하는 경우가 많다. 부모의 말, 행동, 감정을 통해 아이들은 '사랑받고 싶으면 완벽해야 한다'라는 메시지를 받는 것이다.

아이에게 완벽주의적 메시지를 보내는 부모의 유형에는 세 가지가 있다. 첫째로 성공하면 보상을, 실패하면 벌을 주는 방식으로 완벽주의적인 아이를 만드는 부모가 있다. 아이가 성공하면 그 부모는 아이에게 사랑과 관심, 선물을 안겨주지만, 실패하면 사랑을 거둬들이고 냉담한 태도로 거리를 두거나 강한 실망과 분노를 표현하기도 한다. 고맙게도 나는 상담자로 살아온 25년 동안 명백히 완벽주의 성향을 드러낸 사람을 몇몇밖에 보지 못했다.

역할 모델로서 본보기를 보임으로써 의도치 않게 완벽주의적 메시지를 아이에게 보내는 부모들도 있다. 부모가 완벽주의자이므로 아이들은 자기도 그래야 한다는 메시지를 받는다. 아이들은 부모가 스스로 완벽하지 못하다고 생각할 때 자기 자신을 얼마나 혐오하는지 보기 때문에, 자기도 완벽해져야 부모가 싫어하지 않을 것이라 여긴다. 이런 부모들은 '완벽하지 못한 것은 무엇이 됐든 가족에게 용인되지 않는다'라는 메시지를 자신도 모르는 사이에 아이에게 보내는 셈이다.

완벽주의적 메시지를 보내는 부모 중 마지막 유형에 해당하는 사람들은 완벽주의자가 아니고, 사실 완벽함과는 거리가 멀다. 하지만 이들은 아이를 반드시 완벽한 존재로 만들려고 한다. 이런 부모는 자신의 결점을 아이에게 투사하고, 아이가 그 결점을 드러내지 않을 때는 사랑을 주지만 반대의 경우에는 사랑을 거둬들이는 방법으로 그것을 고치려고 한다. 불행히도 이런 유형의 부모들은 완벽한 아이를 만들고 자신의 불완전함에서 벗어나기는커녕, 불완전함을 아이에게 물려주고 자신 역시 결점을 그대로 지닌 채 살아가게 된다.

완벽주의의 해독제, 탁월함

우리는 머릿속에서 '완벽'이라는 말을 지우고 그 자리를 '탁월함'으로 대체해야 한다. '완벽'이라는 개념은 자녀를 무능하고 비참하게 만드는 것 외에는 쓸모가 없기 때문이다. '대부분의 시간 동안 잘하고 있는 것' 정도로 정의할 수 있는 탁월함은 성취, 높은 기준, 실패에 따르는 실망 등 완벽주의의 좋은 측면을 모두 갖춘 한편 성취와 자긍심의 연결, 비현실적 기대, 실패에 대한 공포 등 완벽주의의 좋지 않은 면은 배제한 개념이다. 탁월함을 추구한다면 여전히 기준은 높겠지만 자녀에게(혹은 자신에게) 주는 사랑을 능력과 연결하지는 않을 것이다. 탁월함이라는 개념을 담은 메시지는 아이가 탐색하고, 위험을 감수하고, 주기적으로 실패하도록 격려하는 동시에, 실패하지 않고서 유능함을 기르기란 불가능하다는 또 하나의 중요한 메시지를 전달한다.

■ 유능감을 훼손하는 메시지 ③ 실패에 대한 두려움 ■

현대의 어린이들에게 실패에 대한 두려움이란 마치 전염병 같은 것이다. 아이들은 능력을 시험받거나 실패할지도 모르는 상황에 부딪히면 실패에 대한 두려움 때문에 위축되는 느낌과 의심, 불안을 경험하게 된다. 또한 아예 도전을 피하거나 최소한의 노력만 기울이며, 위험을 무릅쓰지 않고, 곤란한 일이 생기면 포기하면서 결국 유능함을 기를 수 있는 기회를 스스로 놓치고 만다.

실패하면 널 사랑하지 않을 거야

많은 부모는 자녀에게 '실패하면 널 사랑하지 않을 거야'라는 고통스러운 메시지를 보낸다. 이런 메시지를 받는 아이들은 실패란 부모의 사랑을 앗아 갈지도 모르는 위협이며 심지어 인간으로서 자신이 가지는 가치에 대한 본질적인 공격이라고 여기기도 한다. 한 연구에 따르면 실패에 대한 공포가 심한 부모의 경우, 아이가 실패할 때는 벌을 주지만 성공할 때는 보상을 해주지 않는다고 한다. 또 다른 연구에 따르면, 아이에게 비현실적인 기대를 하고서 그것이 충족되지 않을 때 사랑을 거두어들이는 부모는 아이에게 실패에 대한 두려움을 심어준다고 한다. 요컨대 실패를 두려워하는 아이는 부모에게 배워서 그렇게 된다는 의미다.

'실패한 사람 = 패배자'라는 대중문화의 메시지

실패와 관련된 해로운 메시지는 TV, 영화, 인터넷, 잡지 등 대중문화 어디에서나 접할 수 있다. 이런 메시지는 부모에게서 받은 메시지를 더욱 부채질한다. 최근 온갖 형태의 매체를 통해 아이들이 받는 기본적인 메시지는 '실패한 사람은 패배자'라는 것인데, 그 속에는 '패배자라면 모든 사람에게 모욕당하고 거부당할 것'이라는 의미도 포함되어 있다. 실패에 대한 이 메시지는 결국 실패를 두려워하고 피하는 문화를 만들어내고, 그로 인해 아이들은 유능감을 계발하는 것이 불가능해진다. 유능감이 발달해야 실패가 줄어들 텐데 실패를 줄이기 위해 유능감을 계발하지 못한다니, 얄궂은 이야기다.

아이가 실패를 회피하는 방법

'실패는 용납될 수 없다'라는 메시지를 받아들이면서, 아이들은 어떻게든 무능함이라는 망령과 실패를 피하려는 충동을 느끼게 된다. 실패를 막을 수 있는 방법에는 세 가지가 있는데, 그 첫 번째는 실패할까 두려운 활동에는 전혀 참여하지 않는 것이다. 시도하지 않는다면 실패할 수도 없기 때문이다. 어린아이들은 부모에게 그런 활동을 하고 싶지 않다고 말할 것이다. 내가 본 세 살짜리 아이는 운동장에서 봉 위를 걷거나 간단한 퍼즐을 맞추는 등 위협적이지 않아 보이는 행동조차 하려고 들지 않았다.

그보다 조금 자란 아이들은 그 활동에 참여하지 않을 이유를 만들어 낸다. 다쳤다든지, 아프다든지, 필요한 장비가 부서졌다든지, 잊어버렸다든지, 재료를 잃어버렸다든지 하는 등의 핑계를 대는가 하면, 딱 봐도 흥미나 동기가 없어 보이거나 단순히 하기 싫다고 거부하는 경우도 있다. 실패할 확률이 거의 없어 보이는 활동마저 피하는 아이는 불행히도 유능감을 계발할 중요한 기회를 놓치는 셈이다. 시도조차 하지 않고 망설인다면 유능감은 더욱 손상되며, 결국 시도하기가 점점 더 어려워지는 결과를 낳는다.

실패를 막기 위해 아이들이 사용하는 두 번째 방법은 이른바 '자포자기'하는 것이다. 역설적인 이야기지만 이런 아이들은 스스로 실패를 초래하되 실패의 오명에서 자신을 보호하기 위해 "내가 하려고만 했으면 잘했겠지만, 실은 별로 열심히 하고 싶지 않았어"라든가 "잘할 수 있었는데, 선생님이 너무 불공평했어"와 같은 변명거리를 만들어낸다. 이런 경우에는 자신이 잘못해서 실패한 것이 아니기 때문에 아이는 책임을 지지 않아도 되고, 실패에 따라온다고 여겨지는 개인적·사회적 영향도 받지 않으며 실패자라는 꼬리표도 붙지 않는다.

세 번째 방법은 많이 자란 아이들이 쓰는 방법이다. 이 아이들은 활동에 참여하지 않거나 변명거리를 만들어낼 여유가 없다. 말하자면 '그냥' 학교에 안 가는 방법은 쓸 수가 없는 것이다. 이런 경우 사용할 수 있는 또 다른 방법은 유능하고 성공적인 사람이 되어서 실패에서 될 수 있는 한 멀리 떨어지는 것이겠지만, 성공을 추구하는 대신 실패를 피하려는 충동을 느끼는 이 아이들은 이러지도 저러지도 못하고 실패와 현실의 성공(유능함) 사이에 끼어 있다. 나는 이렇게 실패의 공포가 제거된 영역을 '안전지대'라고 부른다.

예를 들어 이런 아이들은 평균 B+학점을 받거나 운동경기에서 10위 정도의 성적을 거두고 만다. 실패와는 거리가 먼 결과이니 그 아이들을 무능하다고 할 사람은 없다. 하지만 이 아이들은 더 노력해야겠다는 생각도 없고, 자신의 유능함을 온전히 보여주기 위해 위험을 무릅쓰려고도 하지 않으며, 진짜 성공을 이루어보려고도 하지 않는다. 그렇게 하면 자신이 그토록 안간힘을 써서 피해야 하는 실패의 확률이 높아지기 때문이다.

실패에서 얻는 혜택이 있다

실패에 대한 두려움으로 고통받는 이런 아이들에게 실패란 자신을 매일 매 순간 뒤쫓는 탐욕스러운 야수와도 같다. 끊임없이 다가오는 실패의 망령에서 벗어날 틈 없는 아이들의 주된 동기는 '어찌 됐든 실패는 피하고 보자'는 것이다. 이 아이들은 실패의 결과가 엄청나게 파괴적이라고 여기기 때문이다.

문제는 실패에 대한 두려움에 시달리는 아이들이 실패를 왜곡된 시각으로 본다는 점이다. 사실 실패는 불가피하고 본질적인 삶의 일부로, 우리가 치르는 대가보다 더 많은 혜택을 제공한다. 실패를 겪은 아이들은 그 결과를 초래한 장애물을 극복하겠다는 의욕을 가지는 동시에 자신이 뭘 잘못했는지도 알게 되고, 행동과 결과를 연결할 수 있으며, 이후 그것을 바탕으로 노력하여 그 문제를 바로잡을 수 있다. 또한 헌신과 인내, 투지와 의사결정, 문제해결 등 삶에 필요한 중요한 기술들도 배우고, 그럼으로써 목표를 추구하는 과정에서 자주 겪게 될 좌절과 실망에 긍정적으로 반응하는 법을 익힐 수 있다. 자신에게 주어진 기회에 감사하고 겸손할 줄 알게 되는 것은 물론이다.

물론 실패를 너무 많이 경험하면 낙심하기 마련이다. 성공적으로 자신의 유능함을 보여주고 성공을 경험하는 기회는 아이의 의욕을 북돋우고 자신감을 기르는 데 꼭 필요하다. 또한 노력을 강화하고 즐거움을 배가하는 능력을 키우는 데도 필요하다. 뿌리 깊은 유능감을 얻기 위해 아이들은 인생의 목표를 추구해나가면서 성공과 실패의 건강한 균형 상태를 경험해야 한다.

실패 경험을 재조명하고 긍정적인 메시지를 보내라

실패의 파괴적인 메시지로부터 아이를 보호하려면 실패의 의미에 대한 긍정적인 메시지를 보내야 한다. 우선 아이가 실패를 두려워하는 대신 귀중한 경험으로 여길 수 있게, 또 아이가 실패를 통제하게 함으로써 유능감을 북돋우고 향후의 실패를 피할 수 있게 하는 방향으로 실패를 정의해줘야 한다. 예를 들어 시험이나 운동경기에서 좋은 성과를 거두지 못하는 등의 실패를 경험할 때 아이는 그 일을 인간으로서 자신이 가지는 가치에 대한 공격으로 받아들일 수 있는데, 이런 반응은 아이에게 정말 고통스럽고 해로운 것이다. 또한 실망, 좌절, 분노 등 부모의 강렬한 반응 때문에 실패를 더욱 공격으로 받아들이고 더 힘들어할 수 있다.

아이 혹은 부모 자신의 실패에 대해 부모가 보내는 메시지는 그 힘이 강력하기 때문에, 아이들을 죄책감과 수치심에서 벗어나게 해주는 동시에 실패라는 경험은 피할 수 없고 건강한 삶의 일부라는 것도 알려줄 수 있다. 즉, 자신의 실패에 차분하고 침착하게 반응함으로써 아이에게 역할 모델이 되어주고, 아이가 식탁에 우유를 쏟거나 걷다가 넘어졌을 때, 또는 퍼즐을 맞추면서 고심하거나 시험을 망쳤을 때처럼 아이의 실패를 발견했을 때에도 지지하고 격려해주는 것이다. 그렇게 함으로써 결과적으로 실패에 어떻게 대응하는 것이 좋은지에 대한 메시지를 아이에게 보낼 수 있다.

부모는 실패라는 경험을 새조명하여 아이가 실패를 자기 능력에 대한 비판이나 쓸모없는 사람이라는 신호가 아닌, 배워야 할 정보(준비가 부족했다거나 시간 배분을 잘못했다는 등)와 교훈(다음에 또 실패할 수 있는 상황에 처한다면 이번과는 어떻게 다르게 행동해야 실패를 막을 수 있을까 하는 등)으로 여기게 해야 한다. 이렇게 부모가 실패에 대해 긍정적인 메시지를 보내면 아이는 실패를 이해하고 두려움으로부터 자유로워진다. 그럼으로써 유능감을 기르기 위해 마음껏 노력할 수 있고, 열심히 탐색하고 위험을 무릅쓰면서 자신의 유능함을 발견할 수 있다. 또한 약간의 실패는 괜찮고, 실패가 인간으로서 자신의 부정적인 모습을 비추는 것은 아니라는 사실을 알게 될 것이다. 실패에 대한 이런 메시지를 아이가 어릴 때부터 자주 보내주면 그것이 아이가 실패에 대해 건전한 태도를 형성할 수 있는 바탕이 될 것이고, 나중에 '결과가 중요한' 나이가 되었을 때 도움을 줄 것이다.

■ 유능감을 형성할 수 있는 사람은 아이 자신이다 ■

유능감은 최근에 육아 문화에서 언급되기 시작했다. 유능감이 자긍심 형성에 중요하고, 부모들은 아이가 자신이 얼마나 유능한지 확신할 수 있도록 무슨 일이든 해줘야 한다는 그럴듯한 내용이다. 하지만 그와 동시에 크게 잘못된 메시지를 보내기도 했다. 아이에게 유능감을 심어주기 위해 아이가 얼마나 잘났는지를 직접 이야기해주라는 것이 그것이었다. 부모들은 그에 따라 아이에게 그들이 얼마나 똑똑하고 재능 있고 놀라운지 말해주기 시작했다. 그러나 문제는, 아이는 자신이 얼마나 유능한지 확신할 수 없다는 것이다.

아이에게 유능함을 확신시켜주려는 부모의 행동은 정확히 그와 반대되는 효과를 낳을 때가 많다. 아이가 매일 마주치는 현실에서 자신의 유능감에 대해 받는 메시지는 부모가 보내는 방대한 메시지와 완전히 다르다. 자신이 얼마나 잘났는지 부모가 말해주는 내용과 현실이 알려주는 내용이 상충한다는 사실을 아이가 알게 되었을 때, 부모가 부풀려준 '네가 최고야!'라는 풍선은 빵 터져버리고, 아이는 실망하고 상처받으며 유능감에 손상을 입는다.

아이가 진정한 의미의 유능감을 형성하는 유일한 길은 고생, 승리, 분투, 장애물, 성공 등을 직접 경험하는 방법뿐이다. 다시 말하면, 유능감을 형성할 수 있는 사람은 아이 자신이다. 그리고 부모는 아이의 유능감 계발을 격려하는 의미에서 몇 가지 도움을 줄 수 있다. 그 첫 번째는 아이가 일상에서 유능감을 느낄 기회를 주는 것이다. 가족과의 생활에서는 부모가 아이들에게 집 안팎의 궂은일을 하도록 허락해주고 실제로 어떤 일을 할 수 있는지 알아볼 만한 상황이 많다.

아이가 유능감을 느낄 수 있는 일상적 경험에는 옷 입기, 먹기, 그림 그리기, 읽기, 요리, 허드렛일 하기, 다른 사람들과 교류하기 등이 있다. 이런 경험을 통해 아이는 유년기를 거쳐 성인이 되어가는 동안 도움이 되어줄 구체적인 유능감을 키워나가고, 이렇게 어린 나이에 계발한 유능감은 나중에 더 복잡한 능력이 발달하는 토대가 된다. 또한 유능감을 하나하나 키워갈수록 아이는 자신을 전반적으로 유능한 사람으로 여기게 되고, 그것을 바탕으로 자신감을 얻어 세상을 탐색하고, 새로운 것을 시도하며, 위험을 감수하고, 장애물을 만났을 때 끈질기게 밀고 나갈 수 있을 것이다.

아이의 유능감 계발에 부모가 해줄 수 있는 두 번째 일은 아이가 경험을 통해 대부분의 가치를 습득하리라고 확신하는 것이다. 우리는 아이가 자신의 성취를 인식하도록 도와주고("혼자 힘으로 정글짐에 올라갔네!"), 아이가 그런 성공과 성취를 가능케 한 자신의 유능함에 초점을 맞추게끔 주의를 환기시킬 수 있으며("정말 열심히 노력했구나"), 아이의 성취를 칭찬해줄 수도 있다("스스로 해내서 기분 좋겠다").

하지만 성공에만 초점을 맞춰서는 안 된다. 걸음마를 배우는 과정을 생각해보면 쉽게 알 수 있듯, 역량을 키우고 발달하기 시작하면서 아이는 성공보다 실패를 훨씬 많이 경험할 것이기 때문이다. 실패에 대한 아이의 반응은 대부분 부모의 반응에 달려 있다. 부모가 실망하고 낙심한 기색을 보이면 아이는 그 경험을 부정적으로 판단할 것이고, 앞으로 같은 행동을 반복하려 하지 않을지도 모른다. 케이티가 자전거를 배우면서 고투할 때 내가 좋지 않은 반응을 보이자 그 뒤로는 자전거를 타지 않으려 했던 것이 분명한 예다. 하지만 부모가 긍정적이고 응원하는 반응을 보이면 아이는 실패도 인생의 일부이며 실패해도 괜찮다는 메시지를 받을 것이다.

아이가 뭔가를 잘 해내지 못하면 그 경험이 아이의 유능감을 손상시키고 아이의 영혼에 상처를 남긴다는 잘못된 믿음을 고수하는 부모들이 있다. 이런 부모들에게 아이가 잘못하거나 시원찮게 하는 것을 허용하기란 여간 힘든 일이 아니다. 하지만 다른 사람들과 마찬가지로 아이들도 새로운 것을 시도하려면 처음 몇 번은 실패를 경험하기 마련이다.

그리고 아직 어린 아이들에게는 뭐든 처음부터 매우 잘하리라고 기대하지 않는 것이 사실이다. 중요한 것은 아이가 뭔가를 잘하는지의 여부가 아니다. 우리의 목표는 성공이 아니라, 실패해도 계속 시도해보겠다는 의지를 아이에게 길러주는 데 있기 때문이다. 아이가 뭔가를 계속 시도한다면 언젠가는 어느 정도의 능력을 갖추고 성공할 것이라 믿을 수 있다.

부모들이 저지르는 또 하나의 실수는, 아이의 첫 시도가 썩 훌륭하지 않았을 때 그다음 시도에서 성공할 수 있도록 아이의 행동을 고쳐주는 것이다. 그렇게 하지 않으면 아이는 거듭되는 실패에 상처받을 것이라는 생각에서다. 하지만 아이의 입장에서 생각해보라. 뭔가 열심히 시도해보고 있는데 부모가 갑자기 끼어들어 잘못을 지적하고 제대로 하는 방법을 가르쳐준다면 기분이 어떨까? 아마 엄청나게 짜증이 날 것이다. 또한 득달같이 끼어든 우리의 행동은 아이에게 '네게는 스스로 해낼 능력이 없는 것 같다'라는 메시지를 보낼 것이다.

어쩌면 당신은 "그럼 아이가 뭔가를 제대로 하는 법을 어떻게 배울 수 있단 말인가요?"라고 물을지 모르겠다. 하지만 장담하건대 아이는 시간이 지나면 연습과 관찰을 통해서 스스로 깨달을 것이고, 마침내 올바른 방법을 알게 되면 그 지식을 온전히 자기 것으로 만들고 커다란 유능감을 쌓게 될 것이다. 내가 말하고자 하는 것은 아이가 힘들어할 때 손을 내밀지 말라는 것이 아니라, 아이가 주도권을 잡게 해야 한다는 것이다. 정말로 부모의 도움이 필요할 때면 아이가 손을 내밀 것이기 때문이다.

"잘했어!"를 빼고 칭찬하기

칭찬은 아이의 유능감 계발과 자긍심 형성에 매우 효과적인 도구지만, 잘못 쓰이는 경우도 놀라울 정도로 많다. 이 사실을 알지 못하는 많은 부모는 아이의 유능감을 형성해주기 위해 칭찬을 사용한다. 하지만 칭찬은 유능감을 형성하는 데 아무런 도움도 되지 않는 데다 최악의 경우에는 진정한 의미의 유능감을 기르는 능력을 훼손할 수도 있다.

부모(혹은 교사나 코치)가 아이에게 집이나 운동장, 교실, 운동 경기장에서 가장 흔히 하는 칭찬은 무엇일까? 내가 가장 많이 들었던 칭찬은 "잘했어!"였다. "바로 그거야!", "아주 훌륭해!", "멋진데!"와 같은 뜻인 이 칭찬은 내게 손톱으로 칠판 긁는 소리처럼 견디기 힘든 말이다. "잘했어!"라는 말은 아이가 뭔가 인정받을 만한 일을 할 때마다 부모에게서 반사적으로 튀어나오는 말이 되었다. "잘했어!"라는 말을 들을 때마다 1달러씩 받았다면 나는 지금 엄청난 부자가 되었을 것이다.

내 생각에 "잘했어!"라는 말은 성의 없는 칭찬이자 쓸데없는 칭찬이며, 사실 해로운 칭찬이다. 이 말은 아이에게 아무런 가치가 없지만 부모들은 이 칭찬이 아이의 자긍심을 형성해주는 말이라고 세뇌를 받아왔다. 하지만 이 칭찬은 부모의 편의를 위한 것에 불과하다. 이 말만 있으면 부모는 아이가 구체적으로 뭘 성취했는지, 어떻게 해서 그 성과를 얻어냈는지, 아이에게 가장 도움이 되는 칭찬이 무엇일지 생각해보지 않아도 되기 때문이다.

"잘했어!"가 별로 쓸모없는 이유는 이러하다. 먼저 칭찬의 목적부터 생각해보자. 우리가 아이를 칭찬하는 목적은 긍정적인 결과를 빚어낸 행동을 계속하도록 격려하고 고무하기 위해서다. 그렇다면 이제 "잘했어!"의 문제가 뭔지 보이기 시작할 것이다.

첫째, 구체성과 특수성이 부족하다. 도대체 아이가 정확히 뭘 잘했다는 건지 말해주지 않는다는 것이다. 그 정보가 없으면 아이는 같은 결과를 얻기 위해 다음번에 정확히 어떤 행동을 해야 하는지 알 수 없다. 둘째, "잘했어!"라는 말은 과정보다 결과에 무게를 둔다. 앞서 살펴보았듯, 과정보다 결과를 중시하는 태도는 바라는 결과를 얻는 데 사실상 지장을 준다. 성의 없게 칭찬하려면 적어도 "열심히 노력했구나!" 정도는 해주기 바란다. 이 말은 아이가 통제할 수 있는 요소이자 잘하기 위해 사용하는 수단인 '노력'에 초점을 맞추기 때문이다.

사실 아이는 뭔가 잘 해냈을 때 "잘했어!"라는 말을 들을 필요가 없다. 걸음마든 수영이든 앞구르기든 쓰기든 읽기든, 뭔가를 배울 때 아이는 자기가 잘한다는 사실을 직접 경험해서 알 수 있기 때문이다. 하지만 정확히 자기가 어떤 행동을 해서 그런 훌륭한 결과를 얻었는지는 잘 모르기 때문에 자기가 '왜' 그렇게 잘했는지에 대해서는 들을 필요가 있다("평균대 위를 걸을 때 정말 집중을 잘하더라"). 그래야 같은 행동을 반복함으로써 유능감을 경험할 수 있기 때문이다.

연구에 따르면 부모의 칭찬 방식은 아이의 발달에 지대한 영향을 미친다고 한다. 지능을 칭찬받은 아이는 노력을 칭찬받은 아이에 비해 결과에 지나치게 집착한다는 것이 일련의 연구에서 밝혀졌다. 이런 아이는 뭔가에 실패했을 때 비교적 금방 포기하고 그 상황을 즐기지 못했으며, 실패의 이유를 자신의 능력 부족이라고 여겼다. 또한 능력이란 변하지 않는 특성이라고 믿고 있었다. 이후의 성취 과제에서 우수한 능력을 발휘하지 못한 것은 물론이다.

어떤 칭찬이든 지나치면 좋지 않다. 한 연구 결과에 따르면 아주 후한 칭찬을 받은 학생들은 그렇지 못한 학생들에 비해 질문에 더 조심스럽게 답했고 대답할 때 자신감이 떨어졌으며, 어려운 과제를 받았을 때는 끈기가 부족했고 자기 생각을 좀처럼 말하려 하지 않았다.

아이들은 자기 행동의 결과를 듣고서가 아니라 직접 보고서 유능감을 발달시킨다. 또 다른 연구에 따르면 노력을 칭찬받았던 아이들은 학습에 더 흥미를 보였고 끈기 있었으며 즐거움을 느꼈다. 또한 이들은 실패의 원인을 노력 부족이라고 생각했고 노력이 변할 수 있는 특성이라고 믿었으며, 그 뒤 이어진 성취 과제에서 우수한 능력을 발휘했다. 노력의 대가로 받은 보상은 이 아이들로 하여금 더 열심히 노력하고 새로운 도전을 추구하게 했다.

그러므로 부모는 아이가 통제력을 가질 수 없는 영역에 대해서는 칭찬하지 말아야 한다. 이 영역에는 지능, 신체적 매력, 운동이나 예술 분야의 재능 등 선천적으로 타고나며 잘 변하지 않는 능력이 포함된다. 반면 아이가 통제할 수 있는 영역은 태도, 노력, 책임, 헌신, 훈련, 집중, 시간관리, 의사결정, 동정, 관용, 존중, 사랑 등 매우 많은데, 칭찬은 이런 영역에 대해 이루어져야 한다. 또한 "이 시험을 준비하느라 열심히 노력했구나", "넌 체스를 둘 때 굉장히 집중을 잘하는구나", "여동생에게 물건을 빌려주다니 너그럽구나"와 같이, 아이가 무언가를 잘했으면 그 이유가 정확히 무엇인지 잘 보고 그 부분을 구체적으로 칭찬하는 것이 좋다.

그런데 아이를 전혀 칭찬하지 않아도 칭찬과 같은 효과를 거두는 방법이 있다. 바로 아이가 한 일을 강조해주는 것이다. 가령 어린 자녀가 놀이터 사다리에 처음으로 올라갔다면 활짝 웃으며 기쁜 목소리로 "사다리에 혼자서 올라갔구나!"라고 말해주면 된다. 아이가 마치 에베레스트 산을 정복한 것처럼 자랑스러운 미소를 짓는다면, 우리가 보통 "해냈어!"라는 칭찬을 통해 전하고 싶어 하는 메시지를 아이가 확실히 받을 수 있다. 더 이상은 말할 필요가 없다.

아이에게 질문을 하는 것도 하나의 방법이 된다. "어떻게 그 공을 쳤니?"라거나 "축구할 때 어떤 점이 제일 재미있었니?"라고 묻는 것은 아이로 하여금 자신의 성취에 대해 생각해보게 하는데, 그로써 아이는 자기가 잘한 부분에 대한 보상을 스스로 할 수 있다. 즉, 부모가 아이 자신이 얼마나 성공적이었는지 이해하도록 도와주고 그 성공을 인정하도록 격려하면 아이는 강한 흥분과 짜릿함이 담긴 메시지를 보내고 받으며 유능감을 키울 수 있다.

아예 위험을 감수하고서 아이에게 아무런 말을 하지 않는 방법도 있다. 방금 이야기했듯 아이들은 뭔가를 잘했을 때 자기가 먼저 안다. 이렇게 깨닫게 놔두면 아이는 스스로 행동을 강화하는 법을 배우는 한편, 자신의 성취와 노력에 대해 자기가 어떻게 느낄지 우리에게 의존하는 칭찬 중독자가 되지 않는다.

이번에는 도전을 하나 권하고 싶다. 다음번에 운동장에 갈 기회가 생기면 우선 다른 부모들이 아이에게 뭐라고 하는지 적어보라. 아마 "잘했어!" 혹은 그와 유사한 말들을 계속 듣게 될 것이다. 그런 다음에는 같은 상황에서 당신이 아이에게 뭐라고 하는지 지켜보고, 그중에서 "잘했어!"와 비슷한 말들을 빼버려라. 그 말들이 얼마나 쓸모없는지는 이미 살펴보았으니 말이다. 그리고 마지막으로, 앞서 소개한 유익한 방식으로 아이를 칭찬하라. "잘했어!"라고 말하는 습관을 버릴 수 있다면 당신은 스스로 자신의 등을 두드리면서 "잘했어!"라고 말할 수 있을 것이다.

■ 아이가 우리의 일을 돕게 하라 ■

아이들은 누군가에게 도움이 되길 좋아하고, 어른들이 하는 일을 아주 좋아한다. 아마 본능적으로 어른이 하는 일을 하고 싶어 하는 모양이다. 이러한 특징은 아이가 어른으로서 살아남기 위해 필요한 기술을 가르쳐준다는 데 그 가치가 있다. 이유야 어찌 됐든, 아이들은 실제로 결과에 도움이 되지 못하는 경우에도 그저 어른들의 일에 참여하고 있다는 사실 하나만으로 대단한 성취감과 유능감을 느끼는 듯하다.

가령 내가 집 밖으로 뭔가를 옮길 때마다 케이티와 그레이시는 나를 돕고 싶어 한다. 돕는다고 해봐야 내가 들고 가는 상자 귀퉁이에 손을 대는 것뿐이지만 말이다. 어른의 눈으로 볼 때 두 아이는 물건의 무게를 지탱하고 있지 않기 때문에 결과적으로 전혀 도움이 되지 않지만,

아이의 눈으로 보면 두 아이는 나와 똑같은 일을 하고 있고 나를 도와주고 있는 것이다. 아이들에게 이건 대단한 일이다.

유능감을 계발할 수 있는 자연스러운 기회를 가로막는 가장 큰 장애물은 시간 혹은 시간 부족이다. 저녁상을 차리거나, 뭔가를 수리하거나, 거실을 청소하거나, 빨래를 한다 치면 아이가 돕게 할 때보다는 혼자 할 때 훨씬 쉽고 빠르며 깔끔하게 끝나는 것이 사실이다. 하지만 그 경험을 통해 내면에서 솟아나는 유능감을 느낀 아이에게는 무언가 배우고 도움을 받을 수 있는 새로운 가능성의 세계가 열린다. 아이에게서 이런 기회를 빼앗는다면 우리는 아이의 능력에 대해 매우 긍정적인 메시지를 보내지 못할 뿐만 아니라 '나는 너를 유능하다고 생각지 않으며 너를 위해 행동할 시간도 없다'라는 메타메시지까지 보내는 것과 같다. 둘 다 아이에게 해롭다는 점은 분명하다.

아이의 발달을 앞당길 수는 없다

오늘날에는 치열한 학교생활에 대비하기 위해 아이의 발달을 앞당겨야 한다고 강조하는 분위기가 있다. 부모들은 아이의 유능감을 향상시키고 자긍심을 형성하며 역량을 계발해준다는 온갖 종류의 '교육적인' 게임과 장난감을 사들인다. 하지만 이런 상품들은 실제로 전혀 가치가 없고, 연구도 이런 나의 주장을 뒷받침한다. 사실 연구들에 따르면 아이의 발달이 가속화될 수는 없고, 아이들은 각자 발달상 준비된 만큼만 행동할 수 있다고 한다. 따라서 아이를 앞으로 밀어붙이는 부모들은 아이의 발달을 저해하고 있는 셈이다. 나중에 발달하는 데 필요한 블록을 지금 쌓아놓아서는 안 되기 때문이다.

여러 연구 결과에 따르면 아이가 반드시 정상적으로 발달하기를 바라는 부모가 정말 해야 할 일은 부모들이 항상 해온 일뿐이라고 한다. 적어도 교육과 산업이 결합한 복합체에서 부모들의 메시지를 좌지우지하기 전까지 부모들이 하던 일을 하면 된다는 것이다. 이 사실을 모르더라도, 아이들은 본래 지금까지 해오던 활동에 참여하는 것만으로도 정상적인 유능감을 계발할 수 있다. 이른바 유아 교육용 제품을 생산하는 선두적인 업체 베이비 아인슈타인(Baby Einstein) 사는 교육 및 매체 관련 단체의 압력으로 광고와 제품 포장에서 '교육적(educational)'이라는 말을 삭제했다. 또한 자사 제품이 실제로 교육적이지 않으며 사실상 아무런 발달상 이득이 없다는 점을 암묵적으로 인정하는 맥락에서 제품 환불 조치를 실시했다.

성급한 끼어들기는 금물

유능함 혹은 유능감은 아이가 온전한 성인으로 발달하는 데 필수적이고 핵심적인 속성이다. 실상 어른과 아이를 구분하는 한 가지 요소가 있으니, 바로 어른은 신체적·지적·감정적·사회적·실용적 기술 등 세상을 헤쳐 나가는 데 필요한 능력을 광범위하게 갖추고 있다는 것이다.

'유능함'은 유능한 어른이 되는 데 필요한 요소이기는 하나 그것만으로는 충분하지 않다. 유능함만큼이나 중요한 것은 그 유능함에 대한 믿음이다. 자신은 능력이 있고 그 능력으로 성공할 수 있다고 믿지 않으면 사람들은 그것을 사용하려 하지 않기 때문이다.

유아기는 기본적인 유능함이 갖춰지는 시기인 동시에 '나는 유능한 사람'이라는 기본적인 믿음이 자리 잡는 시기이기도 하다. 갓난아기일 때 부모의 손가락을 꼭 쥐는 것부터 똑바로 앉고 일어서서 걷고, 먹고, 옷을 입고 말하는 것에 이르기까지 아이가 세상에 처음으로 관여하면서 겪는 생애 초기의 경험은 자기 능력에 대한 믿음의 토대가 된다. 이 토대를 마련한 아이는 점점 복잡해지는 세상에서 자신이 능숙하게 적응하고 성공적으로 살아갈 것이라 믿게 된다. 이런 경험이 자신의 유능함에 대한 믿음을 형성하는 데 필수적이라는 점을 밝힌 연구도 있다. 부정적인 믿음은 한번 자리를 잡으면 잘 변하지 않지만, 어린 시절에 형성된 긍정적인 믿음은 이후 장애물과 실패를 접하더라도 비교적 덜 흔들린다.

아이들은 마치 미리 입력되어 있기라도 한 듯, 자신의 유능함을 입증하고 싶어 어쩔 줄 모른다. 케이티와 그레이시도 끊임없이 "내가 할래!"라고 외친다. 우리 부부는 도움을 요청받지 않았을 때도 딸들이 편했으면 하는 마음에서, 혹은 그 아이들이 애는 쓰지만 잘하지 못하는 모습을 보고서 자꾸 도와주고 싶어진다. 다행히 이런 노력은 아이들의 "(대단히 못마땅한 말투로) 내가 할 수 있어"라는 말에 퇴짜를 맞기 일쑤다. 여기서 배울 수 있는 점은 아이들은 자신의 능력 혹은 유능함을 계발하기 위해 열심히 노력하려 한다는 점, 그리고 부모로서 성급하게 간섭하는 일이 잦다면 '우리는 네가 유능하지 않다고 생각해'라는 메시지를 보내는 것과 마찬가지라는 점이다.

여기에서 핵심은 인내, 즉 얼마 동안은 아이가 끙끙대도록 놔두어야 한다는 것이다. 지금 시도하는 일에 자신이 역부족이라는 사실을 알게 되면 아이는 우리에게 도움을 청할 것이다. 우리는 그때 손을 빌려주되 당장 닥친 어려움을 해결하기에 충분할 정도로만 도와야 하고, 그 후에는 다시 아이가 일을 마저 끝맺게 해야 한다. 기념할 만한 도전을 완수했을 때 아이가 받는 보상은 즉각적이고 명확하다. 아이의 얼굴엔 성취감으로 밝은 미소가 번지고 온몸에서는 자부심이 뿜어져 나오니 말이다.

하지만 이미 무력감을 내면화한 아이들도 많이 있다. 이런 아이들은 운동장이나 교실, 경기장에서도 볼 수 있다. 이런 아이는 비관적이고("난 못해") 겁이 많으며("무서워") 시도하는 것조차 망설인다("싫어, 엄마, 안 할래"). 물론 이런 아이들 중에는 신중하거나 겁이 많은 기질을 타고난 아이도 있을 수 있는데, 이런 아이에게는 유능감을 얻는 데 필요한 태도와 수단이 더욱 많이 제공되어야 한다. 그런 아이가 아닐 경우에는 부모 중 누가 걱정이 많고 불안해하며 과보호하거나 잘 끼어드는지 관찰해보면 왜 그 아이가 유능감을 발달시키지 못했는지 알 수 있다. 유능감의 중요성을 몰라서일 수도 있고 자신이 대신 해주는 것이 편해서일 수도 있지만, 어쨌든 이런 부모들은 아이가 유능감을 얻는 데 필요한 기회를 경험하도록 놔두지 않고 아이가 힘들다는 기색만 보여도 바로 끼어든다. 아마도 아이가 힘들어하는 데다 실패하면 자긍심에 상처를 입을까 걱정스러워 그러는 듯하다.

하지만 이런 부모는 사방이 위험하다고 생각하고 그런 메시지를 아이에게 보낸다. 아이가 무해한 위험요소를 감수하지도 못하게 하고, 아이 주변을 맴돌다가 해롭거나 괴로운 일이 있다는 신호가 하나만 감지되어도 바로 득달같이 끼어들어 해결해주려고 한다. 물론 아이에게 가장 좋은 일만 해주고 싶다는 좋은 의도에서 그러는 것이다. 부모가 자녀를 위험에서 보호하려는 본능만큼 강력한 것이 또 어디 있겠는가? 그러나 이들은 자신도 모르게 '넌 그걸 할 수 없어'라는 메시지와 '넌 능력이 없어'라는 메타메시지를 보내고 있는 셈이다. 그것들이 아이가 살아가는 동안 유능감을 갉아먹을 것임을 모르고서 말이다.

대부분의 아이들은 자기가 사는 세상의 기본적이고 필수적인 사항에 충분히 숙달되지만, 자기 삶의 진정한 주인이 되는 것은 강력하고 회복력 강한 유능감을 발달시킨 아이들만이 가능하다. 그러므로 우리가 유능감에 대해 아이의 생애 초기에 보내는 메시지는 아이의 삶에 매우 중요한 역할을 할 것이다.

유능감을 길러주는 표어

우리 부부의 큰딸은 두 살 반밖에 안 되었을 때 유능감과 관련된 표어를 마련했다. 어느 날 딸아이는 내가 지켜보는 가운데 앞마당에 있는 1미터 정도 높이의 돌담 위를 혼자 걸어간 적이 있었다. 돌담 끝에 다다

르자 딸아이는 환희와 자부심에 찬 목소리로 "해냈다!"라고 소리쳤다. 그리고 그 말은 그대로 우리 집 표어가 됐다. 지금까지도 두 딸은 뭔가 성취할 때마다 "해냈다!"라고 소리치고, 나와 아내도 그 말이 입에 붙어서 아이들이 뭔가 잘 해냈을 때면 "해냈구나!"라고 말한다.

네 살짜리 아들 에단의 엄마인 데비는 자신이 위험을 싫어한다는 사실, 그리고 그것 때문에 성장 과정에서 얼마나 피해를 입었는지도 알고 있었기에 에단에게는 그런 메시지를 보내지 않겠다고 결심했다. 에단이 두 살쯤 되었을 때, 둘은 엄마새 한 마리와 날려고 버둥거리는 아기새를 보았다. 아기새는 날개를 파닥거리며 거의 몸을 띄울 것 같았고, 엄마새는 계속해서 짹짹거렸다. 데비는 엄마새의 짹짹거리는 소리를 에단에게 통역해주었다. "계속해, 날 수 있어! 엄만 네가 할 수 있다는 걸 알아!" 날려고 시도할 때마다 아기새는 조금씩 높이 날았고, 한참 애를 쓴 끝에 높이 솟아올라 첫 비행을 시작했다. 아기새는 엄마새 근처에 내려앉더니 새로서 할 수 있는 만큼 자부심을 뽐내며 신이 난 듯 짹짹거렸다. 그때 데비에게는 유능감에 대한 표어가 하나 떠올랐다. "힘내라, 날아라!" 지금도 데비는 에단이 뭔가 시도하기를 망설이거나 그런 기색이 느껴지면 "힘내라, 날아라!"라고 말한다. 그러면 에단은 활짝 웃으면서 그 아기새처럼 행동을 개시한다고 한다.

두 아들과 딸의 아빠인 마크는 아이들이 두려움 없이 자라기를 바랐다. 그는 오바마 대통령의 태도와 백악관 입성에 고무되어, 오바마의 선거운동 구호였던 "그래요, 우린 할 수 있어요!(Yes, we can!)"를 이용해서 유능감과 관련된 가족끼리의 구호를 만들었다. 아이가 처음으로 뭔가를 시도하려 할 때 마크는 "그래, 넌 할 수 있어!"라고 선언했다. 이제 아이들이 새로운 도전을 하려고 하면, 마크와 그의 아내는 "할 수 있겠니?"라고 묻고 아이들은 "응! 할 수 있어!"라고 말한다고 한다.

앞에서 이미 언급했듯, 구호나 표어가 꼭 언어여야 할 필요는 없다. 몸짓도 그런 기능을 할 수 있기 때문이다. 예전에 큰딸이 뭔가 해냈을 때 나는 자연스럽게 엄지를 세워 최고라는 몸짓을 보여줬고, 딸아이는 그 몸짓을 매우 좋아했다. 지금도 두 딸이 뭔가를 해내면 나는 기쁜 목소리로 "최고다!"라고 말하면서 엄지를 세워 보여준다. 그때 나는 엄지를 세우는 신체적 행동, "최고다!"라는 말, 그 말을 하는 내 목소리에 담긴 기쁨의 감정까지 포함하여 세 가지 경로로 아이들의 유능함을 칭찬하는 메시지를 보내는 셈이다. 내가 안부를 물으면 아이들은 종종 아무 말 없이 엄지를 세워 보인다. 케이티와 그레이시는 점수별로 동작을 달리하기도 한다. 두 엄지를 모두 들면 '굉장함', 하나만 들면 '좋음', 엄지를 옆으로 눕혀서 들면 '괜찮음', 엄지를 거꾸로 내리면 '나쁨'이라는 식으로 말이다.

유능감을 길러주는 습관적 의식

이루는 데 노력이 드는 일이라면 무엇이든 아이는 그것을 통해 유능감의 메시지를 받을 수 있다. 앞서 이야기했듯, 어떤 일이든 아이에게 많이 반복하게 할수록 그 일을 할 수 있는 능력과 전반적인 유능감은 쉽게 자리 잡기 때문이다. 이 점을 모르더라도, 당신의 가정에는 이미 아이의 유능감을 향상시킬 일상적 절차와 의식이 있을 것이다. 찬찬히 생각해보면 그런 기회를 훨씬 더 많이 발견할 것이고, 그럼으로써 아이가 받을 혜택이나 이득을 최대한 늘릴 수 있다.

유능감을 느낄 수 있는 '기회의 창'은 일상적 절차에 끼워 넣을 수 있고, 유능감과 관련된 메시지를 '책임' 같은 다른 메시지와 결합시킬 수도 있다. 옷을 개서 치운다든가 거실에 있는 책을 탁자에 정리해두는 것처럼 아이에게 매일 시키는 사소한 집안일도 아이가 유능감을 기르기 시작하는 데는 좋은 기회다.

저녁 식사 시간은 이런 기회의 창 중 하나다. 우리 딸들은 두 살이 채 안 되었을 때부터 저녁 식사 전에 상을 차리고 식사 후에 접시, 컵, 수저 등을 싱크대로 가져가야 했다. 아이들이 이 기술을 익히는 동안 저녁 식사 후 정리 시간은 꽤 위험하고 정신없었다. 나무로 된 접시를 떨어뜨리고 음식이나 우유를 쏟는 일이 잦았기 때문이다. 하지만 오래지 않아 아이들은 쉽고 능숙하게 식탁 치우는 법을 배웠을 뿐만 아니라 이제는 저녁 식사 준비를 돕는 것도 좋아한다. 또한 식사 후에 냅킨을 접어야 할 때도 있는데, 미세한 운동근육의 협업이 필요한 이런 일은 어린 아이에게 쉽지 않은 일이다.

달렌과 피터는 잠자리에 드는 시간을 이용해서 쌍둥이 남매에게 유능감을 심어준다. 이들은 아이들이 자기 전에 방을 치우고, 잠옷으로 갈아입고, 이를 닦고, 치실을 사용하고, 책을 고르는 일 등에서 계속 아이들의 책임을 늘려갔다. 부모 도움 없이 자기 전 준비를 마칠 만큼 능숙하지 못한데도, 아이들은 준비 시간에 엄마 아빠가 함부로 들어오지 않기를 바랄 정도로 책임감을 키웠다. 달렌과 피터는 이런 경험에 적절한 칭찬("혼자서 이를 닦았구나!")을 결합하여 아이들의 유능감을 강화해준다.

에디는 아들들의 아침 일과시간을 활용했다. 토미와 그렉은 네 번째 생일이 지난 후부터 잠자리를 정돈하고 유치원에 가기 위해 스스로 옷을 입어야 했다. 물론 처음에는 에디가 아이들을 '감시'하고, 구슬리고 지도하면서 아이들에게 침대 시트를 덮고 이불을 펴놓는 법, 옷장에서 옷을 꺼내는 법, 옷을 입는 법 등을 가르쳐야 했다(어른이 된 지금은 다 잊었지만 지퍼 달린 바지나 단추 달린 셔츠를 입는 것이 한때는 얼마나 어려웠던가!). 하지만 다섯 살이 되자 아이들은 엄마가 아침을 준비하고 도시락을 싸는 동안 스스로 외출 준비를 할 정도로 능숙해졌다. 에디는 아이들에게 유치원 갈 준비를 연습시킨 것이 아내를 위한 것이었다고 말했다. 남편은 아이들이 일어나기 훨씬 전에 출근해버리고 이 '훈련'은 결국 아침에 아이들 엄마의 짐을 덜고 삶을 훨씬 편하게 해주고 있으니 말이다.

유능감을 길러주는 활동

일상은 지루하기도 하고 재미있기도 한 활동으로 가득하다. 아이들은 이 활동을 통해 유능감을 얻을 수 있다. 우리는 이 활동의 목적이 무엇인지 알아보고 아이들을 활동에 참여시킬 방법을 찾아야 한다.

텃밭 가꾸기

내 아내는 뒤뜰에 텃밭을 마련하여 온갖 종류의 채소를 키운다. 엄마가 가꾼 텃밭에서 수확한 채소를 식사로 대접하는 일은 아이들에게는 큰 자부심의 원천이다. 게다가 아이들은 '농부'가 되는 것을 좋아하기도 한다. 세라는 텃밭 한 구석을 두 딸의 몫으로 배정하고, 분홍색 양동이와 장갑은 물론 원예용품이 완비된 아동용 원예 세트까지 사 주었다. 세라는 아이들이 심을 채소를 결정하도록 도왔고 흙을 준비하는 법, 채소를 심는 법, 신선한 농작물을 수확하는 법 등을 가르쳐주었다. 그동안 힘들게 일한 결실을 나와 나눌 때면, 아이들은 영락없이 행복한 꼬마 농부들이다.

가방 옮기기

조나와 루시 부부는 슈퍼마켓에서 돌아온 후 두 아이에게 식료품이 든 가방을 부엌으로 옮기게 한다. 식료품 가방이 너무 무거우면 부모 중 한 명이 가방의 한쪽 손잡이를 들고 아이가 다른 쪽 손잡이를 들어 함께 옮긴다. 친척 집에 갈 때도 아이들은 각자 조그만 여행 가방에 짐을 꾸려 차 있는 곳까지 가지고 가거나 차에서 꺼내 온다. 공항에서도 아이들은 자기 여행 가방을 가지고 다녀야 한다.

식사 준비

우리 딸들은 저녁 식사 준비 '돕기'를 좋아한다. '돕기'라고 쓴 이유는 여러분도 경험해봤겠지만, 두 꼬마가 저녁 식사 준비를 돕는다고 해봐야 사실 그 과정을 더 길고 복잡하고 정신없게만 만들기 때문이다. 그럼에도 아내는 아이들에게 요리 재료를 붓고, 섞고, 다지게 하는 등 식사 준비에 참여하게 해줄 때가 많다. 두 딸은 요리라는 영역에서 유능감을 얻을 뿐 아니라 평생토록 실용적으로 가치가 있고 즐거움을 느낄 놀라운 기술을 터득하는 셈이다.

물건 수리

칼은 어떤 일이든 자기 손으로 하려 하고, 물건 수리하기를 좋아한다. 그의 세 아이는 아빠의 조수가 되는 것을 매우 기뻐한다. 칼은 뭔가를 고치러 갈 때 아이들에게 공구를 하나씩 들고 오게 해주고, 본격적으로 수리를 하는 동안에는 아이 한 명 한 명에게 공구를 사용해볼 기회를 주어서 마치 아이 자신이 수리하는 듯한 기분을 느끼게 해준다. 나사를 조이고, 볼트를 조이고, 아빠가 구멍을 뚫을 때 드릴을 꼭 잡고 있게 함으로써 말이다.

게임, 퍼즐, 운동, 흉내 내기 놀이, 미술

다시와 웨인은 이른바 교육용 게임이나 장난감의 광고에 넘어가지 않으려고 했다. 두 사람은 그런 비싸고 의미 없는 것들에 의존하지 않고도 문제없이 자랐기 때문에, 기본에 충실하면 그들의 두 아이 라스와 레나도 잘 자랄 것이라고 생각했다. 그래서 이 부부는 아이들과 함께 책을 읽거나 퍼즐을 맞추고, 운동경기를 함께하거나 흉내 내기 놀이를 하고, 자연을 탐색하거나 미술 작품을 만들면서 시간을 보낸다.

MESSAGE

안도감은 아이가 넓은 세계로 나아가게 한다

우리는 아이들에게 사랑과 유능함의 메시지를 심어주려고 노력했다. 그리고 그런 노력은 곧 아이들에게 자신과 세상에 대한 본질적인 안도감을 심어주기 위한 것이기도 하다.

이제 아이의 내면에서 싹트기 시작한 안도감을 더욱 크게 키우려면 아이가 다음의 세 가지 메시지를 받는 것이 좋다.

첫째, 나의 세계에는 필요할 때 나를 보호해줄 사람들이 있다.
둘째, 나는 내 모든 것(몸, 마음, 영혼)의 주인이고 스스로 돌볼 수 있다.
셋째, 세상은 안전하고 나는 두려움 없이 세상을 탐색할 수 있다.

■ 안도감을 심어주기 위한 메시지 ① 안정 애착 ■

아이가 안도감의 첫 번째 메시지를 받으려면 부모에게 안정적으로 애착을 느낄 수 있어야 한다. 애착에서 중요한 단어는 '신뢰'다. 간단히 말해 안정 애착(secure attachment)은 부모가 자신의 신체적·정서적 욕구를 해결해준다고 믿을 수 있을 때 발달한다. 춥거나 배가 고프거나 목이 마르거나 할 때, 아이는 우리가 곁에서 따뜻함과 영양을 제공해준다는 사실을 안다. 또 겁이 나거나 슬프거나 외로울 때는 우리에게 의지하여 위안을 얻을 수 있다.

이런 애착은 여러분과 아이가 건전한 관계를 맺는 데만 중요한 것이 아니다. 부모는 아이가 처음 만나는 세상이다. 아이가 부모와 관련해서 얻는 경험, 감정, 인식, 부모와 맺는 관계 등은 언젠가 부모를 넘어 세상과 맺게 될 관계, 세상과 관련된 경험, 감정의 토대가 된다.

그런 애착과 신뢰, 안도감 없이 자라는 아이를 상상해보라. 이런 아이들은 세상이 위험하고 예측할 수 없으며 무관심한 곳이고, 의지와 돌봄을 기대할 수 없는 곳이라고 여기게 된다. 이런 세계관은 앞으로 아이가 살아갈 삶의 모든 측면에 부정적인 영향을 깊게 미칠 것이다. 여기에서의 '삶의 모든 측면'에는 아이가 자기 자신과 자신의 감정, 인간관계, 소망을 바라보는 방식이 포함된다. 아이가 결국 어떤 사람이 될지, 어떤 일을 하면서 살지는 의심과 두려움, 궁핍으로 가득 찬 어두운 공간에서 모습을 드러낼 것이다.

애착에 관한 연구에 따르면 부모와 불안정한 애착관계를 형성한 아이는 부모가 떠났을 때 심각한 분리 불안(separation anxiety)을 경험하고, 부모가 돌아왔을 때에도 거의 위안을 얻지 못한다고 한다. 이런 아이는 교사나 그 외의 육아자에게 애정에 굶주리고 집착이 강하다고 묘사되는 경우가 많다. 성인이 되면 친밀함을 두려워하고, 감정 표현을 어려워하며, 친밀한 관계에서 신뢰가 부족하고, 거절을 나쁜 것으로 간주한다.

이번에는 강한 애착의 감정 속에서 자라 부모와 세상을 신뢰하고 안도감을 느끼는 아이를 생각해보자. 이런 아이는 세상을 안전하고 우호적이며 예측 가능한 곳, 자신의 욕구를 해결해주리라 확신할 수 있는 곳으로 보게 된다. 그 뒤에 형성될 세계관도 편안함, 호기심, 기회와 관련이 있다. 연구에 따르면 부모와 안정적인 애착관계를 형성한 아이는 부모와 쉽게 떨어지는 한편 부모가 돌아왔을 때 기뻐하며 반가워하고, 겁에 질리더라도 부모가 있으면 쉽게 진정할 수 있다. 이런 아이들은 성장해서 자긍심이 높고 사회적으로 유능한 사람이 되며, 친밀한 관계를 형성 및 유지할 수 있고, 감정을 잘 표현할 수 있다.

아이가 원하는 방식으로 반응하라

앞서 이야기했듯 아이들은 각각의 독특한 기질과 기분, 감정 유형, 욕구를 갖고 있고 다양한 경로로 메시지를 보내 부모에게 자신의 특정한 요구사항을 알린다. 따라서 부모는 자녀의 성격과 함께 그들이 자신의 욕구에 대해 보내는 특정 메시지를 배울 필요가 있다.

안정적 애착관계에 깔린 신뢰를 형성하는 본질적인 방법은 아이의 독특한 자질과 메시지에 맞는 방식으로 아이와 교류하는 것이다. 그렇게 함으로써 부모는 아이에게 가장 의미 있고 편안한 방식으로 아이의 욕구에 반응하게 되는데, 아이의 욕구와 부모의 반응이 일치할 때 강력한 메타메시지가 발생한다. 이 메타메시지는 부모가 아이를 이해하고 아이에게 필요한 것을 원하는 방식으로 제공해줄 수 있다는 뜻을 담고 있다. 우리가 자신을 이해하고 있는 것을 아이가 인식했을 때, 그 인식은 신뢰와 안정적 애착의 토대가 된다. 반대로 아이에게 맞지 않는 방식으로 욕구에 반응한다면 아이의 깊은 욕구가 채워지지 않는 것은 물론이고 아이는 자신이 단절되어 있고, 이해받거나 소중하게 여겨지지 않는다고 느낄 것이다.

일관성 있게 대응하라

일관성은 안정적 애착을 형성하는 데 특히 중요하다. 부모에 대한 아이의 신뢰는 부모가 아이의 주변에 일관성 있고 예측 가능한 세상을 만들어주는 데서 생기기 때문이다. 애착 관련 연구에서는 '비조직화 애착(disorganized attachment)'이라는 애착 유형을 언급하는데, 이 유형의 특징을 살펴보면 일관성 없는 애착 행동의 위험성을 알 수 있다.

비조직화 애착 혹은 불안 애착 유형으로 불리는 애착관계를 형성한 아이들은 애착 행동에 특정한 양상이 없다. 부모와 친밀해지려다가도 어느 순간 회피하거나 저항하는 모습을 보이고, 태도도 갈피를 잡지 못하고 불안해 보일 때가 많다. 연구 결과들에 비추어 볼 때 부모의 일관성 없는 대응이 비조직화 애착 혹은 불안 애착을 유발한다고 할 수 있다. 아이가 부모를 필요로 할 때 부모가 한 번은 빨리 응답해주고 그 다음번에는 소홀하게 대한다든가, 어떤 때는 다정하고 힘이 되어주다가 어떤 때는 화를 내고 비난한다든가 하는 것이 그 예다. 이런 뒤섞인 메시지를 받으면 아이는 부모가 언제 어떻게 반응할지, 혹은 반응을 해주기는 할지 예측할 수 없고, 신뢰가 없고 무관심하며 불안정한 상태가 된다.

■ 안도감을 심어주기 위한 메시지 ② 안전한 자아 ■

안도감과 관련된 두 번째 메시지는 아이가 자신에 대해 느끼는 안전함과 안도감이다. 제대로 된 안도감을 느끼는 아이는 자신이 안전하며 스스로를 완전히 통제할 수 있다고 믿는다. 안전한 자아는 앞서 언급했듯 부모가 아이에게 주는 사랑에서 출발하여 형성되는데, 이 사랑은 방금 살펴본 안정적인 애착관계를 형성하는 데도 기여한다. 부모에게 사랑받는 아이는 필요할 때 자신을 지켜줄 사람들이 존재한다는 사실을 알게 된다. 또한 안전한 자아는 유능감에서도 나온다. 스스로 능력이 있다고 느끼는 아이는 불확실하거나 위험한 상황에 처했을 때 비록 부모가 곁에 없더라도 스스로 안전함을 느낄 힘이 있고 안전하게 처신할 수 있다고 생각하기 때문이다.

반면에 불안한 자아를 형성한 아이는 자신이 항상 위험한 상태에 있다고 느낀다. 이 불안한 자아는 안전한 자아를 만드는 자질과 경험, 인간관계가 없을 때 형성된다. 이런 아이들은 사랑받는다고 느끼지 못하고 부모와 강한 애착관계가 형성되어 있지도 않다. 또한 다른 사람들로부터 안락함과 안전함을 느끼지 못하므로 특히 더 유능감이 필요하지만 자아가 불안한 아이는 유능감도 부족하기 마련이다. 그 결과 이 아이들에게는 내적·외적으로 머물거나 돌아갈 수 있는 피난처가 없다. 어디에 있든지 안전하다고 느끼지 못하고, 특히 '바깥세상'이 안전하다고 느끼지 못하기 때문에 대담하게 밖으로 나가기를 두려워한다. 그 결과 늘 위협적인 상태를 경험하고, 자신의 세상을 두려움이나 망설임과 연관시킨다.

이런 안도감의 메시지와 관련된 중요한 영역은 아이의 신체적 안전이다. 아이가 그간 발달해온 궤적을 살펴보면, 자기 삶의 주인이 되는 첫 단계는 바로 자기 몸에 통제력을 행사할 수 있는 순간임을 알 수 있다. 부모의 손가락을 쥐고 머리를 똑바로 세우는 데서 시작하여 똑바로 앉고, 기어 다니고, 걷게 되기까지 자기 몸을 통제하는 능력이야말로 자기 세계를 지배할 수 있다는 권한 의식과 유능감의 첫 번째 원천인 것이다.

신체적 안도감은 안전한 자아를 형성하는 데 광범위한 영향을 미친다. 아이가 자기 몸의 이른바 '원초적인' 측면을 통해 얻는 경험은 자신에 대한 인식을 형성하고, 아이는 그 인식을 바탕으로 계속 넓어지는 내적·외적 세계에서 살아갈 것이다. 안전한 자아는 아이가 자신의 내면세계와 관계를 맺는 시작점의 역할을 한다. 즉, 자신의 생각과 감정, 몸의 느낌이나 욕구, 소망 등을 자신 있고 편안하게 생각할 수 있는 첫 단계가 바로 이것인 것이다. 또한 아이는 안전한 자아를 거점으로 삼아 자신이 처한 상황과 인간관계 등 점점 넓어지는 바깥세상도 확신을 갖고 편안하게 탐색할 수 있다.

안전한 자아와 관련하여 부모가 아이와 주고받는 메시지들은 아이가 어떤 위협적인 상황에 처했을 때 특히 중요하다. 긴급 상황에서 아이는 자신의 감정과 부모가 보내는 메시지에 상당히 민감하기 때문에, 이때 부모가 아이에게 보이는 감정과 반응은 아이가 위협적인 상황에서 얼마나 안전하다고 느낄지를 결정하는 기준이 된다.

아내와 나는 큰딸이 두 살 반쯤 되었을 때 안도감에 대해 우리가 보내는 메시지의 힘을 경험했다. 저녁 식사 후 설거지를 하던 나는 뚜껑을 딴 통조림 캔을 밖에 있는 재활용 쓰레기통에 버리려고 멍청하게도 바닥에 놔두었다. 딸아이는 그것을 집어 들어 갖고 놀다가 응급실에 가서 꿰매야 할 정도로 심하게 손을 다쳤다. 피가 상당히 많이 나고 있었는데도 아내는 놀라울 정도로 차분했고, 나도 최선을 다해 아내처럼 행동했다. 그때부터 딸아이는 응급실에서 기다릴 때도, 몇 번이나 마취 주사를 맞는 동안 내가 붙잡고 있을 때도, 상처를 네 바늘이나 꿰맬 때도 울지 않고 내내 주의 깊고 차분한 상태를 유지했다. 응급실에서 딸아이를 치료해준 의사의 말에 의하면 이런 상황에서 대부분의 아이들이 발작하듯 흥분하는 이유는 부모들이 격한 반응을 보이기 때문이다.

나는 우리 부부가 그 상황에서도 차분하게 대응했다고 자랑하려는 것이 아니다. 우리도 속은 완전히 만신창이였으니 말이다. 이 이야기를 하는 이유는 부모가 아이에게 보내는 메시지의 중요성을 보여주기 위해서다. 딸아이가 손을 다친 후 우리가 보낸 메시지는 '심각한 상황이지만 우리는 이 상황을 통제할 수 있다'라는 것이었다. 그래서 딸아이는 우리가 자신을 돌봐줄 것이라 확신할 수 있었다. 우리에 대한 신뢰를 바탕으로 딸아이는 우리의 메시지를 받아들이고 그 메시지를 이용해서 자제력을 발휘했다. 요약하자면, 딸아이가 받은 메시지는 '엄마 아빠가 괜찮다고 하면 믿어도 돼'라는 내용이었다.

■ 안도감을 심어주기 위한 메시지 ③ 안전한 세계 ■

아이가 마음대로 움직일 수 있게 되고 직계가족으로 한정되었던 인간관계를 넘어 자연환경이나 이웃, 운동장이나 보육원, 유치원 및 초등학교 등으로 이루어진 물리적·사회적 세계에 들어서면 안도감과 관련된 세 번째 메시지가 점점 더 중요해진다. 아이가 경험하는 물리적·사회적 세계의 범위가 점차 넓어지는 것은 아이의 발달에서 중요한 의미를 가진다. 이런 세계에 대한 아이의 인식, 즉 자기 주변의 세계가 안전하다거나 위험하다는 인식은 아이가 얼마나 편안하게 그 세계를 탐색하고 확장해나가느냐에 영향을 미치기 때문이다.

어린 시절 경험을 통해 부모 이외의 더 넓은 세계도 안전하다고 느낀 아이들은 세상이 안전하다는 감각을 키울 수 있고, 바깥세상에 혼자 있을 때에도 자신 있고 편안할 수 있다. 안전한 세계에 대한 이런 믿음은 다음의 세 가지를 뚜렷하게 인식함으로써 형성된다. 첫째, 아무리 멀리 가더라도 부모(혹은 친척, 육아자, 교사 등 중요한 타인)가 안전한 피난처를 제공해주고, 자기가 생각하는 안전지대의 경계에 다다랐을 때 그곳으로 돌아갈 수 있다는 사실을 아는 것이다. 둘째, 자신이 안전하다고 믿는 세계에 살며 주변 세계를 탐색하는 아이는 현실에서든 상상에서든 위협을 경험해도 스스로 그 험난한 물살을 헤치고 나아갈 수 있다는 것을 안다. 셋째, 아이들은 세상에 직접 관여하는 한편 부모에게 받은 메시지를 바탕으로 세상이 본질적으로는 안전한 곳이지만 위험도 항상 존재하며 적당한 예방책이 필요하다는 사실을 깨닫는다.

세상이 안전하지 않다는 믿음을 키워온 아이들은 안전하다고 믿는 아이들과 전반적으로 다르게 인식하고 경험한다. 이들은 부모로부터 세상이 위험한 곳이라는 메시지를 받았거나, 그런 인식을 강화하는 경험을 어린 시절에 겪었을 수도 있다. 혹은 세상에 압도당하는 기분을 느꼈거나 그렇게 항상 존재하는 위험에 대응할 능력이 자신에게는 없다고 믿었을지 모른다. 원인이 무엇이든 세상을 위험한 곳으로 보는 아이들은 안전하지 못하다고 느끼고 두려워하며, 그로 인해 누군가에게 지속적으로 매달리거나 탐색과 위험을 아주 싫어하게 될 가능성이 있다.

부모의 두려움이 아이에게 전달된다

엄마곰이 아기곰을 보호하듯, 우리가 아이의 안전을 걱정하고 보호하려는 것은 강력한 본능인 동시에 자연스러운 일이다. 이처럼 자식 걱정은 꼭 필요하고 타고나는 것이지만, 가끔 이 걱정은 말도 안 되는 불안과 극심한 공포로 변하기도 한다. 부모들은 아이가 처한 상황에 부적절하게 반응하거나 불안하고 두려워하는 모습을 보임으로써 자기 자신과 세상에 대한 불안과 두려움을 아이에게 전달한다. 아이가 놀이터에서 사다리에 높이 올라가는 것처럼 객관적으로 그리 크지 않은 위험이라도, 높은 곳을 두려워하거나 자신이 그 사다리에 올라가지 못한다고 생각하는 부모에게는 위협이 될 수 있다. 이런 반응들로 부모는 현재 상황과 아이에게 적절한 메시지보다 자신의 경험과 인식에 토대를 둔 메시지를 보내기 쉽다.

또한 부모들은 '피 흘리는 기사가 주목받는다(If it bleeds, it leads : 잔인하고 선정적인 소식일수록 잘 팔린다는 뜻−옮긴이)'라는 사고방식에 따라 쉴 새 없이 전해지는 나쁜 뉴스에도 쉽게 영향을 받는다. 오늘날 전해지는 뉴스를 모두 믿는다면 우리 아이들은 놀라울 정도로 자주 길을 잃고, 유괴되고, 폭행과 추행을 당하고, 살해되는 위험한 세상에 사는 셈이다. 하지만 사실 객관적인 통계에 비춰 보면 지금 세계는 제품 안전성, 위생, 아동 접근 방지 기술이 발달하고 부모들의 경계심이 높아짐에 따라 부상이나 질병 등 상대적으로 덜 심각한 위협이 줄어드는 등 그 어느 때보다도 안전하다. 이 모든 요소는 이전 세대의 아이들이 살던 '위험한' 환경과 매우 거리가 먼 세상을 만들어가고 있다.

아이들의 민감한 탐지기는 자녀와 세상에 대한 부모의 인식과 감정에 정확히 맞춰져 있다. 아이들은 부모의 감정을 나타내는 화면에 불안한 마음이 뜨자마자 바로 알아챌 것이다. 또한 아이들은 부모가 생각하는 안전지대를 벗어나 탐색하려 할 때 부모가 초조해하는 것도 느낄 것이다. 아이들이 두려움을 느낀다면, 그것은 부모가 어떤 이유에서든 세상은 무서운 곳이라는 메시지를 보내기 때문이다. 이 메시지 때문에 아이들은 세상을 두려워하게 될 뿐만 아니라 자신을 신뢰하지 못하게 된다.

■ 아이 스스로 자기의 세계를 넓혀가게 하라 ■

아이가 자기만의 안전지대를 발견하고 그 범위를 조금씩 넓혀가게끔 격려하려면 아이에게 세상이 안전하다는 느낌을 심어줘야 한다. 아이들은 타고난 기질에 따라 선천적으로 인식하는 안전지대가 있는 듯하다. 기질은 아이들이 처음에 얼마나 멀리 탐색하러 나가려 하는지를 결정한다. '위험'의 속성이 어떤 것인지에 따라, 즉 지적 위험인지 신체적 위험인지, 혹은 사회적 위험인지에 따라 위험을 싫어하는 아이도 있고 겁이 없는 아이도 있으며 그 사이 어디쯤의 성향인 아이들도 있기 마련이다.

물론 안전을 위해서는, 세상의 탐색을 허용하기 전에 아이의 충동적 성향을 판단해보거나 아이가 대담하게 발을 내디딜 때 부모 입장에서 아이가 얼마나 안전하다고 믿는지 생각해볼 필요가 있다. 만약 부모가 멈추라고 부르는데도 반응하지 않고 무작정 달려 나가는 아이라면 부모는 안전을 위해 좀 더 튼튼한 줄로 아이를 잡아매고 싶을 것이다.

여기에서 핵심은 아이로 하여금 탐색의 속도를 정하게 하는 것이다. 소심한 자녀를 두었다면 아이가 불안을 극복하게 하기 위해 안전지대보다 멀리 나아가도록 밀어주고 싶을 수도 있다. 하지만 이것은 몇 가지 잘못된 메시지를 보내는 행동에 해당한다. 첫째는 아이의 편안함과 한계를 존중하지 않는다는 메시지, 둘째는 아이에게 뭔가 잘못된 점이 있다고 생각한다는 메시지다. 셋째로 부모의 실망과 낙심은 아이에게 해로운 감정적 메시지를 보낸다. 안전지대를 벗어날 준비가 되지 않았는데 억지로 밀어낸다면 아이는 불안과 두려움을 느낀 나머지 앞으로는 밖으로 나가기를 훨씬 더 주저할 것이므로, 아이를 밖으로 밀어내려는 전략은 역효과를 낳을 수도 있다.

따라서 아이가 탐색할 기회를 마련하되 그 과정에서 반드시 안전함과 편안함을 느끼게 해주어야 한다. 이를테면 처음 멀리 나가 탐색할 때는 형제자매와 함께하게 해도 좋다. 혹은 부모와 다른 가족이 멀리 떨어져 걸어가고 그 가운데에서 아이가 걷게 하면서 아이가 누구에게서 멀어지거나 가까워지고 있는지 신경 쓰는 대신 주의를 딴 데로 돌리도록 할 수도 있다. 또한 산골짜기에 있는 암벽을 오르는 등의 구체적인 목표를 줄 수도 있다. 이렇게 함으로써 아이들은 부모 곁을 떠난다는 사실보다 자기가 원하는 긍정적인 대상에 초점을 맞추고 주의를 기울일 수 있다. 즉, 부모와 떨어질 때 느낄 수 있는 분리 불안을 촉발하지 않으면서 호기심과 흥분 같은 긍정적 감정을 느끼게 하는 것이다.

어떤 아이들은 직접 해보기 전에 상황을 먼저 파악하려 하기도 하는데, 이런 경우 처음 몇 번은 함께하며 아이가 모험을 시작할 수 있게 하는 것도 좋다. 또한 부모가 아래에서 기다리는 동안 아이가 암벽의 절반 정도만 올라 바위를 만져보게 하는 등 아이가 좀 더 감당하기 쉬운 목표를 정해도 된다. 이렇게 부모의 보조를 받으며 탐색하는 것을 점차 편안하게 느끼고 자기 세계에서 안전하다는 자신을 얻으면 아이는 스스로 안전지대를 넓혀갈 것이다.

아이로 하여금 자신과 세상에 대한 안도감을 스스로 키우게 해주려면 부모가 보내야 할 메시지와 보내지 말아야 할 메시지가 몇 가지 있다. 보내야 할 메시지 중 첫 번째는 아이가 필요로 할 때 부모는 항상 그 자리에 있다고 믿어도 된다는 것(안정 애착), 두 번째는 부모는 대부분의 상황에서 아이가 자신을 스스로 돌볼 수 있다고 믿으며 필요할 때는 부모에게 말할 것이라 믿는다는 것(안전한 자아), 세 번째는 부모는 상황에 맞고 일관성 있는 방식으로 아이에게 응답해줄 것이라는 메시지(안전한 세계)다. 반면 아이에게 보내지 말아야 할 메시지로는 부모 자신의 마음속 응어리에 기반을 둔 메시지, 의도는 좋지만 초점이 잘못 맞춰진 보호 욕구에서 나온 메시지, 부모 자신의 두려움과 극심한 공포를 담은 메시지 등이 있다.

부모의 안전지대와 아이의 안전지대

당신은 안전한 세상에 살고 있다고 생각하는가, 위험한 세상에 살고 있다고 생각하는가? 아이에게 올바른 메시지를 보내려면 우리 스스로가 어떤 세상에 살고 있다고 생각하는지부터 반드시 알아야 한다. 먼저 대부분의 사람이 자신의 안전지대가 그리 넓지 않다는 데 동의하고 아이를 조금이라도 위험에 노출시키지 않으려 하는 경우를 가정해보자.

우리가 정한 기준의 안전지대를 아이가 벗어나려고 하면 우리는 불안과 공포를 느끼는 동시에 자신에게 안도감과 관련된 마음속 상처나 응어리가 있다는 것을 알게 된다. 마음속 상처에 대해 이런 감정을 느낀다는 사실을 인식할 수 있다면 아이를 보호하려는 충동에 더욱 철저히 저항할 것이고, 아이가 자신의 한계를 발견하도록 격려하는 메시지를 보내기도 쉬워질 것이다.

부모가 자신의 불안과 공포를 인식하는 데 도전하려면 아이에게 탐색을 허락해줄 안전지대를 정해야 한다. 안전지대는 부모의 타고난 기질, 성장 과정의 경험을 바탕으로 세상의 안전성에 대해 형성된 인식, 위험을 감수하는 유형인지 혹은 회피하는 유형인지에 따라 달라진다. 안전지대가 정해지면 부모는 아이에게 그 안전지대가 어디인지를 알려주는 메시지를 보낼 것이다.

부모가 판단하기에 아이가 선천적으로 인식하는 안전지대가 자신들의 생각보다 좁다면, 아마 부모는 아이로 하여금 그 경계를 넘어가거나 지대를 넓히지 못하게 할 것이다. 반면 아이의 안전지대가 부모 생각보다 넓다면 부모가 생각한 안전지대는 아이를 속박하는 역할을 할 것이고, 이미 넓어진 아이의 안전지대가 더 확장되는 것도 막을 것이다. 결국 어느 쪽이든 부모는 자신의 기질과 경험에 근거해서 아이가 자기만의 안전지대를 찾지 못하도록 억제하고, 그 대신 메시지를 보냄으로써 부모가 정한 안전지대를 받아들이게 할 것이다.

아이가 편안하고 자신 있게 적당한 위험을 감수하려는 의지를 갖추게 하려면 부모 먼저 자신의 안전지대를 정해야 한다. 자신의 안전지대가 다소 좁고 아이가 안전지대를 벗어나려 할 때마다 불안하고 망설여진다면, 그런 반응이 나오는 이유와 그것을 누를 수 있는 방법을 알아본 뒤 아이를 위해 자신의 안전지대를 아주 조금만 넓히려고 노력해보는 것이 좋다. 하지만 이 방법은 자신이 스스로 불안을 억제할 수 있을 때에만 사용해야 한다. 만약 아이가 경계를 넘을 때 엄습하는 불안감을 누를 수 없는데도 안전지대를 넓히려고 한다면 아이에게 그 불안함의 메시지를 보낼 가능성이 크고, 그러면 아이는 어찌 됐든 안전지대 너머를 탐색하지 않을 것이기 때문이다. 정 불안함을 통제할 수 없다면 아이에게 관여하지 말아야 할 일도 있다는 것을 인정하고 자신보다 안전지대를 넓게 설정한 배우자에게 그 과제를 넘겨주는 것이 좋다.

이와 반대로 안전지대가 넓은 편이라면, 즉 위험을 감수하는 타입이라면 아이에게는 그 안전지대에서 허용되는 위험을 감수할 수단이나 경험이 부족하다는 점을 인식하고 위험에 대한 자신의 성향을 억제할 필요가 있다.

물론 아이에게 허락하는 안전지대를 어떤 식으로 변화시키느냐에 상관없이 우리의 바람은 아이가 대체로 안전한 상태로 지내는 것이다.

마음껏 탐색할 수 있는 환경을 제공하기

우리는 아이가 세상을 안전하다고 느끼도록 하는 일에서 균형을 유지하고 싶어 한다. 즉, 아이가 편안하게 느끼는 한 멀리, 넓게 다니면서 자신의 세상이 안전하다는 자신감을 얻길 바라는 한편, 부적절한 위험에는 아이를 노출시키고 싶어 하지 않는 것이다. 이를 위한 과정은 일반적으로 안전하다고 여겨지는 상황에서(위험이 아예 없는 상황은 없으므로) 아이가 한계를 시험하도록 허용함으로써 시작할 수 있다.

가령 담장으로 둘러싸인 넓은 운동장이나 들판이 있다면, 아이는 자기가 완전히 안전하다는 사실을 모르는 채 마음 가는 대로 멀리 탐색하러 갈 것이다. 그러나 우리는 그곳이 안전한 곳임을 알기 때문에 아이가 아무리 멀리 가더라도 불안해지지 않을 것이고, 아이에게도 그런 메시지를 보내지 않을 것이다.

그 결과 아이는 세상 자체에서도, 우리에게서도 자신이 안전하다는 메시지를 받게 된다. 아이가 자라면서 세상은 안전하다는 것을 더 많이 경험하고 확신하게 되면, 조금 덜 안전한 환경에서 탐색하고 자신의 한계를 깨닫도록 해줄 수 있다.

안도감을 심어주는 표어

우리 부부는 걸음마를 배우던 큰딸에게 안도감을 위한 표어를 배웠다. 알다시피 걸음마는 아이의 도전 의식을 크게 북돋우는 과제다. 아마도 그 짧은 생에서 마주하는 가장 중대한 일일 것이고, 많이 걸어 다니고 많이 넘어지며, 무릎도 까지고 눈물도 흘려야 한다. 우리는 여느 부모가 그렇듯 딸아이가 넘어질 때마다 곧바로 아이에게 달려가서 괜찮은지 확인했고 다쳤을 때는 위로해주었다. 심지어 딸아이가 도움이 필요하다는 메시지를 보내기 전에 끼어들기도 했다. 그러던 어느 날 나와 아내는 운동장에서 우리와 비슷한 어느 모녀를 보았다. 어린 딸이 넘어지자 엄마는 마치 아이가 트럭에라도 치인 것처럼 소리를 지르며 아이에게 달려갔다. 그때 우리 부부는 서로 얼굴을 마주 보며 우리도 그럴 수 있다는 사실을 깨달았다.

그 다음번에 아이와 함께 산책을 나갔을 때, 여느 때처럼 아이가 넘어졌다. 하지만 우리는 아이에게 달려가는 대신 잠시 기다렸다. 그 짧은 순간 동안 우리 식구의 표어가 탄생했다. 케이티는 무릎을 짚고서 우리에게 알려주었다. "난 괜찮아!" 그날부터 우리는 케이티와 그레이시가 발을 헛디디거나 의자에서 떨어졌을 때처럼 다칠 만한 일이 생길 때마다 자신이 다쳤는지 혹은 도움이 필요한지를 우리에게 말하게 했다. 대개는 다친 곳이 없었고 아이들은 우리에게 "난 괜찮아!"라면서 무사함을 알려주었다. 간혹 멍이 들거나 피를 흘렸을 때 도와달라고 소리치거나 울음을 터뜨려서 알려주면 우리는 아이들이 요청하는 대로 차분하고 든든하게 안심시켰고, 아이들이 아무 말도 하지 않으면 자기 몸이 괜찮은지를 확인하게 했다. 어쨌든 자기 몸이 안전한지 가장 잘 아는 것은 아이들 자신이지만, 가끔 위험한 상황도 경험하고 몸 상태를 가늠하기도 하면서 자기 몸을 판단할 수 있도록 해야 한다. 아이가 위험에 처할 때마다 완전히 공포에 질린 상태로 달려가는 것은 아이가 스스로 자신의 안전을 점검해볼 기회를 빼앗는 것과 마찬가지기 때문이다.

우리 부부는 잠재적으로 위험이 발생할 수 있는 상황에서도 결정권을 아이들에게 주고 언제 안전지대를 벗어날 것인지, 우리의 도움이 필요한지 결정하게 한다. 일례로 케이티와 그레이시는 우리 집 앞마당에 있는, 1미터가 넘는 돌담 위를 걷는 것을 좋아한다. 그래서 우리는 부모가 지켜보고 있지 않을 때 그 위를 걸어서는 안 된다는 규칙을 만들었다. 하지만 안전을 위해서 우리 손을 잡아야 한다고 제안하지는 않았다. 언제 불안해지는지, 안전을 위해 부모의 손을 잡아야 하는지 결정하는 것은 항상 아이들 몫이었다. 우리는 지금도 "난 괜찮아!"라는 말을 사용한다. 그리고 스키나 자전거를 탈 때처럼 잠재적으로 위험하고 복잡한 상황에서는 예전에 아이들이 돌담 위를 걸었을 때처럼 세상을 탐색하고 위험을 받아들이는 문제에 대해 스스로 결정하라고 가르쳤던 접근법을 적용한다.

물론 이 접근법이 늘 그렇게 효과적이었던 것은 아니었다. 케이티는 네 살이었을 때, 뒷마당에 있었던 1미터 정도 높이의 돌담 위를 걷고 싶어 했다. 자칫하면 1미터 아래의 아스팔트로 떨어질 위험이 있었지만, 아이들이 위험한 일을 하겠다고 할 때 아내에 비해 자주 허락하는 편이었던 나는 케이티에게 돌담 위를 걸어도 된다고 말했다. 돌담 가장자리에 덩굴이 있는 것을 미처 모르고서 말이다. 결국 케이티는 발을 헛디뎌 담 아래쪽 길에 떨어지고 말았다. 다행히 머리는 부딪히지 않았고, 크게 멍이 들고 이마가 조금 까진 것이 전부였다. 그러나 나는 심장이 멈추는 듯했고, 아내의 노려보는 눈빛을 견뎌야 했으며, 지금도 그 사건만 생각하면 오싹하다.

더크와 에밀리는 해리가 태어나던 날부터 아들을 위한 표어를 생각해냈다. 이들은 해리가 태어난 그 순간부터, 해리에게 다가갈 때마다 "엄마 아빠는 여기 있단다"라고 말했다. 해리가 울음을 터뜨리면 그 이유가 젖은 기저귀나 배고픔 때문이든, 걸음마하면서 생긴 멍과 혹 때문이든, 어린이집에서 실패와 좌절을 겪었기 때문이든, 더크와 에밀리 부부는 '네가 우리를 필요로 할 때 우리는 항상 여기 있을게'라는 메시지를 해리에게 보냈다. 두 살이 될 무렵, 해리는 메시지를 받아들였다. 해리가 놀이기구에 높이 올라가 "엄마 아빠, 거기 있어?"라고 물으면 더크와 에밀리는 아이를 바라보면서 "그래, 해리야. 여기 있어"라고 말해준다고 한다.

유키와 미치는 동유럽의 고아원에서 세 살인 그레고르와 한 살인 베라를 입양했다. 그 고아원이 꽤 좋은 곳이긴 했지만 입양아들은 새로운 부모와 애착관계를 형성하고 안전함을 느끼기 어렵다는 내용을 책에서 읽은 적이 있었던 그들은 그레고르와 베라가 새 집에 도착한 순간부터 "안전해요"라는 표어를 주문처럼 사용했다. 이 간단한 말로 두 사람은 아이들에게 안도감과 편안함을 전하는 메시지를 보낼 수 있었다.

세 살짜리 로스의 엄마 에린은 표어를 좋아하지만 거기서 한 발 더 나아가기로 했다. 위험의 정도에 따라 점수를 매기면서 판단하면 아이가 위험을 감수하려는 결정을 할 때 도움이 된다는 내용을 어딘가에서 읽었던 것이다. 그 글에서는 낮은 위험성을 1점, 높은 위험성을 5점으로 해서 점수를 매기는 체계를 제시했다. 에린이 그 글을 읽었을 무렵, 로스가 세발자전거에서 떨어져 울면서 엄마에게 왔다. "엄마, 나 '아야' 했어." 이때 에린은 '아야 평가 시스템'을 생각해냈다. 로스가 뭔가를 할 때 잠재적인 위험이나 부상의 심각성을 '아야'라는 항목으로 평가하게 하는 것이었다. 예를 들어 로스는 보도블록을 평균대 삼아 걷기를 좋아하는데, 보도블록에서 떨어지면 가파른 경사에서 넘어질 수 있다는 점이 문제였다. 에린과 로스는 그 위험의 정도에 대해 '엄청난 아야'라고 점수를 매기고 그곳에 이르면 엄마의 손을 잡고 가기로 결정했다. 이들은 엄마 아빠의 침대에서 뛰는 정도의 위험한 일은 '보통 아야', 뒷마당 잔디에서 뛰어다니다가 발을 헛디디는 정도의 덜 위험한 일은 '조금 아야'로 평가하기로 했다.

리타와 샘은 두 살 난 딸 에미가 안전함을 느껴야 한다고 생각했다. 그래서 그들은 에미가 집에서 다칠 수 있는 흔한 경우를 생각해보고 일련의 절차를 개발해서 그런 상황을 막을 수 있는 방법을 알려주었다. 예를 들어 집에 있는 차고에서 평평한 바닥까지는 가파른 돌계단이 있었는데, 두 사람은 "기다려!"라는 표어를 만들어 계단을 오르내리기 전에 잠시 멈추라는 뜻을 전하기로 했다.

타냐는 안전에 대해 조금 다른 견해를 갖고 있다. 그녀는 아이들이 가족의 일원이 됨으로써 느끼는 안도감에 의지할 수 있다고 강조한다. 타냐가 사용하는 표어인 "가족이 최고"는 가족들이 그들을 사랑하고 지지한다는 사실을 믿어도 된다는 메시지를 아이들에게 전해준다.

■ 안도감을 심어주는 습관적 의식 ■

길을 잃는 것은 아이가 세상과 자신에 대해 불안함을 느끼게 되는 가장 충격적인 경험일 수 있다. 이런 사건은 "엄마 아빠를 못 믿겠어", "난 무력해", "세상은 위험한 곳이야" 등 불안함에 대한 온갖 나쁜 메시지를 내포한다. 그래서 우리는 두 딸이 나와 아내 없이 세상에 첫걸음을 내디딜 수 있도록 몇 가지 절차를 준비해주었다.

우리는 아이들이 넘어가리라 예상되는 것보다 훨씬 넓은 범위의 합리적인 경계선을 정했다. 경계선은 들판을 가로지르는 인도라든가 하이킹 코스인 언덕 꼭대기 등으로 정했는데, 이것은 우리가 아이들의 행보를 알고 있고 궁극적으로 그 여행을 통제할 수 있다는 메시지였다. 또한 우리는 아이들에게 항상 우리의 시야 안에 있어야 한다고도 말했다. 즉, 아이들이 우리를 필요로 하는 상황이 되면 즉시 대응하겠다는 메시지를 보낸 것이다. 마지막으로 아이들이 우리에게서 멀어져갈 때 우리는 아이들이 뒤를 돌아보면 눈을 맞추고 미소를 지었고, 아이들을 안심시키기 위해 머리를 끄덕이거나 손을 흔들었다. 이것은 우리가 아이들의 안전에 주의를 기울이고 있다는 메시지였다.

밥과 마리아는 세 아이를 축제나 놀이공원, 콘서트 등에 자주 데리고 다녔다. 하지만 부모보다 아이들의 수가 더 많았기 때문에 이들 부부는 아이를 잃어버릴까 봐 늘 걱정이었다. 언젠가 지역 박람회장에 갔을 때, 이들이 생각한 최악의 상황이 짧게 현실로 일어난 적이 있었다. 둘째 아들이 돌아다니다가 약 15분쯤 길을 잃었던 것이다. 그들 인생에서 최악의 15분이었다. 다행히도 길을 잃고 울고 있는 아이를 한 아이 엄마가 발견하고 밥이 그들을 찾아낼 때까지 달래며 함께 기다려주었다. 밥과 마리아는 아이들을 줄에 묶어서 다닌다는 것은 비현실적인 아이디어라는 데 동의하고, 길을 잃어도 아이가 덜 무서워하게 하는 방법을 생각해내기로 했다.

마리아는 먼저 아이들에게, 길을 잃으면 가장 가까이 있는 어른에게 도움을 청하라고 말했다. 하지만 인터넷에서 정보를 검색하던 마리아는 '모든 어른이 믿을 만한 사람은 아니므로 아무 어른에게나 도움을 청하는 것보다는 아이를 데리고 있는 어른 혹은 경찰이나 배지를 달고 있는 직원처럼 제복 차림을 한 어른에게 도움을 요청하는 것이 좋다'라는 글을 읽었다. 그때부터 밥과 마리아는 행사장에 도착하면 제일 먼저 아이들이 길을 잃었을 때 도움을 청할 수 있는 사람을 가리켰다. 밥은 그들 부부의 이름과 휴대전화 번호를 적은 카드를 아이들 주머니에 넣어주자는 아이디어를 내놓기도 했다. 그러면 아이들이 길을 잃었을 때 어른들에게 그 카드를 보여줄 수 있고, 그들이 밥이나 마리아에게 전화해줄 수 있기 때문이다. 이런 전략들 덕분에 아이들은 훨씬 안도감을 느꼈을 뿐 아니라 밥과 마리아도 한결 걱정을 덜 수 있었다. 물론 이들의 최우선 목표는 애초에 아이를 잃어버리지 않는 것이었지만 말이다.

데비는 두 아들 케니와 제드가 길을 잃었을 때 당황하지 않고 대처할 정도로 안전함을 느끼게 하고 싶었다. 그래서 아이들이 각자 세 살쯤 되었을 때 잠자리에 들 때마다 습관적인 절차를 익히게 했다. 그 절차란 주소와 엄마의 전화번호를 노래로 만들어 외울 수 있도록 부르는 것이었다. 가사는 이런 식이었다. "내 이름은 케니(제드) 스미스예요. 이건 우리 주소예요. 캘리포니아 그린 밸리 웨스트 힐 로드 421번지." "내 이름은 케니(제드) 스미스예요. 이건 내 전화번호예요. XXX-XXX-XXXX." 6개월쯤 되자 두 아이 모두 이 짧은 노래를 외울 수 있었고, 데비는 아이들이 길을 잃어버리더라도 누군가에게 엄마를 찾아달라고 말할 수 있으리라는 확신이 들었다.

리타와 샘은 계단을 오르내릴 때 딸 에미가 항상 난간이나 엄마 아빠의 손을 잡도록 하는 일종의 절차를 정해서 "기다려!"라는 표어와 결합한 뒤, 그것을 가족 모두가 지켜야 하는 규칙으로 정했다. 에미는 표어, 절차, 엄마 아빠가 모두 절차를 지키는 모습, 계단을 안전하게 오르내리는 자신의 경험까지 포함하는 여러 가지 경로를 통해 안전에 대한 메시지를 받는다.

"가족이 최고!"라는 표어를 사용하는 타냐 역시 그 표어를 더욱 강조하기 위해 아이들과 함께 할 수 있는 일종의 의식을 만들었다. 저녁 식사 후에 아이들이 타냐의 무릎에 앉으면, 뮤지컬 〈애니Annie〉에 나오는 〈당신만 있으면 돼요I don't need anything but you〉라는 노래를 다 함께 부른다. 타냐는 여러 가지 강력한 경로로 아이들에게 메시지를 전하고 있다. 아이들은 노래 가사와 음악을 통해 메시지를 받는다(타냐가 어딘가에서 읽은 글에 따르면 그냥 말하는 것보다 노래를 부르는 것이 뇌의 또 다른 부분을 자극한다고 한다). 또한 노래를 부르는 동안 아이들을 안아줌으로써 타냐는 신체 접촉과 감정을 통해 아이들에게 안전과 안도감의 메시지를 보내는 셈이다.

안도감을 심어주는 활동

안도감은 아이에게 보내는 메시지 중 가장 감지하기 힘든 것일지도 모른다. 안도감이 무엇인지 아이에게 말로 설명할 수도 있겠지만, 아이가 부모나 세상과 상호작용하는 과정에 안도감이 스며들어 있다면 아이는 그것을 마음속 더 깊이 느낄 것이다. 아이는 역할 모델, 애정 표현,

매일의 일과, 나들이 등 일상에 내포된 여러 가지 경로를 통해 안도감과 관련된 메시지를 받는다.

안정 애착을 형성하는 활동

아이에게 안정 애착감을 심어줄 때의 기본은 꽤 단순하고 명백하다. 부모가 해야 할 일을 하면 되는 것이다. 하지만 평범한 육아가 안도감에 미치는 엄청난 영향을 안다면 그 가치를 더욱 잘 알게 될 것이고, 한 발 더 나아가 건전한 애착에 필요한 기본적인 요소를 마련할 수 있을 것이다.

조나는 말 그대로, 또는 비유적으로 '그곳에 없는' 아버지 밑에서 자랐다. 조나의 아버지는 끊임없이 여행을 다녔고, 집에 있을 때에도 세 아이에게 별로 관심을 보이지 않았다. 세월이 흘러 자신이 곧 아버지가 되리라는 사실을 알게 된 조나는 그런 아버지가 되지 않겠다고 다짐했다. 부모가 그저 같이 있어주는 것보다 강력한 메시지는 없다고 믿는 그는 반드시 두 아이의 삶에 함께 있어주기로 했다. 그렇다고 몸만 같은 공간에 있고 정신은 딴 데 가 있는 사람이 되고 싶지는 않았다. 몸소 경험해서 알듯이, 몸만 같이 있어주는 것은 마음까지 함께 있을 정도로 아이들을 중요하게 생각하지 않는다는 메시지를 전하기 때문에 더욱 나쁜 것이었다.

또한 오늘날의 세상은 정신없이 바쁘고 항상 어딘가에 연결되어 있는 곳이라 조나 부부도 아이들과 함께 있어주기보다는 그 외의 무수한 일들에 주의를 집중하기 십상이었다. 조나의 목표는 아이들을 위해 항상 진실로 그곳에 있어주는 것, 즉 아이들에게 주의를 기울이고, 그 순간에 몰입해서 아이들과 교류하며, 마음과 정신, 영혼이 함께 존재하는 것이다. 조나는 아이들이 마음속 깊은 곳에서 자신의 존재를 느끼고 있다고 믿는다.

마이라는 자신이 방치되었다고 느끼면서 자랐다. 하지만 그녀의 어머니는 마이라와 세 남동생을 정말로 방치하려 했던 것이 아니라, 싱글맘인 데다 투잡을 해야 했기 때문에 바빴던 것이었다. 자신이 엄마가 될 때가 다가오자, 마이라는 애착에 대한 책을 읽고 그것이야말로 자신이 엄마에게 받지 못했던 것이라는 생각이 들었다. 그녀의 어머니는 생활에 치이고 지쳐서 아이들이 엄마를 필요로 할 때 반응해줄 수 없었던 것이다.

마이라는 아들 에릭과 딸 멜라니의 욕구에 빠르고 적절하게 반응해줌으로써 신뢰와 애착을 형성하는 데 전념했다. 그녀는 두 아이가 자신을 필요로 할 때 항상 그 자리에서 아이들을 보호해주었다. 또한 마이라가 '원초적 욕구'라고 부르는 것이 있는데, 신체적으로는 배고픔이나 고통, 감정적으로는 두려움, 좌절, 슬픔 등 현대에도 여전히 생존과 가장 관련이 깊은 욕구가 그것이다. 마이라는 아이들이 특히 이런 원초적 욕구를 경험할 때 더욱 열심히 반응하기 위해 노력했다.

하지만 너무 반응을 잘해줌으로써 아이들을 망치고 싶지는 않았다. 그래서 그녀는 모든 '욕구'가 진짜 욕구인 건 아니라고 가르쳤고("하지만 엄마, 난 정말로 이 책을 갖고 싶은 '욕구'가 있다고요!") 아이들 욕구의 긴급도에 맞게 반응 속도를 조절하려고 노력했다. 위기 상황이 아니면 마이라는 자신이 항상 아이들의 모든 요구를 들어주는 사람이 아니며 '아이들이라 해도 욕구를 참고 기다릴 수 있다'는 메시지를 보내고 싶어 한다. 마이라는 자신이 아이들의 욕구에 부적절하게 반응해주면 결국 아이들의 애착을 강화하기보다는 약화시킬 수 있는 정반대의 메시지, 즉 두려움과 관련된 메시지나 아이들이 무조건 최우선이라는 메시지를 보내게 되리라는 점을 안다.

딸 케일리가 태어나기 전, 아이크와 리사는 애착을 주제로 하는 훌륭한 강연을 들었다. 강연의 요점은 사랑이 아이들의 가장 기본적인 정서적 욕구이며 안정 애착의 핵심이라는 것이었다. 그래서 이들 부부는 케일리에게 사랑을 듬뿍 주어 애착을 형성하기로 했다. 애착이라는 말을 풀어보면 '사랑(愛)이 붙는다(着)'는 뜻이다. 두 사람은 어린 딸에게 말과 감정, 혹은 포옹이나 쓰다듬기, 뽀뽀로 애정을 표현할 때 비유적으로나 말 그대로나 아이에게 '붙을' 만한 것을 주고 있다고 믿는다. 그리고 이들은 두려움이나 배고픔 같은 다른 욕구를 채워줄 뿐만 아니라 안정 애착을 형성하는 마법의 묘약인 사랑을 두 배로 주고 있다고 한다.

르네와 토드는 친밀한 신체 접촉을 가정생활의 일부로 만들었다. 둘 다 아침부터 하루 종일 일하는 데다 르네는 출산휴가를 두 달밖에 받지 못했기 때문에 세 딸은 어린이집에 있는 시간이 많았다. 두 사람은 아홉 살, 다섯 살, 세 살인 세 딸이 태어난 날부터 그들과 친밀한 관계를 맺지 못할까 봐 걱정했다. 그래서 이들은 함께 있을 때 끊임없이 딸들을 '입고' 다녔다. 처음에는 아기 띠를 사용했고, 그다음에는 아이들이 자람에 따라 등에 업거나, 팔 혹은 어깨에 안고 다녔다. 르네와 토드가 애착 육아의 열렬한 팬인 덕분에 세 딸은 거의 대부분의 시간을 엄마 아빠와 함께 잘 수 있었다.

안전한 자아를 형성하는 활동

안전한 자아의 발달을 촉진하는 활동은 유능감과 함께 자기 자신과 삶에 대한 통제권을 강화하는 일들과 관련이 있다. 운동이나 미술 교실처럼 체계화된 활동을 해도 좋고, 퍼즐이나 집에서 하는 놀이처럼 형식에 얽매이지 않는 활동을 할 수도 있으며, 사소한 집안일이나 요리, 베이킹, 원예 등 가정에서의 활동에 참여할 수도 있다. 또한 아이들에게 일상의 과제(자기 전에 해야 할 일들의 순서, 점심에 먹고 싶은 음식, 학교에 어떤 옷을 입고 가고 싶은지 등)를 언제 어떻게 해결할지 결정하게 함으로써 아이들의 일상적 절차와 안전한 자아 경험을 결합시킬 수도 있다.

우리 딸들이 일찍부터 안전한 자아를 형성하기 위해 했던 활동 중 가장 중요한 것은 수영이었다. 우리 부부는 가능한 한 두 딸이 어릴 때부터 수영을 배우게 함으로써 물이라는 비교적 부자연스러운 환경에서 자신을 통제하는 능력과 유능함에 대한 강력한 메시지를 보냈다. 그뿐만 아니라 일생 동안 필요할지 모를 필수적인 기술을 가르친 셈이다(익사는 12세 이하 어린이의 사망 원인 중 2위를 차지한다). 또한 수영은 어린아이에게 재미있는 활동이기도 하다.

데이브는 운동을 하거나 보기를 좋아하는 스포츠광이다. 그는 딸 패트리스도 자기와 비슷하기를 바랐다. 그래서 딸이 갓난아기였을 때부터 주위를 온통 공을 연상시키는 환경으로 꾸며주었다. 패트리스가 건게 되자마자 데이브는 딸에게 축구공을 차고, 농구공을 던지고, 골프채와 테니스채를 휘두르게 했다. 패트리스는 세 살 때 처음으로 축구 수업을 들었고 일곱 살이 된 지금은 아빠 데이브가 코치로 있는 축구 리그에서 선수로 활동하고 있다. 딸아이도 엄청난 스포츠광이라 하니 데이브는 행복할 것이다.

안전한 세계관을 형성하는 활동

아이가 자신의 세계를 탐색하고 지리적·사회적·신체적·감정적으로 안전지대를 확장하게 해주는 활동이라면 어떤 것이든 안전한 세계관을 심어주는 데 도움이 될 것이다. 공원, 해변, 박물관, 등산로 등의 열린 공간은 아이들에게 지리적 안전지대를 확장할 기회를 마련해준다. 캠프, 플레이 데이트(play date : 아이들이 함께 놀 수 있도록 부모끼리 정한 약속-옮긴이), 학교 등은 아이가 사회적 불안을 경험하고 극복할 수 있게 해준다. 또한 놀이기구에 올라가기, 산에서 암벽 타기, 자전거 타기, 하이킹 하기 등의 신체 활동은 신체적 안전지대를 확장시킨다. 이 활동들은 모두 아이로 하여금 두려움, 좌절, 실망 등을 경험하게 하므로 아이가 감정적 안전지대를 탐색하는 데 도움이 되고, 아이의 유능감과 더불어 자기 몸과 이 세계에 대한 통제권을 강화시키므로 안전한 자아와 관련된 메시지를 보내기도 한다.

우리 부부는 공원에 데려간 두 딸이 우리에게서 멀리 떨어져 탐색하는 모습을 보면 기분이 좋아진다. 케이티는 자기 힘으로 움직이기 시작했을 때부터 우리에게서 꽤 멀리 떨어지곤 했지만 늘 우리와 시선을 자주 마주쳤다. 아이는 언제쯤 자기가 충분히 멀리 왔는지 직관적으로 아는 듯했다. 그리고 우리의 보호에서 너무 멀리 떨어졌다고 느끼면 늘 같은 결론을 내리고선 우리에게 돌아오는 여정을 시작했다. 케이티보다 조심성이 많은 그레이시는 멀리 나갈 때면 처음 몇 번은 우리에게 같이 가달라고 했지만, 공원이든 운동장이든 일단 그 환경에 익숙해지면 망설이지 않고 탐색하러 나가곤 했다.

바브는 항상 수줍음이 많고 사람들 사이에서 불편함을 느꼈기 때문에 살아오면서 문제를 많이 경험했다. 그녀의 부모는 친구가 많지 않은 내향적인 성격이었기 때문에 그녀는 자신도 그렇다고 생각했다. 하지만 아들 리치는 사람들 사이에서 머뭇거리지 않기를 바랐다. 바브가 어딘가에서 읽은 내용에 따르면, 유전적으로 수줍은 성격을 타고났더라도 인생 경험을 통해 그런 기질의 영향을 누그러뜨릴 수 있다고 했다.

다시 말해 리치는 숫기 없고 사회적으로 불안한 인생을 살기로 결정된 것이 아니었다. 그래서 바브는 태어난 지 몇 달 되지 않은 아들의 사회적 안전지대를 넓히기 위해 자신이 다니는 헬스클럽의 탁아소에 아이를 맡기거나 다른 아기와 플레이 데이트를 잡기 시작했다. 그리고 아들이 좀 더 자라자 아이를 파티, 콘서트, 운동경기 등에 데려가서 많은 사람들 사이에 있도록 했고, 만나는 사람들에게 미소를 지으며 "안녕하세요", "잘 가요"라고 말하도록 가르쳤다.

리치가 어린이집에 갈 준비가 되었을 무렵, 바브는 리치가 주눅 들지 않게 하기 위해 첫 1년 동안은 인원이 적은 학급에서 지내게 했고, 그 후에는 사람이 많은 곳도 편안하게 느끼고 유치원에 갈 준비가 되도록 좀 더 사람이 많은 어린이집으로 옮겼다. 이제 1학년이 된 리치는 아이들 무리에 처음 들어갔을 때 수줍은 기색을 보였지만 금방 다른 아이들과 어울렸다. 바브는 이 모든 것이 리치의 사회적 안전지대를 일찌감치 넓힌 자신의 노력 덕택이라고 믿고 있다.

MESSAGE 4

동정심은 아이를 세상과 깊이 연결되게 한다

다른 사람들의 특성 중에서 가장 존경스럽고 아이에게도 심어주고 싶은 것을 모두 떠올려보자. 아마 동정심이 목록에서 꽤 상위를 차지할 것이다. 왜 그럴까? 아마 동정심은 이기심과 무관심이 돌처럼 흔한 세상에서 단연 눈에 띄는, 다이아몬드처럼 희귀한 특징이기 때문일 것이다.

그럼 동정심이란 무엇일까? 본질적으로 동정심은 '내가 아닌 것'에 대한 마음이고, 다른 사람들의 궁핍과 욕구를 알아차리고 돌보려는 것이다. 다시 말해 나보다 불우한 다른 사람들을 돕고 싶어 하는 마음인 것이다. 동정심은 자비심, 호의, 이타심, 공감을 비롯한 좋은 특질들과 연관이 있다. 이 특성들을 한데 뒤섞고 구울 수 있다면 우리가 상상할 수 있는 가장 멋진 사람을 탄생시키는 조리법이 될 것이다.

전문가들은 동정심이 사회에서 제 구실을 하는 구성원이 되는 데 도움이 되는 특성으로, 모든 인간에게 선천적으로 내재되어 있는 것이라고 주장한다. 하지만 당신이 나 혹은 내 아내와 비슷하다면, 아이들은 동정심이라고는 눈곱만치도 없이 태어난다는 데 백 번 동의할 것이다. 어린아이들은 오직 자기만 신경 쓰는 것처럼 보이기 때문이다. 발달 전문가들에 따르면 자기중심주의는 모든 아이들이 거치는 단계지만 시간이 지나면 분명히 수그러드는 성향이라고 한다. 그러나 동정심은커녕 다른 사람이 안중에도 없는 것 같은 아이들의 모습을 보면 부모 입장에서는 전문적 지식도 그다지 위로가 되지 않는다. 이런 대화를 해본 적이 얼마나 많은가?

"동생한테 친절하게 대해주렴."

"(고집스럽게) 싫어요, 안 그럴 거예요."

"(더 실망한 말투로) 제발 동생한테 좀 친절하게 대해줘."

"(화가 나서 단호하게) 안 한다니까요. 안 해요. 안 해요."

"동생한테 친절하게 대해줘. 안 그랬단 봐라."

분명히 이런 대화는 동정심을 이끌어내는 메시지를 보내기에 좋은 방법이 아니라는 것을 당신도 느낄 것이다.

유전과학에 따르면 어떤 성격 특성을 부모로부터 유전으로 받는다 해서 아이가 그 특성을 저절로 내보이는 것은 아니다. 유전과 환경은 서로 대립한다고 여겼던 기존 유전학의 관점과는 반대로, 유전학을 재인식하는 입장에서는 환경을 통해 유전이 발현된다고 본다. 다시 말해 유전자는 아이의 경험에 따라 켜졌다 꺼졌다 하는 전등 스위치 같다는 것이다. 이 경우의 문제는 아이들이 유전적으로 동정심을 타고났다 하더라도 그 스위치가 커지지 않으면 자기중심적 단계가 이후의 성격적 특성으로 굳어버릴 수 있다는 점이다. 따라서 부모는 아이들에게 이기심을 억제하고 동정심을 고무하는 메시지를 보냄으로써 아이에게 내재되어 있는 동정심의 유전적 스위치를 켜줘야 한다.

"세상은 나를 중심으로 돌아가", "지금 당장 원해", "다른 사람은 상관없어"라는 말로 가득 찬 세상에서 아이들을 꺼내는 시기는 빠를수록 좋다. 사실 우리는 가능한 한 일찍, 자주 동정심의 메시지를 보내야 한다. 대중문화와 또래 친구의 세계에 일단 발을 들여놓으면 자기중심적인 성향을 더욱 굳히는 메시지를 받게 되기 때문이다. "여동생한테 친절하게 대해라"라는 훈계에 처음에는 반항했지만, 동정심에 관해 부모가 여러 경로로 명확하고 끈질기게 보내는 메시지를 느리지만 확실하게 흡수한 아이에게서 이 특성이 나타난다면 굉장히 놀라울 것이다. 하지만 부모가 그렇게 노력하지 않으면 이 놀라운 일은 절대로 일어나지 않는다.

■ 아이들이 동정심을 배우기 어려운 이유 ■

그러한 미덕과 가치에도 동정심은 우리 대중문화에서 그리 높게 평가받지 못하고 있다. 오히려 TV, 영화, 음악 등의 대중매체를 기준으로 보자면 사람들은 '나'를 섬기는 제단에 경배하고 있다고 해도 과언이 아니다. 이런 풍조는 자기애, 자기중심주의, 자만심, 자격, 자부심, 타인에 대한 무관심이야말로 우리가 지향해야 하는 것이라는 인식을 퍼뜨린다. 비디오 게임은 폭력과 여성 혐오를 부추기고, 리얼리티 프로그램은 탐욕과 기만, 굴욕을 부채질한다. 유명인 중심의 문화는 중요한 것을 사소하게, 사소한 것을 중요하게 만든다. 프로 스포츠계는 '어떻게든 이겨야 한다'는 태도를 조장한다. 대중문화는 냉혹한 것이 멋진 것이며 심지어 동정심은 약골이나 울보, 패배자에게나 해당하는 것이라는 메시지를 아이들에게 보낸다.

대중문화는 우리 아이들이 동정심 있는 사람이 되기보다, 자기중심적이고 자기 욕구만 채우는 데 급급하기를 바란다. 아이들이 나(me)만 아는 세대라는 뜻의 'Me 세대(Me Generation)'에 동화되면 대중문화의 만만한 먹잇감이 된다. "바로 지금, 힘들이지 않고 전부 가질 수 있어요"라는 말에 드러나듯, 자신의 만족에만 탐닉하라는 대중문화의 메시지는 당장의 만족을 위한 자기중심적인 욕구와 통하기 때문이다. 이런 이기적인 메시지의 대표적인 예로 "전부 나에 대한 거야(It's all about me)"라는 표현만 한 것은 없다. 큰 인기를 얻은 이 표현은 모든 사람과 환경이 자신의 욕구를 만족시키는 방향으로만 향해야 하고, 다른 사람의 욕구나 바람은 아무래도 상관없다고 아이들에게 가르친다.

다른 문화의 사람들과 접촉할 기회가 줄어든 것도 아이들이 동정심을 배우기 어려운 이유이다. 소통 기술의 빠른 발달로 우리의 세계는 점차 줄어드는 것처럼 보이고, 좋은 쪽이든 나쁜 쪽이든 타인에게 미치는 영향력 또한 전에 없이 커졌다. 하지만 많은 아이들은 자기가 사는 좁은 세상만 보도록 배운다. 이전 세대의 아이들은 대개 자기와 다른 인종이나 민족, 다른 사회적·경제적 지위에 있는 사람들과 훨씬 더 많이 접촉했다. 그럼으로써 아이들은 '찻길 건너의(the other side of the tracks : 철도 주변에 있는 도시 빈민가—옮긴이) 사람들'의 존재를 알게 되고 자신의 삶에 감사하며, 나아가 자신과 다른 사람들에게 동정심을 느낀다.

그러나 오늘날 많은 아이들은 사교육, 비슷한 부류의 이웃, 배타적인 공동체 때문에 자신과 다른 문화에서 사는 사람들과 접촉할 기회가 거의 없다. 세상의 다른 사람들이 어떻게 사는지 좀 더 넓은 시각으로 보지 않는다면 아이들은 자신보다 불우한 사람들에게 동정심과 공감을 느낄 기회가 없을 것이다.

■ 동정심은 모두를 이롭게 한다 ■

동정심은 우리가 고립된 개체가 아니라 다양한 그룹의 일원임을 알면서 발달된다. 가족, 공동체, 인종, 종교, 국가, 지구촌 등의 그룹들은 공존해야 할 뿐만 아니라 실제로 살아남기 위해 서로를 필요로 한다는 점을 깨닫고 나면 다른 사람들의 존재를 의식하게 된다. 또한 그들이 누구이고 어떤 문화에서 어떻게 살고 있으며, 무엇을 믿고 어떤 고난에 처해 있는지 등에 관심을 갖게 된다.

이렇게 다른 사람과 우리를 비교해서 바라볼 수 있는 맥락을 제공하는 것이 바로 동정심이고, 그로써 우리는 사람들이 다른 점보다 비슷한 점이 많다는 사실을 깨닫는다. 우리는 모두 건강하고 행복하며, 안전하고, 다른 사람들과 연결되어 있고 싶어 한다. 또 우리는 일을 하고, 놀고, 가정을 꾸린다. 이처럼 가장 이질적인 문화와 사람들 사이에서 공통점을 발견하면서, 모두가 사랑, 슬픔, 기쁨, 고통, 희망, 절망, 영감, 좌절 등을 똑같이 느낀다는 사실을 깨닫고 그 공감을 통해 처음으로 동정심이라는 감정을 느낄 수 있다. 우리는 공감에서 시작하여 다른 사람들을 걱정하기 시작하고, 필요하다면 그들의 욕구를 내 욕구보다 우선시하려는 바람을 품게 된다. 동정심이 그토록 중요한 이유는 단지 다른 사람들을 배려하는 생각과 느낌을 이끌어내기 때문이 아니라, 사람들을 자극해서 공감하게 하고 그 공감의 대상이 바라는 것에 반응하도록 하기 때문이기도 하다.

아이들은 동정심 덕분에 자신과 다른 사람들을 이해하고, 예전의 자신과 다른 관점으로 세상을 볼 수 있다. 또 삶을 풍부하게 해주고 세계관을 넓혀줄 사고와 경험을 발달시킬 수 있으며, 다른 사람들에게 손을 내미는 기쁨과 더불어 세상을 더 나은 곳으로 만드는 데 힘을 보태는 즐거움을 느낄 수 있다. 또한 동정심을 통해 자신이 사는 세상과 더욱 깊이 연결되고, 다른 사람들에게 감사와 배려를 느끼고, 자비롭게 행동하는 것이 결국 자기를 위하는 길이라는 점을 배운다. 동정심으로 다른 사람을 도와주면 그 사람도 동정심을 느끼고 행동하게 되며, 또 다른 사람이 자신을 필요로 할 때 도움과 지지를 제공한다. 아이들은 동정심이 지금 살고 있는 자기중심적 세상에서는 결코 경험하지 못할 의미와 만족, 기쁨을 준다는 사실을 깨닫는다. 동정심을 품고 행동할 줄 아는 아이는 동정심이 동정심을 낳고 거기서 모든 사람이 이득을 얻는다는 중요한 교훈을 얻는다.

동정심은 다른 방식으로도 사람들에게 이득을 준다고 알려져왔다. 한 연구 결과에 따르면 동정심은 대중문화에 대항하는 갑옷의 역할을 담당한다. 동정을 베풀고 남을 돕고 세상에 기여하는 것을 소중히 여기는 사람은 부(富)와 물질만능주의, 피상성, 인기와 관련된 대중문화의 가치에 좀처럼 유혹되지 않는다. 또한 온정 있는 사람은 대중문화에 만연한 가치를 고수하는 사람에 비해 더 행복하고 적응을 잘한다고 밝혀졌다. 이런 사람들은 대중문화의 가치를 받아들인 사람들에 비해 더욱 에너지가 넘치고, 행동 장애를 적게 보이며, 우울과 불안을 덜 느낀다. 요컨대 동정심은 아이가 받아들이고 세계관에 통합해야 할 아주 좋은 메시지다.

■ 동정심의 메시지로 아이를 둘러싸기 ■

동정심은 생각("난 이 세상의 일부야")과 감정("난 다른 사람들을 보살피고 다른 사람들은 나를 보살펴")에서 시작하며, 행동("난 다른 사람을 돕고 싶어")을 통해서 표현되어야 완전히 실현되고 그 가치를 인정받을 수 있다. 그러므로 부모는 아이에게 동정심의 가치를 권장하는 동시에 동정심을 삶 속에 불러일으킬 수 있는 생각과 감정, 행동을 유발해야 한다. 아이는 동정심의 메시지에 완전히 둘러싸여야만 동정심의 가치를 알게 되고 그것을 자기 것으로 받아들일 것이다.

관용은 동정심의 메시지를 전하는 가장 강력한 방법이다. 생각이나 감정과 달리 관용은 관찰할 수 있기 때문이다. 관용의 핵심에는 '영혼의 관대함(generosity of spirit)'이 있다. 영혼의 관대함이란 보상을 바라지 않고 뭔가를 주려는 강한 욕구에 가까운 의지라 할 수 있는데, 이런 정의를 뒷받침하는 몇 가지 중요한 특성은 다음과 같다.

첫째, 영혼의 관대함은 이유나 의도 없이 자발적이고 자유롭게 우러나는 마음이다. 영혼의 관대함에는 의미 있는 변화를 이끌어낼 힘이 있다. 영혼의 관대함이 몸에 밴 사람들은 그것을 행동으로 옮기고 싶어 하기 때문에 효과적으로 변화를 이끌어낸다. 둘째, 영혼의 관대함은 전염성이 강해서 다른 사람들로 하여금 이 '선량한 고뇌'를 이해하고 전달하게 한다. 셋째, 영혼의 관대함은 개인이 보유한 능력과 기회에 따라 다양한 방식으로 표현될 수 있다.

대중문화는 아이들에게 이기심과 타인에 대한 무관심을 전달한다. 오늘날 점차 만연하는 이런 메시지가 어린아이 특유의 자기중심적 성향과 결합하기 때문에 아이들은 스스로 동정심을 배우기 어렵다. 아이가 여러 가지 경로로 동정심의 메시지를 받을 수 있게 하려면, 타인을 신경 쓰는 능력을 어릴 때부터 길러주고 동시에 가정생활에도 동정심이 스며들도록 해야 한다.

동정심과 관련하여 놀라운 점은 아이에게 동정심의 메시지를 전할 수 있는 경로가 정말 다양하다는 것이다. 동정심과 관련된 메시지의 바다에 푹 잠기게 한다면 아마 아이들도 메시지를 명확히 받아들일 수 있을 것이다.

온정 있는 삶을 살기

이 책을 관통하는 공통적인 주제는 '가장 강력한 메시지 전달방식은 바로 부모들이 그 메시지들을 몸소 표현하며 살아가는 것'이다. 이 무의식적인 영향력은 의식적으로 동정심에 대한 메시지를 보내는 것보다 훨씬 중요하다. 부모가 온정 있는 삶을 살면 아이들도 그런 메시지를 끊임없이 받아 자신의 삶에 내면화할 가능성이 커지기 때문이다.

부모가 삶에서 표현하는 동정심은 아이에게 명백한 방식과 은밀한 방식, 두 가지로 전달된다. 아이들, 특히 어린아이들은 부모가 좀 더 의미 있는 온정적인 활동, 가령 훌륭한 대의를 위해 자원봉사를 한다거나 곤란에 빠진 가족을 지원하기 위해 먼 거리를 이동하는 등의 활동에 참여할 때 그것을 가장 잘 알아차린다. 아이가 좀 더 자라 동정심의 미묘함을 포착하고 이해하기 시작하면 더 사소한 동정심의 표현도 감지할 수 있다. 즉, 아이는 누군가 무릎을 다쳤을 때 위로해준다든지, 일에서 스트레스를 받은 배우자를 위해 대신 저녁 식사 준비를 해준다든지, 주택단지 사업으로 곤란을 겪고 있는 이웃을 도와준다든지 하는 등의 일들을 동정심의 표현으로 인식한다. 이보다 더 사소한 동정심의 표현, 즉 식당에서 종업원을 친절하게 대하는 행동과 같은 것은 아이에게 온정적인 삶의 깊이와 넓이에 대해 더욱 섬세한 교훈을 전한다.

앞서 이야기했듯 감정 또한 동정심과 관련된 중요한 메시지를 전하는 강력한 수단이므로, 부모가 온정적인 삶과 관련 있는 감정을 표현하는 것은 곧 온정적인 행동을 하면 어떤 기분을 느끼게 되는지를 아이에게 몸소 보여주는 것과 같다. 우선 공감이나 친절 등 온정적으로 행동하는 동기가 되는 감정과, 만족감이나 자부심 등 온정적으로 행동한 후 부모가 느끼는 감정을 보여줌으로써 이 과정을 시작할 수 있다. 처음에는 아이에게 부모가 느끼는 감정을 말해줘야 할 수도 있지만, 아이가 이 감정적 연결을 이해하고 받아들이기 시작하면 부모의 행동에서 곧바로 감정을 감지할 수 있게 될 것이다.

온정 있는 사람들과 함께하기

우리는 부모로서 우리가 아이에게 보내는 동정심의 메시지를 지지하고 강화해줄 사람과 단체를 충분히 모을 수 있다. 근처에 사는 이웃, 친하게 지내는 다른 가족들, 아이가 다니는 학교, 아이가 참여하는 활동 등은 모두 아이에게 보내는 '메시지 환경'의 일부이며 우리는 이 메시지 환경에 영향력을 발휘할 수 있다. 비슷한 생각을 하는 사람들이 아이의 주변에 많이 있을 때, 이 사람들은 아이가 다양한 경로로 메시지를 받게 할 수 있을뿐더러 아이 입장에서 바람직하지 않은 메시지를 막아주기도 한다.

동정심에 대해 말해주기

아이가 자라면 동정심에 대해 직접 말로 설명해줄 수 있는데, 이렇게 하면 아이는 동정심이란 무엇이고, 또 그것이 자신의 삶에서 어떤 역할을 할지를 지적으로 이해할 수 있다. 동정심이 무엇인지, 그것이 왜 여러분의 가족에게, 아이에게, 이 세상에서 중요한 의미가 있는지 설명하라. 즉, 동정심이 어떤 느낌의 감정인지(누군가에게 잘해주고 싶은 충동),

동정심에서 우러난 행동을 하면 어떤 기분이 드는지(만족, 기쁨, 감격) 설명해주어야 한다. 동정심이 왜 중요한지 아이에게 보여주기 위해 동정심의 결과(유대와 의미)와 무관심의 결과(소외와 무의미)를 이야기해줄 수도 있을 것이다.

동정심과 관련된 메시지를 효과적으로 강화하는 방법은 동정심이 발휘된 사례를 이야기해주는 것이다. 이를테면 형제자매에게 친절하게 대하라고 말해주는 등 아이가 가족들에게 동정심을 표현할 수 있는 방법을 알려주는 것이 좋다. 또한 자선단체에 낡은 옷을 기부하는 것 등과 같이 아이가 속한 공동체에 동정심을 표현할 수 있는 방법을 강조해도 좋다. 마지막으로 가족끼리 동정심에 대한 명확한 기대치를 설정해놓고 그 기대를 어겼을 때 적절한 결과가 따라오게 할 수도 있다.

다양한 매체를 통해 사례와 정보를 제공하기

한두 번의 대화로 아이가 동정심을 알고 이해하기는 쉽지 않다. 그러므로 동정심과 관련된 논의와 경험에 아이를 자주 참여하게 하고 꾸준히 대화하는 것이 좋다. 뉴스, 잡지, 인터넷 등 다양한 형태의 매체에서 동정심의 사례 혹은 그 반대로 무관심과 증오의 사례를 찾아보는 것도 좋다. 이런 매체에서는 가까운 동네에서, 나아가 세계 전역에 걸쳐 일어나는 사례들을 매일 제공해줄 것이다.

아이가 동정심을 더 깊이 이해하고 감사하게 되면 다른 정보를 얻을 수 있는 원천을 소개해줄 수도 있다. 말하자면 아이에게 더 깊은 동정심, 무관심, 증오에서 우러나온 행동을 묘사하는 책, TV 쇼, 영화, 강연

등을 보여주고 동정심의 모든 측면을 더욱 깊이 파고들 수 있는 기회를 주는 것이다. 이렇게 다양한 방식으로 메시지를 전달하는 목적은 생각과 감정, 행동을 촉구하는 충동을 일깨워 앞으로 동정심을 삶의 방식과 자기 자신의 일부로 만들도록 하기 위해서다.

동정심을 표현하는 활동에 참여시키기

동정심과 관련된 메시지를 보내는 가장 강력한 방법은 동정심을 표현하는 활동을 아이가 직접 경험하게 하는 것이다. 화난 형제자매를 달래거나 감기에 걸린 엄마 아빠에게 특별히 다정하게 대하는 등 아이가 가족 내에서 형제자매나 부모에게 동정심을 표현하도록 격려하는 것으로 이 프로젝트를 시작할 수 있다.

그다음으로 가족 외의 다른 사람들을 도와주는 활동에 아이를 참여시켜 동정심의 적용 범위를 넓힐 수 있다. 가족이 아닌 타인에게 동정심을 표현하는 가장 쉬운 방법은 좋은 의도로 돈이나 물건을 기부하는 것이다. 걸프 해안 지역의 허리케인과 아이티 대지진 이후 연민과 자비가 쏟아진 사례를 생각해보면 된다. 이 메시지는 매우 가치 있지만 아이에게는 효과가 조금 덜하다. 기부하는 행위와 실제로 그 마음을 받는 대상이 멀리 떨어져 있어서 아이가 동정심을 표현한 자기의 행위를 보고, 경험하고, 연결 짓기가 어렵기 때문이다.

아이에게 동정심과 관련된 메시지를 보내는 가장 효과적인 방식은 자기 손으로 온정을 실천하게 하는 것이다. 아이는 이 행동을 통해 자기가 돕는 대상과 직접 대면할 수 있다. 이 활동을 가족 행사로 만들면 메시지가 더욱 강력해진다. 그런 후 저녁 식사 시간에 그 경험에 대해 이야기하면서 어떤 일이 있었는지, 가족들이 각자 누구를 어떻게 도왔는지, 그 경험으로 어떤 감정을 느꼈는지 이야기해볼 수 있다.

이런 직접적 경험에는 많은 이점이 있다. 우선 아이는 자기 행위에 영향을 받는 수혜자의 얼굴과 자신이 표현한 동정심의 영향 등 자신의 노력과 결과가 연결되는 모습을 보게 된다. 또한 동정심과 연관된 감정인 공감, 다정함, 만족 등을 즉각적으로 강렬하게 경험할 수 있다. 더불어 동정심을 소중히 여기는 사람들과 만나고 교류하면서 동정심과 관련된 메시지를 또 다른 경로로 받을 수 있다.

상호의존 가르치기

일반적 통념에 비추어볼 때 어린 시절에서 성인기로 이동하면서 가장 크게 달라지는 점은 부모에게 의존하지 않고 자립하게 된다는 것이다. 부모에게서 완전히 독립하면 어린아이는 성인이 되었다고 인정받는다. 하지만 사실 진정으로 성숙한 어른이 되려면 한 걸음 더 나아가야 한다. 아이들은 부모와의 관계를 단절하고 자신의 욕구를 만족시키는 법을 배움으로써 독립한다. 문제는 이 발달단계에서 부모와의 관계를 멈추면 어린 시절의 특징이었던 자기중심적 성향이 그대로 남게 된다는 것이다. 즉, 성인이라고는 하지만 아이 때와의 유일한 차이는 자기중심적 욕구를 스스로 만족시킬 수 있다는 점뿐이다.

가치에 따라 행동하고 타인에게 도움이 되는 어른이 되기 위해 아이들은 한 번의 변화를 더 거쳐야 한다. 온정적인 어른으로 아이를 키우는 마지막 필수 단계는 상호의존을 가르치는 것이다. 이 마지막 단계의 성숙을 이룬 아이들은 타인에게 의존적인 상태와 타인에게서 독립한 상태, 타인이 자신에게 의존적인 상태 사이에서 중간점을 찾아야 한다는 메시지를 받는다. 상호의존의 교훈을 배운 아이는 사람들 사이의 유대에 감사하며 자기 삶에서 동정심을 소중히 여기기 위한 토대를 마련하게 된다.

동정심을 이끌어내는 표어

동정심은 친절, 사랑, 관용, 자비 등 다른 특별한 특성의 원천이므로 강력한 영향력을 지닌 특성이다. 동정심이 풍부한 아이는 온화하고 사려 깊으며 공감을 잘하고, 다른 사람이 곤란에 빠져 있을 때 잘 반응해주고 기꺼이 도와주며, 선한 동기에 따라 행동하고 너그러울 뿐 아니라 다른 사람들을 헌신적으로 대한다. 동정심을 표현할 수 있는 아이는 사랑받고 소중히 여겨지며 존중받고, 자라서는 특별한 친구이자 동료, 배우자, 부모가 된다.

아이에게 동정심이 그토록 놀라운 효과를 발휘하는 이유는 관련된 사람들에게 모두 이득이 되기 때문이다. 주는 사람은 주는 행위에서 만족을 느끼고, 받는 사람은 감사를 표현하며 어떤 식으로든 보답을 하되, 자신에게 뭔가를 준 사람뿐만 아니라 다른 사람에게도 감사한 마음으로 보답할 가능성이 높다.

우리가 두 딸의 동정심을 이끌어내기 위해 사용하는 표어는 '같이 쓰면 좋아요'라는 말이다. 이 말은 내가 만든 것이 아니라 좋은 친구인 글렌 갤러치(Glen Galaich) 박사가 딸에게 쓰던 말을 허락받고 훔쳐 온 것임을 인정해야겠다. 딸들이 아주 어렸을 때, 서로 뭔가를 나눠 쓰거나 다른 사람과 함께 쓰면 우리 부부는 아이들에게 "같이 쓰면 좋아요"라고 말했다. 그 후 아이들이 뭔가 나눠 쓰고 있을 때 내가 "왜 같이 써야 하지?"라고 물으면 아이들은 "같이 쓰면 좋으니까요"라고 대답했다. 두 딸은 "같이 쓰면 좋아요"라는 말을 쓰지 않는 아이들에게도 그 말을 했다. 또 가끔은 내가 "왜 같이 써야 하지?"라고 물으면 "많이 쓰면 몰라요", "빨리 쓰면 놀라요"와 같이 발음만 비슷한 말로 장난스럽게 변형해서 놀기도 한다. 중요한 점은 아이들이 "같이 쓰면 좋아요"라는 말의 뜻을 알고 있다는 점이다. 이제 "같이 쓰면 좋아요"는 우리 가족끼리만 쓰는 말 중 하나가 되었고 동정심과 관대함의 중요성을 끊임없이 일깨워 주고 있다.

소냐와 네드는 사람들이 뭔가 잘못하고 있거나 누군가를 해칠 때 동정심이 가장 중요해진다고 생각한다. 이런 일은 확실히 아이들에게 자주 일어난다. 한 아이가 다른 아이를 때리거나, 못된 말을 하거나, 물건을 같이 쓰려고 하지 않거나 하는 일은 흔한 일이다. 소냐와 네드가 동정심과 관련하여 만든 표어는 '미안해. 잘못했어'라는 말이다. 이 부부의 세 자녀 중 한 명이 다른 아이의 마음을 상하게 하거나 뭔가를 빼앗는 일이 생기면, 그 아이는 "~해서 미안해. 내가 잘못했어"라고 말해야 한다. 만약 한 아이가 다른 사람에게 상처를 입히면 그 사람을 부드럽게 쓰다듬어줘야 한다.

로즈는 동정심이 공감에서 나온다고 믿기 때문에 '그 기분을 느껴봐'라는 표어를 만들었다. 그녀는 이 표어를 이용해서 친절하지 못한 행동을 했을 때 다른 사람들이 어떻게 느낄지 아들에게 가르쳐주었다. 아이가 다른 사람과 물건을 함께 쓰려 하지 않는 등 친절하지 못한 행동을 할 때마다, 로즈는 표어를 말하고 "장난감을 친구랑 같이 갖고 놀고 싶은데 친구가 같이 갖고 놀기 싫어한다면 어떤 기분이겠니?"라거나 "네가 같이 장난감을 갖고 놀자고 하면 친구는 기분이 어떨까?"라고 물었다.

엘렌과 크리스토 역시 공감이 동정심의 핵심이라고 믿기 때문에 로즈의 것과 뜻이 같은 표어를 사용한다. 두 딸이 서로 탓하고 비난하기 시작하면, 엘렌과 크리스토는 아이들에게 입장을 바꿔 생각해보라는 의미로 "신발을 바꿔 신어봐"라고 말한다. 그렇게 하면 서로의 관점에서 세상을 볼 수 있고 왜 그런 식으로 반응했는지 알 수 있을 것이기 때문이다. 이 표어에 얽힌 재미있는 점은 두 아이가 정말로 신발을 바꿔 신고 나서 갈등이 해결된 일이 몇 번이나 있었다는 것이다.

■ 동정심을 이끌어내는 습관적 의식 ■

아마도 당신의 가정에는 이미 동정심, 친절함, 관대함의 메시지를 아이에게 전할 수 있는 의식과 절차가 많을 것이다. 누군가 데려온 손님과 식사 시간에 함께 음식을 나누어 먹고, 아이들과 굿나잇 키스와 포옹을 할 때는 애정을 나누고, 함께 게임을 할 때는 시간을 나눈다. 아이들에게 이야기를 해줄 때는 우리의 지식과 상상을 나눈다.

우리 큰딸에게는 '참 잘했어요'라는 표가 있다. 그날 해야 할 일을 마칠 때마다 작은 자석을 붙이는 것이다(이 표에 대해서는 '메시지 8 책임감은 아이가 스스로 삶을 이끌어가게 한다'에서 다시 설명하겠다). 딸아이가 해야 할 일 중에는 '친절하게 행동하기'도 있다. 아이는 매일 저녁 이 표를 정리하면서 그날 누구에게, 어떻게 친절하게 대했는지 이야기한다.

케이티는 일주일마다 받는 용돈을 돼지저금통에 저금하기도 한다(용돈에 대해서도 '메시지 8'에서 설명하겠다). 우리는 딸아이에게 용돈의 25퍼센트를 자선단체에 기부하게 했고, 아이는 두 달 동안 저금한 용돈을 자기가 선택한 단체에 기부한다. 예전에는 부상당한 동물과 근처 노숙자 쉼터를 돌보는 비영리단체를 통해서 아이티 지진 피해자를 위해 기부한 적이 있다. 어떤 경우든 케이티는 돼지저금통에서 돈을 꺼내서 조그만 지갑에 담은 다음 직접 자선단체로 가지고 간다.

우리 가족과 친하게 지내는 더크와 에밀리는 아들이 낡은 책과 옷, 장난감을 파는 대신 누군가에게 주는 것이 하나의 의식이 되었다고 말한다. 더크와 에밀리는 대부분의 저소득층 가정의 경우 필요한 물건을 모두 살 경제적 여유가 없기 때문에 물건을 기부할 때는 팔 수 있는 것을 줘야 한다고 아들에게 말해왔다. 더크와 에밀리의 아들은 새 물건을 살 때마다 낡은 물건을 하나 기부해야 한다. 이렇게 함으로써 집에 물건이 잔뜩 쌓이는 것도 막을 수 있다.

론과 조지아는 홈워드 바운드(Homeward Bound)라는 지역 프로그램에 참여한다. 이 프로그램에서는 노숙자 쉼터에 사는 가족을 위해 참여자 가족들이 번갈아 식료품을 사서 배달해준다. 두 달에 한 번씩, 론과 조지아는 세 아이와 함께 홈워드 바운드를 후원하러 가기 위한 의식을 가진다. 온 가족이 식탁에 앉아서 사고 싶은 식료품 목록을 만들고, 챙겨야 할 날이나 다가오는 명절에 특별히 신경을 쓴다. 아이들은 음식을 담을 쇼핑백을 밝은색으로 칠하고 음식을 받을 가족에게 카드를 쓴 다음, 후원을 받을 아이를 위해 각자 자기 방에서 작은 장난감을 하나씩 골라 온다. 그다음에는 온 가족이 슈퍼마켓에 가고, 아이들은 물건을 찾아와 식료품 목록에서 하나씩 지워나간 뒤, 집으로 돌아와 식료품을 싸서 쉼터에 있는 가족에게 배달한다. 론과 조지아의 아이들은 그 집 사람들에게 자기를 소개하고 음식으로 가득 찬 쇼핑백을 전달한다. 배달이 끝나고 나서 저녁 식사를 마친 론과 조지아네 식구들은 이 경험이 어떤 의미가 있었는지, 그 가족과의 만남에서 배운 점이 무엇인지, 온정을 표현하기 위해 어떤 행동을 할 수 있었는지 등의 이야기를 나눈다.

동정심을 이끌어내는 활동

나눔을 장려하기

무언가를 나누는 행위는 어린아이들에게 어마어마하게 어려운 도전이다. 발달상 자기중심적 단계에 있기 때문에 나눔이 주변에 어떤 영향을 미치는지 살펴볼 만한 공감 능력과 동정심이 부족하기 때문이다. 하지만 동정심의 표현인 나눔은 아이가 반드시 받아야 할 메시지다. 우리는 두 딸에게 나눔을 장려하거나 시켜보면서 그 사이에서 균형을 잡으려고 노력한다.

한편으로는 아이들에게 '특별한' 물건을 지정하게 해서 그 물건만큼은 나누지 않아도 된다고 허락해주기도 한다. 기본적으로는 아이들에게 무엇이든 타인과 나누도록 권장하지만 그 '특별한' 항목은 아이들이 전적으로 자기에게 속한 물건이 있다는 기분을 느끼게 해주기 때문이다.

가끔 아이들이 나누고 싶어 하지 않을 때도 있지만, 그럴 때마다 우리는 '나누고 싶지 않을 때 나누는 것이 최고의 관대함'이라고 말한다.

다양한 사람들과 문화를 접하게 하기

이브와 대런은 세상에 자신과 다른 사람들이 존재한다는 사실을 깨닫는 데서 동정심이 나온다고 생각한다. 그래서 두 아이가 어려서부터 인종, 종교, 나이, 사회적·경제적 지위 등의 영역에서 최대한 다양성을 경험하게 했다. 다양성이 존재하는 큰 도시에서도 특히 여러 민족이 섞여 사는 지역에 거주하는 이브와 대런은 동네 구석구석은 물론 다소 불편한 느낌이 드는 빈민가까지 누비며 탐색하고, 아이들에게 가능한 한 다양한 세계 요리를 접하게 한다(모든 음식이 다 입에 맞는 것은 아니었지만 말이다). 또한 다른 민족, 문화, 종교에 대한 책을 아이들에게 읽어주기도 한다. 아이들이 충분히 자라자 이 가족은 인도, 중국, 러시아, 아프리카를 여행하기도 했다.

동정심의 범위를 점점 넓혀가기

칼리와 제이크는 동정심이 집 안 가까운 곳에서 시작해서 점차 멀리 뻗어나간다고 생각한다. 아들과 딸에게는 서로 돌보는 것이 가족은 물론 타인에 대한 동정심, 친절함, 관대함의 바탕이라고 강조한다. 이들은 자기 가족이 서로 어떻게 대하기를 바라는지에 대한 기대치를 명확히 세우고, 협동이 필요한 활동을 중요하게 여긴다. 그래서 이 가족은 혼자서 할 수 없는 놀이를 하고, 퍼즐을 맞추고, 가족끼리 프로젝트를 진행하기도 한다.

칼리와 제이크는 이렇게 가정에서 다져놓은 동정심을 토대로 하여 친구와 이웃을 포함할 수 있을 정도로 메시지의 범위를 넓혔다. 동정심의 가치를 공유하고 생각이 비슷한 사람들과의 끈끈한 연결망을 형성했고, 그 연결망 안에서 다른 부모들과 함께 울타리 바깥의 사람들뿐만 아니라 그 안에 있는 사람들도 돕는 것을 목표로 하는 사회적 활동과 자선사업을 조직했다.

최근 몇 달간 칼리와 제이크는 페인트칠하는 일자리를 새로 얻을 수 없는 나이 지긋한 이웃 사람들을 위해《톰 소여의 모험》에 나올 법한 집을 칠하는 파티를 준비했다. 이들은 최근에 부친상을 당한 그룹 구성원을 위해 그룹에 속한 다른 부모들과 함께 조의 카드를 쓰는 행사를 열기도 했다. 동네의 한 아이 엄마가 심한 병으로 수술을 받고 오랫동안 요양해야 하는 일이 생기자, 칼리와 그룹의 다른 엄마들은 아이들과 함께 그 집에 몇 주치의 식사를 준비해주기도 했다.

항상 동정심을 표현하며 살기

동정심과 관련하여 내가 들었던 가장 흥미롭고 용기 있는 행동에 관한 이야기는 최근에 들렀던 남부의 한 도시에서 일어난 일이다. 그곳은 흑인이 인구의 다수를 차지하고 빈곤 수준이 높으며 인종도 지역에 따라 거의 분리되다시피 한 곳이었다.

내가 강연했던 학교의 목사인 랜디는 이 도시의 가장 빈곤한 지역에서 상당한 수준의 자선사업을 해낸 사람이었다. 그는 5년 전에 가난에 허덕이는 이 지역 공동체를 크게 변화시키겠다고 결심했기 때문에 아내 크리스티나와 어린 세 자녀를 데리고 그 도시로 옮겨 갔다. 그 지역의 백인 가구는 랜디의 가족을 비롯하여 몇몇에 불과했다. 처음에 랜디의 아내는 가족의 안전이 우려되어 반대했지만 남편의 열정과 결단을 보고서는 마음을 단단히 먹고 이사를 결정했다. 하지만 놀랍게도 이웃들은 랜디의 가족을 환영해주었다. 이사를 한 지 5년이 지날 때까지 그들은 그 지역에서 백인으로 살아가면서 단 한 번도 문제를 겪은 적이 없었고, 공동체에 긍정적인 변화를 일으키고자 했던 목사의 능력도 급격히 향상되었다. 그리고 랜디의 아이들은 동정심과 관련된 메시지를 보고 들을 뿐 아니라 온통 온정에 둘러싸인 삶을 살고 있다.

MESSAGE

감사는 긍정적인 아이를 만든다

우리가 아이에게 일찌감치 심어주고 싶어 하는 메시지 중 가장 도외시되는 것이 바로 감사의 힘이다. "감사합니다"라는 간단한 말을 생각해 보자. 이 다섯 글자는 메시지를 보내는 사람과 받는 사람 모두에게 득이 된다.

무엇이 우리를 행복하게 하는가에 대한 연구에서 점점 확실해지는 점은 감사할수록 행복이 커진다는 사실이다. 가령 누군가에게 진심에서 우러난 감사를 표현할 때, 우리는 자신이 무척 행복하다고 말하곤 한다. 그렇다면 감사 메시지를 받은 사람의 기분은 어떨까? 당연히 좋다. 인정받았다는 느낌이 들기 때문이다.

하지만 아이에게 감사하는 법을 가르치기란 불가능해 보일 때도 있다. 아이들에게 무언가를 해주고 나서도 "감사합니다"라는 말을 듣지 못한 적이 얼마나 많았는가? 아마 셀 수 없이 많았을 것이다. 그때 당신은 어떤 기분을 느꼈는가? 인정받지 못했다는 느낌이 들지 않았는가? 아이가 여러분의 노력을 알아주지 않아서 억울하고 화가 나지는 않았는가? 앞으로는 도와주지 않으리라는 생각이 들지는 않았는가? 모두 감사를 받지 못했을 때 나오는 당연한 반응이다.

그러면 여러분은 아이에게 누군가 도와주었을 때 "감사합니다"라고 말하라고 얼마나 자주 가르쳤는가? 그럴 때마다 동전을 모았다면 아마 지금쯤 부자가 되었을 것이다. 감사가 다른 친사회적 행동(prosocial behavior : 사회적으로 긍정적인 결과를 이끌어내는 자발적인 행동—옮긴이)처럼 타고난 것이라는 증거가 있기는 하지만, 모든 부모가 아이에게 감사의 표현을 가르치느라 애를 먹는다.

게다가 부모들은 사회에서 도움을 받지도 못한다. 우리는 특권의식이 곳곳에 널린 문화에서 살고 있다. 매일 매체에 등장하는 연예인, 프로 운동선수, CEO, 정치가는 자신들이 모든 것을 누릴 자격이 있다고 믿으며 부와 지위, 명예에 감사하기보다는 남을 업신여기고 잘난 체한다. 아이들을 대상으로 하는 광고에서는 원하는 것을 어떻게든 가질 권리가 있다고 말할 뿐, 보상으로 아무것도 요구하지 않는다. 한 조사에서는 사람들이 전체적으로 감사와 멀어지고 있다고 한다. 지난 30년간 대학생 사이에서는 자아도취적인 성향이 상당히 증가했다. 200명의 배우와 음악가, 코미디언을 대상으로 한 2006년의 연구에서는 이들이 일반인보다 자아도취적인 성향이 훨씬 높은 것으로 나타났는데, 특히 리얼리티 쇼 스타들이 가장 높게 나타났다고 한다.

■ 감사는 우리 삶에서 특별한 힘을 발휘한다 ■

대부분의 사람들에게 감사는 반사적인 반응이기 때문에 사람들은 감사의 힘을 간과하기 쉽다. 어른들은 감사해할 때에도 대개 별 생각 없이 "감사합니다"라고 말하는 등 하는 쪽이나 받는 쪽이나 감사를 당연시하는 것 같다. 하지만 감사가 우리 삶의 모든 측면에서 발휘하는 특별한 힘에 대한 연구는 지난 10년간 점차 늘어났다.

예를 들어 감사를 표현하는 사람은 행복하고 긍정적인 감정을 그렇지 않은 사람에 비해 많이 느끼며, 우울과 스트레스 수준이 낮고 인간관계와 삶이 좀 더 충만한 것으로 드러났다. 또한 자기 자신과 타인을 더 잘 받아들이고, 더 많은 목적을 갖고 삶을 조절해나가며, 삶의 변화를 더 잘 감당할 수 있다.

감사를 잘하는 사람들은 긍정적인 태도를 유지하고 타인의 지지를 구하며 문제에 집착하기보다 해결책을 찾는 데 초점을 맞추므로 도전에도 더 잘 대처한다. 또한 더 관대하고, 공감을 잘하며, 다른 사람의 관점을 이해하는 데 더 능숙하고, 타인을 돕거나 지지하는 경우가 많으며, 강한 유대관계를 맺는 등 사회적으로 얻는 이득도 크다. 마찬가지로 자주 감사를 표현하는 아이는 가족과 학교에 대해 더 낙관적인 태도를 보인다.

감사하는 것은 비단 심리적인 측면뿐 아니라 신체적·신경학적으로도 영향을 미친다는 내용의 문헌이 점점 많이 등장하고 있다. 감사는 유익한 호르몬 변화를 유발하며 면역력을 높이기도 한다. 이러한 이득은 단기적으로만 지속되는 것이 아니다. 감사를 꾸준히 연습하면 반복을 통해 뉴런 연결 통로가 조정되고 그 덕분에 아이는 해로운 생각과 감정, 행동을 억제하기가 쉬워지는 한편 앞으로 긍정적인 생리작용과 생각, 감정, 행동을 경험할 가능성이 높아진다.

■ 감사의 가치를 일깨워주는 메시지 ■

감사는 다양한 경로를 통해 아이에게 전달될 수 있는 메시다. 감사의 메시지는 마침내 아이가 받아들일 때까지 다른 어떤 메시지보다 자주, 오랫동안 보내야 효과가 있기 때문에 다양한 전달 경로가 있다는 것은 다행스러운 일이다. 흔히 부모는 제대로 감사를 표현하지 않는다고 아이를 탓하곤 하는데, 감사의 메시지를 받을 의지가 없어 보이는 것은 아이 잘못이 아니다. 어린아이들은 특유의 자기중심적 성향을 넘어 삶에서 다른 사람들이 하는 역할을 인지할 정도로 발달하지 못한 경우가 많기 때문이다. 좀 더 자란 아이들은 우리가 보내는 감사의 메시지와 정반대인 대중문화와 친구들의 메시지에 파묻혀 있을 것이다.

감사와 관련하여 아이에게 메시지를 보내는 방법으로는 다섯 가지 정도가 있다. 첫째, 감사의 대상, 즉 삶에서 감사할 만한 것을 생각해보게 하는 것이다. 감사에 대해 먼저 이야기해주고 아이가 부모의 말을 이해하도록 놓아두자. 그럼 아이들은 자기가 무엇에 감사한지 생각해보고 언어로 표현하며, 감사의 느낌에서 파생된 공감과 배려의 감정 역시 그 과정에서 경험할 것이다. 이렇게 속으로 감사의 감정을 생각해본 아이들은 모든 사람과 사물에 전반적으로 감사하고 배려하는 마음을 느낄 수 있다.

둘째, 아이를 도와준 사람에게 감사를 표현해보라고 하는 것이다. 이런 경우 아이는 막연히 감사라는 것을 생각할 때와 달리 자신이 직접 관련되어 있기 때문에 한층 고마운 감정을 경험한다. 아이가 누군가에게 감사를 표현하면 아이 자신이나 그 감사를 받는 사람 모두 큰 이득을 얻는다. 이렇게 외적으로 유도된 감사의 경험은 아이에게 또 다른 영향을 미친다. 감사를 받는 사람이 그 감사의 행동을 강화하는 메시지를 아이에게 보내기 때문이다. 즉, 아이는 감사와 관련된 감정을 스스로 느낄 뿐 아니라 감사를 받는 사람에게서 말로 표현된 감정적 메시지를 받게 된다. 감사받는 사람이 돌려준 메시지는 아이의 삶에서 감사의 의미와 가치를 더욱 북돋운다.

아이가 자신을 도와주는 사람에게 "감사합니다"라고 말하는 흔한 방법보다 더욱 강력하게 감사를 전달하고 경험할 수 있는 방법은 바로 '다음 사람에게 돌려주기(paying it forward)'다. 다음 사람에게 돌려주기는 다른 사람에게 받은 도움을 이번에는 자신의 행동을 통해 돌려줄 수 있는 능동적인 방법이다. 가령 슬플 때 친구에게 위로받은 경험이 있는 아이는 우울해하는 다른 친구를 위로해주는 방식으로 감사의 마음을 돌려줄 수 있다. 또한 좋은 기회를 제공해준 어른에게 아이가 감사를 표현하는 최선의 방법은 그 기회를 충분히 이용하는 것이다. 예를 들어 부모가 운동이나 음악 레슨을 받게 해주었다면 그 영역에서 최대한 열심히 하는 것이 감사를 표현하는 방법이 될 수 있다.

 셋째, 아이로 하여금 다른 사람을 돕게 하고, 그 보답으로 감사를 받는 입장이 되도록 할 수 있다. 이렇게 하면 아이는 감사에 대해 강력한 메시지를 받을 수 있다. 다시 말해 자기가 타인에게 행사할 수 있는 긍정적인 영향력과, 자신이 도운 사람에게서 오는 감정적인 반응을 직접 경험하는 것이다. 아이는 감사 인사에 대한 응답으로 "천만에요"라고 말하면서 자신이 제공한 도움의 가치와 표현된 감사의 가치를 인정한다. 또한 타인을 도와준 뒤 느끼는 만족, 기쁨, 자부심 등 놀라운 감정을 경험할 수도 있다.

 넷째, 아이의 행동을 다른 사람에게 이야기하고 인정해줌으로써 감사의 중요성을 강화하고 아이가 스스로를 크게 자랑스러워하게 할 수 있다. 예를 들어 아이가 당신을 도와 차고를 청소한 직후에 이웃 사람이 잠깐 들렀다면 "ㅇㅇ이한테 얼마나 고마운지 몰라요. ㅇㅇ이가 아니었으면 훨씬 오래 걸렸을 일이거든요"라고 말하는 것이다. 물론 아이의 선행을 떠벌리듯 자랑하고 싶지는 않겠지만 아이가 한 일을 다른 사람 앞에서 진심으로 인정해주는 것은 아이에게 감사를 가르치는 데 큰 도움이 될 수 있다.

 마지막으로, 별로 인정받는 것은 아니지만 아이에게 감사를 가르치는 방법 중 하나는 자기 자신에게 감사를 표현하도록 하는 것이다. 자신이 제공한 것의 가치에 스스로 감사할 수 있다면("할머니께 카드를 보내다니, 난 얼마나 착한지 몰라") 자신이 한 일에 다른 사람이 감사하는 것을 더 쉽게 이해할 수 있고, 다른 사람들이 자신을 위해 해준 일에도 더 쉽게 감사할 수 있다. 이 '자기 감사'는 자긍심과 자존심 발달에도 도움이 된다. 자긍심과 자존심이 발달하려면 자기 자신이 누구인지, 무엇을 줄 수 있는지 인식하고 그 점을 높게 평가해야 하기 때문이다.

감사를 표현하는 표어

우리 집에서 감사를 표현하는 표어는 '더욱 감사'다. 이것은 '더욱 많이 감사하자'를 줄인 말이다. 아내나 내가 제대로 고마워하지 않았다는 생각이 들 때 "더욱 감사"라고 말하면 금방 "고마워", "고마워요"라는 말이 뒤따라온다. 우리 부부가 감사하다고 말하지 않으면 케이티와 그레이시 역시 딱 발견하고 우리에게 와서 "더욱 감사"라고 말하기도 한다.

마이라와 진 부부는 아이를 낳기 전에, 숱하게 보아온 아이들의 특권의식에 넌더리가 난 상태였다. 요즘 아이들은 자기가 원하는 건 언제든 가질 권리가 있다고 생각하는 듯했기 때문이다. 부모가 된 마이라와 진은 자신들의 아이에게는 그런 태도를 절대 허용하지 않겠다고 다짐했다.

그러던 어느 날, 네 살 난 아들 에릭이 유치원에서 돌아왔을 때 이 가족의 표어가 탄생했다. 두 살 반이었던 딸 멜라니가 먹고 싶은 과자를 더 받지 못해 칭얼거리자 에릭이 단호하게 "받을 만큼 받았으니 이제 그만!"이라고 내뱉듯 말한 것이다. 마이라와 진은 에릭의 명쾌한 메시지에 깜짝 놀라 서로 쳐다보았다. 그들은 에릭에게 어디서 그 말을 배웠느냐고 물었고, 에릭은 그날 아침에 선생님이 부르던 노래라고 대답했다. 부모가 그 말이 무슨 뜻인지 아느냐고 묻자 에릭은 '원하는 걸 충분히 갖지 못한 아이들이 세상에 많이 있다는 사실을 알아야 하고, 가진 것에 감사하고 원하는 걸 전부 가지지 못했다고 화를 내서는 안 된다는 뜻'이라고 이야기했다. 이들 부부는 에릭의 그 말을 감사를 표현하는 표어로 삼기로 했다. 물론 아이가 정말 뭔가를 강력하게 갖고 싶어 할 때는 그 표어도 간혹 힘을 잃곤 하지만, 마이라와 진은 그 표어를 말하는 것만으로도 언젠가 감사의 메시지가 아이들 마음속에 자리 잡으리라 믿고 있다.

헨리와 안나는 단순하게 생각하기를 좋아한다. 이들의 표어는 'ㅇㅇ아, ~해줘서 고마워'라는 말이다. 그냥 '고마워'만 해도 될 텐데 이들 부부가 이렇게 표어를 확장한 이유는, 세 아이가 자신을 도와준 사람들에게 감사하는 것은 물론 그 사람의 이름을 부르고 구체적으로 어떤 점이 감사한지 말하게 하기 위해서다. 이를테면 "캠비 선생님, 오늘 산수 문제 푸는 걸 도와주셔서 감사합니다"라고 말하는 것처럼 말이다.

모든 행동은 마음에서 우러나와야 한다고 생각하는 글로리아가 감사 표어로 정한 것은 '감사하는 마음으로 살자'다. 자신의 두 아이가 자신들이 가진 것을 당연하게 생각할 때마다 글로리아는 "감사하는 마음으로 살자"라고 말하고, 세상에는 그보다 불우한 아이들도 많이 있다는 사실을 상기시킨다. 물론 그 말이 때로는 아이들을 달래지 못하고 오히려 짜증 나게 할 때도 많다는 점은 글로리아도 인정하지만, 이 말과 다른 감사의 메시지를 함께 들려주면 아이들은 천천히 태도가 바뀌어 자신들이 가진 것에 감사하고 그 감사를 표현한다.

앨마는 감사란 '도와주는 사람과 도움을 받는 사람 사이의 대화'라고 생각한다. 가족을 위해 그녀가 마련한 표어는 '서로 감사하기'다. 앨마는 아들 렉스가 도움을 구할 때면 구체적인 내용을 말하기 전에 "Would you please~(~해주실래요?)"로 시작하기를 바란다. 도움이 필요했던 일이 끝나면 헨리와 앨마는 렉스가 특정한 사람에게 특정한 내용을 말하며 감사 인사를 하게 한다("아빠, 우유 더 주셔서 고마워요"). 그러면 감사를 받은 사람은 "천만에. 도움이 되어서 기뻐"라며 대화를 끝맺는다. 물론 렉스를 도와주는 모든 사람이 이렇게 반응해주리라고 생각하기는 어렵지만, 앨마 자신만은 꼭 그렇게 한다.

감사를 표현하는 습관적 의식

우리 가족은 저녁마다 밥을 먹으러 모여 앉으면 '더욱 감사' 의식을 가진다. 이 시간에는 식탁 위에서 손을 맞잡고 깊은 숨을 쉬며 눈을 감은 채 누구에게, 무엇이 감사한지 잠시 생각한다. 이 의식에는 몇 가지 놀라운 이점이 있다. 첫 번째는 바쁜 하루를 잊고 차분하게 저녁 식사에 참석할 수 있다는 것이고, 두 번째는 우리 인생의 좋은 것들에 제대로 초점을 맞추게 한다는 것, 그리고 세 번째는 적어도 일주일에 한 번씩 나나 아내 둘 중 한 명은 케이티와 그레이시에게 무엇에 감사하는지 물어보고, 우리도 감사했던 일에 대해 이야기를 나눌 수 있다는 것이다.

놀라운 점은 아이들이 감사하게 여기는 사람들의 이름을 거의 매번 금방 떠올린다는 것이다.

독실한 기독교 신자인 패트릭과 데니스는 저녁 식사 시간과 자기 전에 가지는 기도 시간을 활용해서 네 아이에게 감사에 대해 가르친다. 저녁 식사 기도를 할 때는 모든 것을 제공해준 신에게 가족이 다 함께 감사하고, 취침 전 기도 시간에는 아이들이 그날 자신을 도와준 세 사람에게 감사를 표현한다.

테드와 베치는 아들 아니가 누군가를 돕고 싶게 하기 위해, 하루의 일과를 기회로 삼아 아이에게 감사할 만한 일을 만들고 아이가 감사를 받는 사람으로서 혜택을 얻는 경험을 하게 한다. 아니가 하루 일과로 잠자리를 정돈하면 테드와 베치는 "아니, 침대를 정돈해줘서 고맙다. 정말 고맙게 생각하고 있어"라고 말한 뒤, 아니가 "천만에요"라고 대답하도록 가르쳤다.

레니는 정중한 태도를 기대하는 진지한 아버지 슬하에서 자랐고, 그 자신도 허튼소리를 하지 않는 진지한 아빠다. 그는 자신이 그랬듯 두 아들도 제대로 예의를 배우기를 바랐다. 이 가족에게는 간단한 규칙이 있다. 어떤 일을 '요구'하는 것이 아니라 부탁하고 요청할 때에만 원하는 것을 얻을 수 있다는 규칙이다. 즉, 원하는 것은 구체적으로 요청하고, 받은 후에는 감사를 표현하면 된다.

뭔가를 요구하는 아이들의 흔한 행동, 가령 "딸기 더 먹고 싶단 말이야아아!" 하는 식의 요구는 레니의 집에서 있을 수 없는 일이다. 아들들이 이런 말을 할 때면 레니는 아이들을 흘끗 보며 "뭔가를 원하면 어떻게 말해야 하지?"라고 묻는다. 아들들은 아빠의 질문에 어떻게 답해야 하는지 알고 있으므로 "아빠, 딸기 좀 더 먹어도 돼요?"라고 말하고, 다 먹은 후에는 "아빠, 딸기 잘 먹었어요. 감사합니다"라고 말해야 한다. 아이들이 요청한 것을 받고 나서도 감사를 표현하지 않으면 그렇게 할 때까지 레니는 아이들이 원하던 것을 도로 가져가서 주지 않는다. 좀 더 자라서 아빠의 메시지를 완전히 받아들인 이 아이들은 예의가 바르다는 칭찬을 종종 받는다.

테리는 아내 제이미가 네 살인 케이시와 두 살인 아이비를 위해 재미있고도 건강한 저녁 식사를 준비하는 데 얼마나 노력을 기울이는지 잘 안다. 가족들이 다 함께 맛있고 즐거운 식사를 할 수 있도록 매일 오후 대여섯 시쯤부터 제이미는 부엌에서 요리책을 읽고 레시피대로 요리를 한다. 하지만 접시에 담긴 음식을 본 아이들의 반응("우엑!")은 불행히도 가끔 그녀에게 상처가 되곤 했고, 음식이 마음에 들 때에도 아이들은 5분 만에 먹어치우고 엄마에게 고맙다는 말조차 하지 않았다. 테리 역시 자신도 제이미에게 매번 고맙다고 하지는 않았다는 점을 인정해야 했다. 얼마 후, 제이미는 그동안 저녁 식사 준비에 쏟은 노력과 시간을 인정받는다고 느껴본 적이 없다고 남편에게 말했다.

테리는 드디어 행동을 취해야 할 때가 왔다고 생각했다. 처음에 그는 아이들이 분명히 들을 수 있도록 "고마워, 여보. 멋진 식사였어"라고 이야기했다. 하지만 몇 주 동안 꾸준히 그렇게 했음에도 아이들은 여전히 메시지를 받지 않은 상태였다. 테리는 식사에 대해 엄마에게 감사의 인사를 하라고 아이들한테 명령할 수도 있었지만 그렇게 하지 않고, 대신 그 과정을 더 재미있게 할 수 있는 방법을 찾기 시작했다. 저녁 식사가 끝날 때마다 테리는 아이들 쪽으로 몸을 기울이고 제이미가 보지 못하도록 손으로 입을 가리고서 "엄마한테 저녁 잘 먹었다고 인사하지 않을래?"라고 속삭였다.

두 아이 중 나이가 많은 케이시는 그 메시지를 알아듣고 곧바로 엄마에게 감사 인사를 했고, 종종 우스꽝스러운 목소리를 내거나 익살스러운 표정을 짓기도 했다. 아이비는 주저하면서 아빠가 속삭인 대로 하지 않고 버텼지만, 곧 아빠를 흉내 내서 엄마 쪽으로 몸을 기대고 손으로 입을 가리고 감사 인사를 했고, 몇 주 후에는 수화로 감사 인사를 전하기도 했다.

■ 감사 표현을 위한 활동 ■

손으로 감사 쪽지 쓰기

현대는 이메일과 문자 메시지 시대임에도 내 아내는 다소 옛날식으로 감사를 표현하길 좋아해서, 두 딸은 누구로부터든 생일 선물이나 크리스마스 선물, 혹은 특별한 경험이나 기회를 제공받으면 자신들이 직접 손으로 쓰고(작은딸의 경우에는 낙서에 가깝지만) 장식한 감사 쪽지를 보내기로 했다. 아이들의 할머니 할아버지를 비롯하여 쪽지를 받은 사람들은 딸들이 감사 쪽지에 들인 시간과 노력이 얼마나 고마운지 모르겠다고들 말했다.

소원 놀이

프랭크와 릴라는 장거리 이동 시 지루해지면 세 아이와 함께 '소원 놀이'를 한다. 이 놀이는 나 같이 관심 있는 사람을 한 명 정해서 그 사람을 행복하게 해줄 만한 소원을 빌어주는 것이다. 이들은 최근에 자신들을 찾아왔던 외할아버지를 대상으로 정했다. 세 아이는 각자 할아버지를 위해 소원을 빌었는데, 첫째인 로저는 외할아버지가 무사히 집에 돌아가셨으면 좋겠다, 둘째인 에바는 외할아버지가 최근에 편찮으셨기 때문에 건강이 회복되셨으면 좋겠다, 마지막으로 막내 프레디는 외할아버지가 다시 놀러 오셨으면 좋겠다는 소원을 빌면서 다음에는 더 많이 껴안고 뽀뽀해드리겠다고 말했다. 그런 후에 아이들은 이 소원들을 카드에 적어서 외할아버지에게 보냈고, 그 카드를 받은 아이들 외할아버지는 주체할 수 없을 만큼 기뻐했다.

감사를 표현하는 사람들에 대한 이야기 읽기

디드는 '아이들에게 감사에 대한 메시지를 보내는 좋은 방법은 다른 사람들의 감사 표현을 보여주고 알게 하는 것'이라는 글을 읽었다. 감사와 관련된 다른 사람들의 경험을 들으면 아이들은 감사에 대해서는 물론 자기 삶에 존재하는 좋은 것들에 대해서도 생각하게 될 것이다. 그래서 디드는 아이들에게 책을 읽어주기 위해 근처 도서관에 가서 다른 사람들을 도와주는 행동과 감사에 초점을 맞춘 책을 고른다. 또한 저녁 식사 시간에 아이들에게 감사에 얽힌 이야기를 해주려고 인터넷을 뒤지기도 한다.

'도움의 손길' 표 만들기

앤서니와 블레어는 독특한 방향으로 감사에 접근한다. 이들은 두 아들에게 감사하는 사람이 되라고 권하기도 하지만 그와 동시에 아이들이 감사를 받는 사람이 되는 것, 즉 남을 돕는 일을 생활화하는 사람이 되기를 바라기도 한다. 그래서 블레어는 '도움의 손길' 표를 만들어 아이들이 그날 친절하거나 관대한 행동을 하고 감사의 말을 몇 번 들었는지 기록하기로 했다. 두 아이는 '감사 게임'에 푹 빠져서 그 주에 누가 더 감사 점수를 많이 따는지 경쟁하기도 한다.

MESSAGE

자연과의 유대가 아이에게 밝은 미래를 선사한다

아이들은 지구를 사랑한다. 진심으로 나무를 껴안고, 가장 순수하고 다정하게 새와 꽃, 동물과 식물에 관심을 가진다. 꽃의 향기를 맡고, 붕붕거리며 주위를 날아다니는 벌을 보고 감탄하며, 사슴을 보고 팔짝팔짝 뛰며 좋아하는 것은 아이가 대자연에 대한 경외와 사랑, 유대감을 표현하는 무한한 방식 중 일부에 불과하다. 아이들은 자연에 해를 끼치는 일이라면 하지 않으려 할 것이고, 부모들이 그들의 지구에 어떤 짓을 해왔는지 안다면 정말로 화를 낼 것이다.

환경보호의 측면에서 볼 때 우리가 지금의 습관을 더 지속할 수 없다는 것은 자명하다. 길 위에 점점 많아지는 자동차와 전 세계에 퍼져 있는 화력발전소 등으로 인해 공기는 오염된다. 바다에서는 남획으로 물고기 씨가 마르고, 숲은 어마어마한 규모의 삼림 벌채로 사라지고 있다.

전 세계적으로 수많은 사람들이 중산층으로 부상하며 모든 것을 더 요구하는 등, 예를 들자면 끝도 없다. 하지만 우리가 이 지구라는 행성을 돌보지 않고 등한시한 것의 대가는 어디로 가겠는가? 바로 우리 아이들에게 간다. 이 장은 우리 아이들과 더불어 그들이 물려받을 지구에 대한 내용이다. 바라건대 이 지구를 괜찮은 상태로 아이들에게 넘겨주었으면 한다. 그래서 지구가 앞으로도 계속 태양 주위를 돌고 우리 아이들의 아이들도 지금 우리가 누리는 경이로움을 즐길 수 있다면 좋겠다.

슬픈 현실은 우리 아이들도 엉망이 된 환경을 물려받으리라는 것이다. 더 슬픈 점은, 아이들이 어른이 될 때쯤이면 그들도 해결책보다는 문제의 일부가 되어 있을 가능성이 크다는 것이다. 뭐든 게걸스럽게 소비하는 우리 문화에서 대부분은 아니라도 많은 아이들이 그들의 부모가 남겨준 환경 파괴적인 유산을 영원히 남길 수도 있는 메시지를 받고 있다.

우리 행성의 유일한 희망은 부모들이 기존과는 아주 다른 메시지를 보내 자녀를 '환경 친화적인 아이'로 키우는 것뿐이다. 아이들은 자신이 지구에 미칠 수 있는 영향에 매우 민감해하며 앞으로 지구 환경을 보호하고 관리할 책무를 느낀다. 부모들은 아이를 통해 이런 놀라운 감정과 연결될 수 있다. 우리는 모두 아이를 사랑하고 그들에게 밝은 미래가 있기를 바란다. 그 밝은 미래에는 우리가 아이들에게 물려주는 이 지구의 환경이 포함되어야 한다. 부모가 아이에게 친환경적인 메시지를 보낸다면 아이들은 부모들이 이 지구에 입힌 손상을 되돌리기 위해 충분히 환경을 돌보려 할 것이다.

지구와의 유대감 키우기

팀 그랜트(Tim Grant)와 게일 리틀존(Gail Littlejohn)의 놀라운 연작 〈티칭 그린Teaching Green〉에서는 부모가 아이로 하여금 지구와 깊은 유대감을 키우도록 도와줌으로써 아이가 훗날 지구의 건강을 관리할 수 있는 감각을 계발하게 해주는 여러 가지 방법을 소개하고 있다.

자연과 개인적 관계를 키워나가기

아이와 자연의 유대감에서 핵심은 방금 이야기했던 '사랑'이다. 아이들은 자연을 사랑하기 때문에 대자연을 돌보고 싶어 한다. 그것에 더해 자연과 직접 관계를 맺는다면 그 일에 더욱 혼신의 힘을 다할 것이다. 아이가 자연과 직접 개인적인 관계를 키워나가는 유일한 방법은 자연에 걸어 들어가고, 그 안에서 놀고, 탐색하고, 보고, 만져보고, 냄새를 맡아보며 그것을 온전히 경험하는 것이다. 감각적 자극, 지적·정서적 관여, 직접적인 연관성은 아이가 자연에 연결되어 있을 뿐 아니라 자신이 자연에 통합된 일부라고 느끼게 하는 일종의 '고리'로 작용한다.

인간과 자연 사이의 유대 강조하기

아이들은 아직 인생 경험이 많지 않기 때문에 부모가 자연이나 타인과 맺고 있는 연결을 잘 보지 못한다. 그리고 아이들이 알고 있는 것보다 훨씬 더 많이, 우리는 일상에서 먹고, 입고, 쓰고, 움직이는 방식을 통해 그것들과 연결되어 있다. 우리 자신과 자연, 타인과의 이런 상호의존성은 아이에게 일상의 행동이 지구와 그 거주자들에게 얼마나 영향을 미치는지를 보여준다.

인식에서 행동으로

아이는 자연과 직접 접촉하는 경험을 통해 자연의 세계를 인식하게 될 때 비로소 지구를 이해하고 관리하기 시작한다. 이 인식은 아이의 호기심을 자극하는 한편 자연이 어떻게 움직이는지 알고 싶어지도록 아이를 고무시킬 것이고, 자연에 대한 지식을 알게 되면 지구를 보호하기 위해 행동에 나서려는 욕구와 능력이 생길 것이다.

과거에서 미래까지 관점을 넓히기

아이들은 경험이 적기 때문에 현재의 관점에서 세상을 본다. 그러나 자연을 연구하다 보면 점차 과거, 현재, 미래까지 관점을 넓혀서 과거의 지구는 어떤 상태였고 자연이 어떻게 그토록 오랜 시간 동안 진화해왔는지, 또 인간과 자연이 함께 진화하면서 어떻게 지금과 같은 환경을 만들어왔는지도 알 수 있다. 아울러 지금 우리가 어떤 상태인지, 과연 우리가 환경에 이로운 변화를 일으킬 수 있을지에 바탕을 두고 지구가 앞으로 어떻게 변할지, 우리의 미래가 어떠할지 생각해볼 수도 있다. 이렇게 점점 더 자연을 사랑하고 깊이 이해함에 따라, 아이들은 마음속에 그린 밝은 미래를 만드는 데 지금의 행동이 얼마나 도움이 될지 깊이 생각하게 된다.

친환경적 삶에 대한 메시지 보내기

우리는 지구에 대한 아이의 태도에 엄청난 영향을 미친다. 우리의 행동 하나하나가 환경에 영향을 주기 때문이다.

우리는 일어나면서부터 보일러를 조절하고, 불을 켜고, 이를 닦고, 화장실 물을 내리면서 물과 전기를 사용한다. 아침을 먹기 위해 음식을 선택하고, 저장하고, 준비하고, 마신다. 이때 사용하는 기기는 에너지를 소비하고, 우리는 음식에서 탄소의 흔적을 흡수하며, 설거지하면서 물을 사용한다. 또한 우리가 출근하고 아이가 학교에 갈 때 자동차를 사용할 것인지, 자전거를 사용할 것인지, 대중교통을 이용할 것인지, 혹은 걸어갈 것인지를 결정한다. 식료품은 슈퍼마켓에서 살 수도 있고 농산물 직판장에서 살 수도 있다. 끊이지 않는 자연 자원의 사용은 우리가 불을 끄고 잠자리에 들 때까지 계속된다. 심지어 그 이후에도 사용량이 조금 줄어들 뿐, 자연 자원은 밤새 소비된다.

물론 아이에게 친환경적 생활의 가치를 직접 이야기함으로써 메시지를 보낼 수도 있지만 아이가 어리다면 잘 이해하지 못할 것이다. 가장 잘 전달되는 메시지는 역할 모델이 되어 모범을 보이거나 행동으로 보여주는 메시지다.

하지만 우리가 보내는 메시지는 사는 곳, 생활방식 등에 어느 정도 좌우된다는 점을 짚고 넘어가야겠다. 예를 들어 우리가 도시에 산다면 자동차보다 버스나 지하철을 타는 것에 대한 메시지를 아이에게 보낼 것이고, 교외에 산다면 농산물 직판장이나 재활용에 대한 메시지를 보낼 것이다. 시골에 사는 경우 친환경적 메시지는 먹을 음식을 직접 재배한다든지 석유, 천연가스, 전기 대신 태양열로 난방을 하는 것을 포함할 것이다.

    구체적인 메시지의 내용과 상관없이, 친환경적 생활은 지구와 직접적으로 연결되고 자연을 진정으로 사랑하는 데서 시작된다는 메시지를 아이에게 전해야 한다. 그런 감정이 생기면 지구를 지키고 존중하기 위해 전등을 끄거나 재활용을 하는 등 아이가 실천할 수 있는 실질적인 조치를 가르쳐줄 수 있다. 이렇게 함으로써 우리는 아이들이 삶의 가장 기본적인 원천과 깊이 연결되게 하고, 아이들 자신이 지구에 미치는 영향에 대해 가르칠 수 있다. 그리고 가장 중요한 것, 즉 아이에게 지구가 오래도록 건강한 상태로 존재하리라고 확신할 수 있는 힘을 줄 수 있다.

    아이를 위해 친환경적 삶을 어떻게 구성할 수 있을지 알아내는 데 유용한 활동이 있다. 우리 삶을 들여다보고 우리가 이 행성에 영향을 미칠 수 있는 모든 경우를 살펴보는 것이다. 어디에 사는지, 얼마나 운전을 많이 하는지, 어떤 음식을 먹는지, 어디에서 식료품을 사는지, 어떤 쓰레기를 배출하고 어떻게 처리하는지, 얼마나 오랫동안 자연과 함께 지내는지 등에 관한 질문을 던져보자. 이런 질문들에 대한 우리의 답은 우리가 환경에 대해 아이에게 전하는 메시지를 더욱 확실하게 만들어줄 것이며, 더욱 친환경적인 메시지를 보내고 싶다면 변화의 방향도 제공해줄 것이다.

친환경적 삶을 위한 표어

두 딸에게 환경에 대해 긍정적인 메시지를 보내기 위한 우리 가족의 표어는 '우리는 친환경 가족'이다. 환경 보존과 자연에 대해 배울 만한 교훈이 있을 때마다 우리는 이 표어를 말한다. 딸들이 수도꼭지를 틀어놓는 식의 낭비를 하면 우리 부부는 "우리는 친환경 가족" 또는 "지구가 슬퍼할걸"이라고 말한다.

두 살 반이었던 큰딸은 우리 부부가 재활용품 분리수거를 하고 있을 때 "이제 나무들이 더 행복해졌어?"라고 물어서 우리를 놀라게 했다. 아이들은 전등을 끄라든가 하는 우리의 훈계가 지구와 관련된 더 큰 메시지와 연결된다는 것을 이해한다. 아이들이 깊이 관심을 가지는 분야이기 때문이다.

어머니의 육아를 연상케 한다는 점 때문인지 '어머니 지구(Mother Earth)'라는 말은 환경과 관련된 표어로 쓰이는 경우가 흔하다. 스티브와 케이틀린은 친환경적으로 행동할 기회가 생길 때마다 쌍둥이 자녀를 일깨우기 위해 '어머니 지구는 우리를 돌보고, 우리는 지구를 돌보고'라는 표어를 사용한다. 제이크 역시 두 아들을 위해 '어머니 지구를 돕자'라는 표어를 사용한다. 제이크가 이 표어를 좋아하는 이유는 협력적이고 능동적인 의미가 있을 뿐 아니라 실제로 자신과 두 아들이 어머니 지구를 위해 협력해서 할 수 있는 일들이 있기 때문이라고 한다.

조나와 루시는 두 아이가 지구의 건강을 지키기 위해 할 수 있는 일에 관심을 갖길 바란다. 그래서 그들은 R이 세 번 들어간 유명한 문구,

'줄이기, 재사용, 재활용(Reduce, Reuse, Recycle)'을 표어로 정했다. 이들 부부는 이 문구가 아이들에게 지구를 지키기 위해 실제로 할 수 있는 일을 알려주기 때문에 좋은 표어라고 생각한다.

블레이크는 자신이 진부한 아이디어를 떠올리기 십상이라고 하면서, 지구를 위한 표어로 자신이 선택한 '친환경은 멋진 것'이라는 문구 역시 진부함을 인정했다. 하지만 그의 세 아이는 아빠가 우스운 표정을 짓고 장난스러운 목소리로 표어를 말하면 늘 즐거워한다. 표어로 장난을 치기도 하지만, 블레이크는 아이들이 참여하고 있는 친환경 활동에 그 표어를 연결함으로써 메시지를 받게 하고 있다.

조직 효율성 컨설턴트인 마시는 직장에서든 집에서든 낭비에 굉장히 민감하다. 마시와 남편 캐머런은 지구와 지갑을 동시에 지키기 위해 가능한 한 효율적이고 낭비 없는 가정생활을 하려 노력하고, 이 메시지를 자녀인 새미와 제시에게도 전해주고 싶어 한다. '낭비 말고 아끼자'를 표어로 정한 이 부부는 전기나 수도 등이 낭비되고 있는 것을 볼 때마다 아이들에게 "낭비 말고 아끼자"라고 말하고, 메시지를 받은 아이들은 낭비를 멈춘다고 한다.

타냐는 자기가 자연을 사랑하는 만큼 아들과 딸에게도 그 사랑을 심어주고 싶어 한다. 그래서 그녀의 표어는 '난 지구를 사랑해!'로 단순하다. 타냐는 걷든 스키를 타든 정원을 손질하든 놀고 있든 상관없이 아이와 함께 집 밖에 나와 있을 때면 즉흥적으로 "난 지구를 사랑해!"라고 말한다. 오래지 않아 그녀의 아이들도 엄마의 말을 따라 표어를 외치게 되었다. 메시지는 분명히 통하고 있었던 것이다.

친환경적 삶을 위한 습관적 의식

딸들이 아주 어렸을 때, 아내와 나는 아이들에게 자연환경 관리를 가르치는 절차를 만들었다. 예를 들어 아이들은 저녁 식사 후 쓰레기를 버릴 때 부엌에 있는 세 가지 재활용 통 중 하나에 넣어야 한다. 월요일 저녁마다 아이들은 나를 도와 재활용 통을 부엌에서 들고 나와 바깥에 있는 큰 통에 넣고, 그것을 들고 화요일 아침마다 비워 가는 재활용품 수거함 쪽으로 간다. 우리 가족만의 의식 중 가장 오래 지속된 것은 저녁 식사 후에 함께 오렌지를 먹는 것인데, 이때도 오렌지를 까는 것은 내 몫이고 껍질을 쓰레기통으로 가져가는 건 역시 케이티와 그레이시의 역할이다.

남매의 엄마인 타냐는 아이들을 위해 길에서 발견하는 쓰레기를 줍는 두 가지 의식을 만들었다. 이들은 한 달에 한 번씩 쓰레기봉투를 들고 동네를 걸으며 병, 캔, 길가에 쌓인 온갖 쓰레기를 줍는다. 타냐의 이웃들은 가끔 밖으로 나와 인사를 하고 고마워하는데, 이것은 환경 관리와 관련된 메시지를 또 다른 경로를 통해 강화하는 역할을 한다. 또한 타냐의 가족은 아이들이 걷기 시작할 때부터 하이킹을 자주 해왔는데, 최근에는 하이킹 도중 쓰레기가 보이면 줍고 "난 지구를 사랑해!"라는 표어를 외쳤다. 그로부터 얼마 지나지 않아, 아무런 설명이나 사전 논의 없이 타냐의 아이들은 쓰레기가 보이면 줍고 "난 지구를 사랑해!"라고 선언하기 시작했다.

낸시는 가족과 함께 교외에 살지만 가능한 한 운전을 적게 하려고 한다. 다행히도 그들은 집에서 멀지 않은 곳에 상점이 많이 있는 동네에 살고 있다. 낸시는 식료품을 사러 갈 때 자전거를 타고, 일종의 의식처럼 매주 한 번씩 아들 앤디와 함께 볼일을 보러 가기도 한다. 앤디는 엄마와 함께 자전거를 타고 여기저기 다니는 것을 좋아한다. 처음에는 핸들에 붙은 의자에 앉아 있었지만 나중에는 자전거 뒷바퀴에 부착된 트레일러에 앉아서 다녔고, 그 안에서 책을 읽거나 인형을 가지고 놀 정도로 발전했다.

그다음에는 여전히 엄마 자전거에 붙어 있긴 하지만 자신이 페달을 밟을 수 있는 트레일러 자전거로 옮겼고, 여섯 살이 되자 쇼핑을 갈 때 혼자 자전거를 탈 수 있게 되었다. 낸시는 함께 자전거를 타고 식료품을 사러 가는 이 의식이 아들과 유대를 맺고 함께 즐겁게 지낼 수 있는 특별한 시간임을 깨달았다. 게다가 이 활동으로 아들에게 환경 친화적인 메시지뿐만 아니라 신체의 건강과 야외활동을 즐기는 긍정적인 메시지도 보낼 수 있었다.

마크와 레이철은 일주일에 한 번씩 '환경의 날'을 정하고 세 아이와 함께 기념한다. 이날의 목적은 가능한 한 에너지를 적게 쓰는 것이다. 이들은 토요일마다 자동차 대신 자전거를 타거나 걷고, 전등 대신 촛불을 쓰며, 벽난로로 난방을 한다. 또 최소한의 물만 사용하고, 드라이어나 난로, 오븐 같은 큰 전자제품은 쓰지 않는다(다만 냉장고의 플러그는 뽑지 않는다). 이 가족은 시내로 자전거를 타고 나가거나, 혹은 동네에서 쓰레기를 줍는 등 지구를 행복하게 하는 활동도 하고 있다.

아이와 함께하는 친환경 활동

텃밭에서 채소 재배하기

앞서 언급했듯 내 아내 세라는 놀라울 정도로 생산적인 채소밭을 가꾸고 있다. 이 텃밭은 케이티와 그레이시에게 자연을 가르치는 학교 역할을 훌륭히 해왔다. 두 꼬마 농부는 흙 준비부터 씨를 뿌리고 수확하기까지 채소를 재배하는 모든 과정에 참여한다. 물론 아이들이 가장 좋아하는 과정은 바로 수확한 채소를 먹는 것이다.

환경적으로 안전한 물건 사용하기

달렌과 피터는 지구에 대한 깊은 사랑을 키우는 것뿐만 아니라 세 아이가 지구 환경을 위해 구체적으로 할 수 있는 일들을 배워야 한다고 생각한다. 이 부부는 쇼핑 시 재활용품으로 만들어지고 환경에 유해하지 않은 상품만 구입할 뿐 아니라 아이들에게 재생산품은 무엇이고 어떻게 만들어지며 환경에 어떤 도움을 주는지도 설명한다. 아이들이 유치원에 들어갈 무렵이 되자 달렌과 피터는 지구 환경을 돌보는 데 말과 행동 어느 면에서도 빠지지 않는 환경 보호론자가 되어 있었다.

에너지와 자원 사용을 최소화하기

마시와 캐머런은 '낭비 말고 아끼자'라는 자신들의 표어에 걸맞게, 가정에서 아이들에게 에너지와 자원 절약의 표본이 되기 위해 노력한다. 이들은 방에서 나갈 때 항상 전등을 끄고, 샤워를 하거나 이를 닦을 때 물을 최소한만 사용하며, 세탁기와 식기세척기도 내용물이 꽉 채워졌을 때 작동시킨다. 이들 부부는 새미와 제시가 아주 어릴 때부터 이런 환경 친화적인 습관을 가르쳤고, 이제 각각 다섯 살, 여덟 살이 된 아이들은 따로 말하지 않아도 알아서 환경 친화적 습관을 실천하고 있다.

야외 탐사하기

칼은 하이킹, 자전거 타기, 캠핑, 낚시, 암벽 타기 등 야외활동을 좋아하는 가정에서 자랐다. 그는 부모님 덕분에 자신이 자연을 매우 사랑하게 되었다고 생각한다. 그의 부모는 야외활동에 대한 애정을 몸소 보여주었고 아들에게도 경험을 통해 자연에 대한 사랑을 발견하게 해주었다. 자라는 동안 실내에서 거의 시간을 보내지 않았던 칼은 집에서 놀거나 TV를 보는 것보다 야외에 나가는 것을 좋아했다.

아빠가 된 칼은 그 사랑을 자신의 세 아이에게도 전해주기로 마음먹었다. 그의 세 자녀는 채 돌도 되기 전에 1박 캠프에 익숙해졌다(물론 처음에는 거의 잠을 자지 못할 때도 많았지만). 칼은 아이들이 집에 누워 있는 모습을 보면 밖으로 쫓아내다시피 했다. 세 아이는 모두 네 살이 되기 전에 자전거 타는 법을 배웠고, 모두 초등학생이 된 지금은 자연을 사랑할 뿐 아니라 온갖 야외활동에 노련한 전문가가 되었다. 칼은 여전히 '어머니 지구'를 사랑하는 자랑스러운 아버지다.

쓰레기가 생기지 않는 도시락 싸기

더크와 에밀리는 아들 아이작과 함께 물심양면으로 환경을 보호하기 위해 할 수 있는 일은 모두 한다. 아이에게 싸주는 도시락에는 비닐 봉투를 사용하지 않고, 먹지 않은 것은 집으로 가져와 처리하게 하는 등 쓰레기가 생기지 않도록 노력한다. 또 이들은 지역 농가에서 생산된 유기농 농산물과 고기만 구입한다. 이 가족의 쇼핑은 자연을 탐사하는 일종의 모험에 가까워서, 이들은 집에서 멀지 않은 농장에 가서 유기농 쇠고기, 닭고기, 돼지고기를 고른다. 농장에서는 닭을 키우기도 하기 때문에 아이작은 닭장에 가서 달걀을 직접 골라 온다. 그리고 아이작은 그곳에 있는 새끼 돼지, 염소, 송아지와 노는 것을 아주 좋아한다.

잡동사니 줄이기

밥과 마리아는 '단순한 육아(simplicity parenting)'에 대한 뉴스 기사를 읽었다. 가족의 환경을 단순하게 함으로써 더 행복하고 스트레스를 덜 받는 아이를 키울 수 있다는 내용이었다. 이들은 기사를 읽으면서 이 접근법이 지구 환경에도 도움이 될 수 있다는 생각이 들었다. 이들 부부는 집 안을 살펴보다가 (사실 처음 보는 것은 아니지만) 쓸모없는 물건들을 잔뜩 발견했다. 한 번도 갖고 놀지 않은 장난감과 한 번도 해보지 않은 게임은 물론, 네 살짜리 딸의 옷장 서랍에는 놀랍게도 반팔 셔츠만 서른여덟 벌이 있는 등 꼬마 군대가 오더라도 입힐 수 있을 정도로 쓸데없는 아이들 옷이 많았다.

가정생활을 단순화하기로 결정한 밥과 마리아는 아이들을 불러 돕게 했다. 세 명의 아이들은 책을 제외한 나머지 물품들, 즉 장난감, 게임, 셔츠, 바지, 원피스, 속옷, 양말 등을 열다섯 개씩만 남길 수 있었다.

밥과 마리아도 선례를 만들어야 했으므로 각자의 옷을 정리했다. 아이들의 경우 어떤 물건은 버리는 게 낫다고 생각했지만 나머지는 버릴 수 없다며 집이 떠나가라 소리를 질렀다(아이들은 특히 자기 물건에 집착하곤 한다). 하지만 어찌어찌 달래거나 몰래 슬쩍 버리기도 하면서, 온 가족은 여남은 개의 쓰레기봉투를 채우는 데 성공했다.

하지만 환경 정화 과정은 거기서 끝나지 않았다. 모든 물건을 갖다 버리는 것은 그들의 환경 보호적 윤리에 어긋나는 일이기 때문이었다. 그래서 이들은 단순화와 동시에 환경 관리 연습이라 생각하고 벼룩시장을 열었다. 결과는 대단히 성공적이었고 '어떤 사람의 쓰레기가 다른 누군가에게는 보물이다'라는 말을 훌륭히 입증했다. 주말 내내 벼룩시장을 연 결과 그들은 갖고 있던 물건을 대부분 덜어낼 수 있었다.

이 경험으로 몇 가지 또 다른 메시지를 전달하고 싶어진 이들 부부는 기부 물품을 받는 동네 중고품 가게에 남아 있는 물건들을 기부했고, 아이들은 이 행동 덕분에 동정심의 메시지를 받을 수 있었다. 아이들의 노고를 보상하는 의미로 밥과 마리아는 아이들에게 각각 5달러씩 주면서 저축을 하든지 쓰든지 알아서 사용하게 함으로써 감사함의 메시지도 보냈다(기쁘고 놀랍게도, 세 명 중 두 아이는 그 돈을 저축하기로 했다). 또한 벼룩시장으로 번 나머지 돈은 세 아이에게 나누어주고 가장 맘에 드는 자선단체에 기부하게 했다. 주말이 끝날 무렵 한결 단순해진 밥과 마리아의 집에는 지쳤지만 만족스러운 다섯 명의 영혼이 있었다. 이제 그 가족은 이 정화 작업을 매년 계속하고 있다.

MESSAGE

존중은 아이가 맺는 인간관계의 바탕이 된다

존중의 가치는 아이들이 받아야 하는 가장 강력한 메시지다. 존중은 다른 사람들이 우리 아이를 좋아하는 데 바탕이 되는 동시에 아이가 건전한 인간관계를 맺는 데에도 바탕이 되기 때문이다. 이렇듯 아이의 발달에 확실히 중요함에도 존중이 어떤 속성인지 정의하기란 다소 어렵다. 우리는 모두 존중받는 느낌, 또 불손함이나 경멸이 어떤 느낌인지 안다. 하지만 존중이란 정확히 무엇인가? 사전적 정의에는 보통 다른 사람에 대한 감사, 존경, 경의가 언급되지만, 그런 것만으로는 영 만족스럽지가 않다. 내 생각을 말하자면 '친절, 배려, 정직, 공평, 공손, 신뢰로 타인을 대할 만한 사람'이라고 평가하는 것'이 존중이 아닐까 싶다. 아이들은 부모뿐 아니라 앞으로 만나게 될 다른 사람들, 그리고 그 누구보다 자기 자신을 존중하는 법을 배워야 한다.

불행히도 오늘날의 대중문화 환경 속에서 아이에게 존중을 가르치기란 높은 고지에서 벌이는 전투처럼 느껴질 수 있다. 미식축구 스타 터렐 오언스(Terrell Owens)는 충격적인 터치다운 댄스를 추고, 〈아메리칸 아이돌〉의 사이먼 코웰(Simon Cowell)은 선의의 참가자들에게 독설을 날린다. 음악에서 여성을 비하하는 힙합 아티스트도 있다. 대중문화에는 아이에게 존중에 대한 건전한 메시지를 보내려는 우리의 노력을 거스르는 요소가 꽤 많을 뿐 아니라, 가끔은 불손함의 메시지로부터 감당할 수 없을 정도의 맹공격을 당한다는 느낌이 들 수도 있다.

■ 우선 아이의 존중을 얻어야 한다 ■

사실 부모가 아이에게 미치는 영향력은 어마어마하고, 특히 아이가 사회적 세계에 완전히 들어가기 전 어린 나이일 때는 더욱 그렇다. 그 이유는 아이가 모든 욕구의 해결을 부모에게 의존하기 때문이다. 하지만 아이가 자라면서 점차 부모 없이 스스로 욕구를 해결할 수 있게 되면 부모의 영향력은 아이의 욕구보다 사랑과 존중에 더 큰 기반을 둔다. 또래 친구와 대중문화 같은 요소들이 아이의 영혼에 발 들일 곳을 찾더라도 부모는 여전히 아이에게 상당한 영향을 미치지만, 그것도 어디까지나 아이가 부모를 계속 존중하는 경우에만 그러하다.

물론 아이를 시험함으로써 부모가 아이에게 얼마나 존중받고 있는지 알아볼 수도 있다. 여기서 가장 중요한 말은 '받는다'라는 단어다.

존중은 강요하거나, 꼬드기거나, 뇌물을 주어서 받을 수 있는 것이 아니다. 강요된 존중은 두려움이라고 불리며, 그것에서 얻을 수 있는 것은 복종과 분노뿐이나. 하지만 아이가 부모를 어느 정도 두려워하지 않는다면 부모는 아이를 통제할 수 없을 뿐 아니라, 아이와의 관계도 십중팔구 깨질 것이다.

아이를 꼬드겨서 얻은 존중도 존중이라 할 수 없다. 꼬드긴다는 것은 곧 아이에게 부모의 힘을 넘겨주는 것과 마찬가지기 때문이다. 이런 경우 아이는 자신이 보내고자 하는 것보다 부모가 존중을 받고 싶어 안달이 났다는 사실을 깨닫고, 존중을 이용하여 부모를 조종하고 통제할 수 있는 위치가 된다. 뇌물로 얻은 존중 역시 존중이 아니라 돈을 주고 산 복종이다. 여기에서 문제는, 부모와의 관계에서 힘을 얻은 아이는 원할 때마다 보상금을 올릴 수 있다는 점이다.

아이와의 관계에서 부모가 제대로 존중받을 수 있는 유일한 방법은 아이가 자신의 다양한 욕구를 채우는 데 부모가 중요한 역할을 한다고 생각하게 하는 것이다. 그러려면 부모에게는 아이의 욕구를 채워주려는 의지와 그럴 능력이 있으며, 아이의 이익이 부모의 최우선 사항이라는 점을 아이가 알아야 한다. 만약 부모가 아이의 이익을 위해 행동한다는 것을 아이가 감지한다면, 비록 그게 맘에 들지 않더라도 아이는 부모의 행동을 존중하고 따라줄 가능성이 크다. 반대로 부모가 부모 자신의 이익을 위해 행동하며 아이의 관심사에는 크게 주목하지 않는다는 것을 아이가 안다면, 부모를 존중하지 않을 뿐 아니라 부모의 소망에도 저항하게 될 것이다.

■   아이는 부모의 말이 아니라 행동을 따른다   ■

"너희가 남에게 대접받고자 하는 대로 남을 대접하라." 아무리 시간이 지나도 빛을 잃지 않는 이 격언은 아이에게 존중의 메시지를 보내는 데 필수적인 요소다. 우리는 몇 가지 방식으로 존중의 역할 모델이 될 수 있다. "내 행동 말고, 내 말대로 해"라는 말은 효과가 없기 때문에 우리는 '내 아이가 우리는 물론 타인들에게 이렇게 대했으면 좋겠다'라고 바라는 마음과 방식 그대로 아이를 대해야 한다. 물론 아이를 존중한다는 것은 말이 쉽지, 행동하기는 결코 쉽지 않다. 아이들은 글자 그대로 우리의 '뚜껑을 열고' 최악의 측면을 끄집어내고, 그 결과 우리는 가끔 아이에게 실망하고 화를 내기도 한다.

부모로서 우리는 아이에게 엄격해야 할 때도 있다. 가령 아이가 하기 싫어하는 일과를 마쳐야 하거나 나쁜 행동에 책임을 져야 하는 경우에는 다소 단호해져야 한다. 하지만 엄격한 것은 잔인하게 굴거나 화를 내거나 지나친 요구를 하는 것이 아니라, 적절한 행동을 하리라는 부모의 기대에 아이가 따르도록 하는 것이다. 이때 우리는 멸시와 무시의 '어두운 면' 쪽으로 기울어지기 쉽다. 특히 지쳤거나 스트레스를 받았거나 시간에 쫓길 때, 혹은 아이가 정말로 불손하고 비협조적일 때 더욱 그렇게 되기 쉽지만, 아이를 존중하면서도 엄격하게 대할 수 있다.

우리가 아이와 분리되어야 하는 시점은 바로 이때다. 아이가 고집을 부리고 불손하게 굴어도 우리는 계속 존중과 단호함으로 아이를 대해야 한다. 물론 가끔 어려울 때도 있다. 그러나 그럼에도 다정하고 차분하게 아이에게 귀 기울이고, 아이가 우리에게 보내는 메시지에 반응해주면 아이는 우리가 보내는 존중의 메시지를 받게 된다. 그와 동시에, 우리의 입장은 고수하면서 아이의 무례한 행동에 합당한 결과를 제공함으로써 아이에게 또 다른 존중의 메시지를 보낼 수 있다. 말하자면 아이의 불손한 행동은 더 이상 용인될 수 없으며 우리는 아이에게 존중을 기대하고 있다는 메시지 말이다. 아이는 십중팔구 계속 고집을 부리고 무례하게 굴 것이므로 우리가 의연히 보이는 존중의 태도가 당장은 보상받지 못할 가능성이 크지만, 아이에게 보내는 메시지에 따르는 장기적인 보상은 상당하다. 다시 말해, 우리의 차분한 태도는 '이것은 너희를 위한 것이니 절대 물러서지 않겠어'라는 메시지를 아이에게 보내는 것이고, 아이는 그 메시지를 인식하는 동시에 자신이 원하는 것을 얻지 못할 때는 더 나은 방식으로 반응해야겠다고 깨닫게 된다.

아이들은 작지만 빈틈없는 존재다. 부모 눈에는 전혀 듣거나 보고 있지 않는 것 같아도, 아이는 부모의 말 한 마디, 행동 하나하나에 촉각을 세우고 있다. 그 결과 아이는 부모와의 상호작용뿐만 아니라 부모가 다른 사람을 어떻게 대하는지 관찰하면서 존중에 대한 메시지를 받기도 한다. 아이와 함께 있을 때 당신이 매일 마주치는 사람들을 모두 생각해보라. 당신은 그들을 어떻게 대하는가? 친절하고 정중하며 배려 있게 대하는가? 배우자, 친구, 동료, 상점 직원, 웨이터에게도 그러한가? 요점은 우리가 아이에게 진짜로 존중의 메시지를 쏟아붓고 싶다면 아이가 주변에 있을 때 당신이 만나는 모든 사람을 존중해야 한다는 것이다(그렇다고 아이가 옆에 없을 땐 사람들에게 못되게 굴어도 된다는 뜻은 물론 아니다).

자녀에게든 다른 사람들에게든, 존중을 가장 단순하고 명확하게 보여주는 방법은 바로 예의범절이다. 정신없고 왁자지껄한 가족의 일상에서는 모든 엄마들이 아이에게 심어주려 노력하는 기본 예의를 잊기 쉽다. 요구하기보다는 부탁하게 하고 "죄송합니다만", "부탁해요", "고마워요", "안녕하세요?", "안녕히 가세요", "잘 잤어요?", "잘 자요", "잘 지냈어요?", "잘 지내요, 고마워요"라는 표현을 사용하게 하자. 예의 바름의 좋은 점은 아이들이 연습하고 계발할 수 있는 기술이라는 데 있다. 여기에서의 메타메시지는, 정중하고 예의 바른 태도는 그것을 받은 사람으로부터 존중으로 보상받기 때문에 모두가 이득을 얻을 수 있다는 것이다.

친구가 되지 말고 부모가 되라

존중과 관련해서 우리가 아이에게 보낼 수 있는 강력한 말은 우리가 아이들의 부모라는 것이다. 불행히도 오늘날 이 말은 전달하기가 쉽지 않다. 대중문화가 부모들에게 이와 아주 다른 의미의 말, 바로 '좋은 부모가 되려면 아이와 친구가 되어야 한다'라는 말을 보내기 때문이다. 이 말은 부모보다 친구의 영향력이 크기 때문에 아이가 부모보다 친구의 말을 더 잘 듣는다는 이야기다. 물론 세월이 갈수록 또래의 영향력이 커지고 부모의 영향력이 작아지기는 한다. 그러나 부모는 친구와 달리 아이의 장기적 건강과 행복에 지속적으로 영향을 미쳐야 하고, 또 그럴 수 있으려면 부모는 친구가 아닌 부모가 되어야 한다.

이렇게 생각해보라. 아이가 우리를 존중하지 않는다면, 그리고 우리가 자신을 존중한다고 믿지 않는다면 다른 곳에서 존중을 찾으려고 할 것이다. 하지만 대중문화는 아이들에게 존중을 보여주기에는 너무 행복하기만 한 데다, 그것이 정말로 하고 있는 일이란 돈을 위해 아이들을 조종해서 물건을 사게 만들려는 것뿐이므로 존중의 원천으로는 적당치 않다.

첫 장에서 소개했던 1,600명의 부모를 대상으로 한 조사에서 '최고의 친구'로 분류된 8퍼센트의 부모들은 다음 문장들에 만장일치로 동의했다고 한다. "나는 나의 부모와 아주 다른 부모가 되려고 노력한다." "나는 가끔 부모라기보다 아이의 가장 친한 친구처럼 느껴진다." "나는 가끔 너무 많이 설명하려 든다." "나는 가끔 너무 많이 칭찬한다." 즉, '최고의 친구'로 분류된 부모들은 자신의 부모처럼 되지 않기 위해 최대한 노력하고 있다는 메시지를 보내고 있다. 자신의 접근법이 자녀에게 실제로 좋을지 나쁠지는 생각하지 않은 채 말이다.

아이와 친구가 된 부모는 아이와의 독특한 관계를 포기해야 한다. 아이에게 친구는 많지만 부모는 단둘, 혹은 하나뿐이기 때문이다. 아이와 친구가 되는 것이 아무리 재미있어 보인다 해도, 실제로는 아이에게 존중받지 못하고 아이에게 미칠 수 있는 영향을 포기하는 것이다. 단언컨대 부모는 아이와 친구가 될 수도 없고 되어서도 안 된다. 아이와 친밀하고 다정하고 재미있는 관계도 시낼 수 없나는 이야기가 아니다. 아이가 자라면 부모는 얼마든지 아이와 친구가 될 수 있지만, 지금 아이는 우리가 부모이기를 바란다.

왜 아이와 친구가 되면 안 되는 걸까? 친구와는 동등한 권력을 가질 수 있지만 부모와 자녀는 권력을 공유하면 안 되기 때문이다. 부모는 친구들이 하지 않을 일을 해야 한다. 친구들은 설거지거리를 싱크대로 갖고 오라거나, 쓰레기를 내다 놓으라고 하지 않는다. 하지만 부모가 해야 하는 일은 바로 그런 것이다.

'부모님과 친구가 되면 어떤 기분이겠느냐'라고 물어보면 아이들은 나를 외계인 보듯이 쳐다본다. 아이들은 우리와 친구가 되고 싶어 하지 않는 것이다. 왜일까? 아이들 표현을 사용하자면 우리는 '쌈박하지' 않기 때문이다. 부모와 친구가 된다는 것은 아이의 사고방식에서 불가능하다. 누가 뭐래도 우리는 부모지, 친구가 아니다.

또한 아이에게는 우리가 부모 역할을 해줄 필요가 있다. 요즈음 예닐곱 살짜리 아이들은 마치 몸집만 작은 어른처럼 옷을 입고 행동하거나 말하곤 하지만, 실제로는 이 세상을 안전하게 느낄 만한 경험이나 성숙함, 기술이 없는 어린아이일 뿐이다. 스스로 인정하지는 않겠지만, 아이들은 무섭고 넓은 세상에서 자신을 지켜줄 누군가가 있다는 사실을 알아야 한다.

아이가 부모와 친구가 되면 동등한 지위와 힘을 갖게 된다. 즉, 가족 중에 자기보다 힘 있는 사람이 없기 때문에, 또 혼자서 세상을 살아갈 준비가 되어 있지 않기 때문에 아이는 두려움 속에서 살 것이다. 하지만 우리가 부모일 때는 아이가 우리를 필요로 할 때 항상 곁에서 보호해줄 것이라는 점을 알릴 수 있고, 이런 관계일 때 아이는 안전하고 편안하게 세상을 탐색할 수 있다. 또한 우리가 권위적인 부모-자녀 관계를 유지한다면 우리가 존중과 관련해서 보내는 메타메시지는 교사-학생, 혹은 상사-부하직원 등 아이가 살아가면서 접할 인간관계에서 받게 될 메타메시지와 같을 것이다.

우리가 아이를 사랑하며, 아이가 안전하고 행복하며 성공적으로 잘 자라게 하기 위해 무슨 일이든 기꺼이 할 의지가 있다는 메타메시지는 우리가 부모일 때 아이에게 보낼 수 있다. 또한 아이와 친구 되기를 권하는 대중문화의 메시지와는 반대로, 사실 아이들은 우리가 아이를 사랑하고 아이의 욕구를 우선시한다는 점에서 우리를 존중한다. 지금은 아이들이 우리에게 고마워하지 않을지도 모르지만 나중에는 반드시 그런 날이 올 것이다.

힘을 유지하기

'힘을 유지하기'라고 하니 마치 내가 한밤중에 아이를 방에 가두어놓거나 집 밖에 나설 때 끈으로 묶어서 데리고 나가라는 등 굉장히 가혹하고 엄격한 제안을 하려는 것처럼 들린다. 하지만 그와 반대로, 내가 설명하는 대로 적용한다면 '힘을 유지하기'는 어디까지나 존중에 대한 내용이다. 힘을 유지한다는 것은 부모가 상황을 책임지고 알아서 하겠다는 메시지를 아이에게 전하는 것으로, 이것은 아이에게 좋은 일이다. 부모는 아이의 이익을 최우선으로 여기고, 아이의 안전과 행복을 보장하기 위해 해야 할 일들을 한다. 그럼으로써 아이를 존중하고 있다는 메시지와 더불어 자신들이 아이에게 존중받을 만하고 존중받기를 기대한다는 메시지를 보낸다.

또한 힘을 유지한다는 것은 전적으로 독재적이라는 것이 아니라, 아이에게 적절히 자유를 주어 혼자 힘으로 발달하게 하는 것과 합리적인 기대 사이에서 균형을 잡고 있다는 것과 같은 의미다. 부모는 아이에게 명확한 기대 수준을 세워주어야 하는 한편 기대를 위반했을 때의 결과 또한 명확히 알려주어야 한다. 아이가 부모나 다른 사람들, 혹은 자기 자신에게 불손한 태도를 보일 때 부모는 단호하고 일관성 있는 태도를 지켜야 한다. 힘을 자유롭게 사용하는 부모는 아이에게 가족 전체의 결정에 참여하게 함으로써 아이에 대한 존중을 표현할 수 있다. 그러면 아이는 자신에게 좋은 방향으로 부모가 최종 결정을 내리게 함으로써 부모에게 존중을 표현한다.

부모는 아이가 더욱 큰 존중과 신뢰를 얻을 기회를 줌으로써 존중을 표현할 수도 있다. 하지만 부모가 존중을 표현했음에도 그것을 저버린다면 아이는 그에 대한 책임을 져야 한다. 아이는 자신이 존중받으면 책임이 따른다는 것, 그리고 책임감이 없으면 존중과 독립을 누리지 못할 것이라는 메시지를 받아야 하기 때문이다. 아이들은 부모가 보이는 존중을 가끔 악용하곤 하는데, 이것은 어린아이이기 때문에 어쩔 수 없는 부분이다. 중요한 점은 아이가 이런 경험을 통해 '존중을 얻는 데는 시간이 걸리지만, 단 하나의 나쁜 행동으로 순식간에 그것을 잃을 수도 있다'라는 점을 배운다는 것이다.

기 싸움에 대처하는 방법

아이가 존중의 가치를 배울 수 있을지의 여부는 아이가 유년기를 거치는 동안 부모가 불가피한 갈등에 어떻게 대처하는가에 달려 있다. 갈등은 부모-자녀 관계에서 당연히 발생하는 것이며 아이가 부모로부터 분리되어 독립적인 존재가 되는 데 필수적인 역할을 한다. 다시 말해 갈등 자체는 불가피하고 건전한 것이다. 그러므로 여기에서의 관건은 가끔 발생하는 아이와의 갈등을 피하는 것이 아니라, 갈등이 전면전으로 번져 불손함과 증오를 부채질하고 서로 사이가 틀어져 아이에게 긍정적인 메시지를 보내는 능력을 아예 잃어버리지 않게끔 하는 것이다.

기 싸움은 항상 두 개의 메시지와 연관된다. 첫 번째 메시지는 특정한 논쟁과 관련이 있다. 예를 들어 얼마 전 케이티는 하이킹을 갈 때 하얀 타이츠를 입겠다고 고집을 부렸는데, 그것을 입고 가면 당연히 더러워질 수밖에 없으니 그다지 좋은 선택이 아닌 것은 분명했다. 아내는 케이티의 결정에 강력히 반대한다고 단호하게 말했다. 거의 충돌 직전의 이 상황에서 케이티가 받아야 할 몇 가지 메시지가 있었다. 첫 번째는 옷은 상황에 따라 적절하게 입어야 한다는 것이었고, 두 번째는 엄마에게 무례한 태도를 취하거나 짜증을 내면 원하는 것을 얻을 수 없다는 것, 그리고 세 번째는 메타메시지로서, 부모가 결정을 내리고 케이티는 그저 따라야 하는 경우가 때때로 존재한다는 것이었다.

아이가 어릴 때 부모는 자기도 모르게 이런 기 싸움에 휘말릴 수 있다. 그리고 가끔은 피곤하거나 주위 사람들 보기가 창피해서 아이의 요구에 굴복하고 원하는 대로 해주기가 쉽다. 공공장소에서 아이들은 곧잘 부모를 민망하고 창피하게 만들어서 원하는 것을 얻어내려 한다. 예를 들어 아이와 함께 상점에 갔는데 아이가 특이하게 장식된 풍선을 갖고 싶어 한다고 가정해보자. 당신이 안 된다고 몇 번이나 얘기했는데도 아이는 소리를 지르고 울기 시작한다. 다른 사람들이 못마땅한 눈으로 쳐다보고 지나가자 당신은 설득하기를 포기하고 아이 손에 풍선을 쥐여주고 만다. 이럴 때 당신은 자신도 알지 못하는 사이에 아이에게 몇 가지 해로운 메시지를 보내고 있는 셈이다. 첫 번째는 부모에게 불손하게 대하면 원하는 바를 얻을 수 있다는 것이고, 두 번째는 시끄럽게 하고 고집 부리기만 하면 원하는 것을 얻을 수 있다는 것이다.

또한 부모들은 너무 피곤해서 단호한 태도를 취할 힘조차 없는 나머지 아이의 요구에 항복하고 말기도 한다. 이런 상황에서 아이들이 얻을 수 있는 메타메시지는 '부모가 언제 피곤해지는지 잘 보고 있어야 한다'라는 것과 더불어 '부모가 피곤해지면 원하는 바를 얻을 수 있다'라는 것이다.

이렇듯 아이와의 기 싸움에서 져주는 것이 손쉬운 방법일 수도 있지만, 그런 경우 아이에게 전달될 메시지는 장기적으로 보면 결코 유익한 것이 아니다. 부모를 졸라서 원하는 것을 얻어낼 수 있다는 것을 배운 아이들은 자라면서 '어른이 되면 고집과 짜증이 통하지 않는다'라는 뼈아픈 교훈을 얻게 될 것이다. 대신 부모가 이런 기 싸움을 잘 처리한다면 아이는 부모의 권위, 자제력, 타인에 대한 배려 등 어른이 되었을 때 상당히 도움이 될 중요한 메시지들을 받을 수 있다.

부모에게는 아이와의 기 싸움을 피하거나 통제할 힘이 있다. 싸움이 되려면 적어도 두 명이 있어야 한다. 그러니 싸움으로 발전시키지 않으려면 부모가 그것에 가담하지 않으면 되고, 그러기 위해서는 싸움터를 현명하게 선택해야 한다. 아이와 기 싸움을 할 당시에는 그것이 정말 중요해 보이고 꿋꿋이 버터 끝을 보겠다는 의욕이 솟을 수도 있지만, 돌이켜보면 싸울 필요가 없는 문제였거나 얻은 것보다 잃은 것이 더 많았을 수도 있다. 아이와 기 싸움을 할 기회가 생기면 당면한 문제의 성격과 거기에 내재한 메타메시지를 고려하여 그것이 얼마나 중요한 기회인지 판단하라. 부모가 기 싸움에 가담하지 않으면 아이는 자신이 간혹 승리할 때마다 부모로부터 존중받고 있다는 사실과 더불어 자기가 삶을 어느 정도 통제할 수 있다는 것을 알게 된다. 싸움이 시작되기도 전에 져주면, 부모는 아이가 가끔 이기게 해줄 만큼 아이를 존중한다는 메시지를 보내는 셈이기 때문이다. 물론 일부러 아이가 이기게 해줬다는 것을 아이들은 모르므로 그렇게 말해서는 안 된다.

하지만 단호한 입장을 취하기로 했다면 끝까지 버텨야 한다. 아이가 어떻게 해도 원하는 것을 얻을 수 없다는 메시지를 확실히 전달하라("안 된다면 안 돼!"). 특히 아이가 계속 불손한 태도를 유지한다면 더욱 버텨야 한다. 공공장소에 있다 해도 모든 부모가 이런 고난을 겪는다는 사실을 상기하고 입장을 고수하라. 사실 지켜보는 사람들은 당신의 결의를 부러워할 것이다.

부모가 기 싸움에 휘말려 아이와 같은 수준으로 떨어지면 존중은 타격을 입는다. 아이의 도발에 이성을 잃고 반응하는 것은 곧 앞으로도 계속 기 싸움에서 이기는 전략을 아이 손에 쥐여주는 것과 마찬가지고, 그런 행동은 다음과 같은 두 가지 메시지를 아이에게 전하게 된다. 첫째는 (아이에게 소리를 질렀으므로) 부모는 아이를 존중하지 않는다는 것이고, 둘째는 (아이와 똑같이 행동했으므로) 부모가 아이에게 존중받을 자격이 없다는 것이다. 아이는 '오랫동안 충분히 밀어붙이면 결국 부모의 방패를 뚫고 부모를 나와 같은 수준으로 끌어내릴 수 있다'라는 사실을 배운다. 여기에서 방패란 아이에게 존중받을 만한 성숙함을 뜻하는데, 아이의 공격에 그 방패가 무너지면 부모는 아이의 존경을 받기가 어려워진다. 화가 나서 소리를 지르는 식의 아이와 같은 수준으로 떨어지자마자 아이는 (부모가 아니라) 또 한 명의 아이와 기 싸움을 시작했다고 간주하고, 자신의 승리를 예감한다. 아이답고 유치한 분야에서는 아이가 부모보다 낫기 때문이다. 이 기 싸움에서 이기고 아이에게 존중받는 길은 아이가 이성을 잃었을 때에도 부모 자신의 감정을 변함없이 통제하는 능력에 달려 있다.

 기 싸움에 대처하는 이상적인 방법은 부모와 아이 모두가 자신이 이겼다고 느낄 수 있는 윈윈 전략과 상황을 조성하는 것이다. 어느 누구도 패자가 되지 않고, 자신이 존중받지 못한다고 느끼지도 않으며 둘 다 당당한 태도를 유지하도록 만들기 때문이다.

 가끔 작은딸은 저녁 식사 후에 설거지거리를 싱크대로 가져가지 않으려고 할 때가 있다. 우리가 재촉해도 (혹은 재촉하기 때문인지) 완강하게 버틴다. 우리 집에서는 두 딸이 저녁 식사 후에 식탁을 치우도록 정해져 있으므로 다른 선택지는 없다. 하지만 우리는 딸아이가 상당히 고집스러울 때가 있고 가끔은 자신에게 통제력이 있다고 느낄 만한 기회가 필요하다는 사실을 알고 있었다. 따라서 이런 상황이 되면 잠깐 논다든지 하는 식으로 일단은 하고 싶은 일을 하도록 허락해주고, 그 후에 접시를 치우게 한다. 이 방법은 항상 효과가 있다. 이런 윈윈 시나리오를 통해 아이는 자신이 승리를 얻을 만큼 존중받는다고 느낀다. 또 그런 윈윈 상황을 조성하는 것은 우리이므로 아이는 우리가 자신을 공정하게 대한다고 생각하고 자신이 존중받을 만하다고 느낀다. 결국 우리는 그런 타협이나 절충안이 기 싸움보다 효과적이라는 메시지도 아이에게 보내는 것이다.

■ 자기존중감은 아이를 보호해줄 갑옷이다 ■

아이가 부모와 타인을 존중할 줄 알게 되면 자신을 포함하여 모든 사람들이 존중받아야 한다는 메타메시지를 받는다. 하지만 오늘날 대중문화가 뿌려대는 수많은 메시지에서는 전혀 존중을 이끌어낼 수 없다. 아이가 정크 푸드나 약물 등 대중문화에서 받는 메시지는 건전하지 못하기 때문에 분명 존중과도 거리가 멀다.

 아이들의 자기존중 행동이 자긍심에서 나온다는 것은 분명하다. 앞에서 상당 부분에 걸쳐 이야기했던 사랑, 안도감, 유능감은 아이가 자신을 존중할 수 있는 바탕이 된다. 자긍심이 있는 아이들은 말 그대로 자신을 소중히 여긴다. 게다가 이런 아이들은 부모를 비롯하여 교사,

친척, 친구 등 중요한 사람들에게서 받는 메시지가 소중하다는 느낌을 받는데, 이 느낌이 바로 자기존중의 핵심이다. 건전한 자기존중감은 대중문화의 폭력을 막아줄 갑옷 역할을 할 수 있다. 대중문화의 목적은 아이들을 완전히 때려눕혀 아무리 해로운 메시지라도 믿고 어떤 일이든 하게 만드는 것이므로 아이가 자신을 보호할 수 있는 건전한 자기존중감은 매우 중요하다.

아이의 몸을 지켜주는 자기존중감

부모는 아이에게 자기존중감의 세 가지 영역에 대한 메시지를 보낼 수 있다. 첫 번째 영역은 신체에 관한 것으로, 부모는 아이에게 자기 몸을 존중할 줄 알아야 한다는 메시지를 보내야 한다. 일단 몸이 건강하지 않다면 할 수 있는 것도 거의 없지 않은가. 하지만 아이의 몸을 성스러운 사원이 아니라 쓰레기통처럼 여기게 하는 대중문화의 영향력 안에서는 이렇게 하기가 쉽지 않다. 소아비만이 전염병처럼 만연한 사회에서 정크 푸드와 설탕 덩어리 음료수는 예외적인 것이 아니라 당연한 것이고, 아이들은 밖에 나가서 뛰어놀기보다 소파에 앉아 화면을 쳐다보기 일쑤다. 또한 신체 활동이 주의력, 행동, 학습, 성적을 향상시킨다는 분명한 증거가 있는데도 무슨 이유에선지 학교 교육과정에서 체육과 휴식 시간은 잘려 나가기 십상이다. 따라서 부모는 스스로 건강한 음식을 먹고 아이에게 건강하고 균형 잡힌 식단을 제공함으로써 간단하고도 실용적인 메시지를 보낼 수 있다. 또한 부모 스스로 활동적으로 생활하고 규칙적으로 운동을 하며 아이를 소파에서 바깥으로 끌어내

활동하게 함으로써 운동의 중요성에 대한 메시지를 전할 수도 있다.

한 연구에 따르면 오늘날 아이들은 최고의 기능을 수행할 만큼 충분히 잠을 자지 못한다고 한다. 이런 지속적인 피로는 나이가 어린데도 카페인이나 에너지 음료를 섭취하기 때문이거나(3세 이상 어린이의 25퍼센트는 하루 한 잔 이상 카페인이나 에너지 음료를 마신다고 한다) 아이의 방에 TV가 있기 때문이다(응답자의 40퍼센트가 이에 해당했다). 따라서 부모는 아이에게 자극적인 음료를 제한하거나 마시지 못하게 하고 아이 방에서 TV를 없애며, 아이가 제시간에 잠들게 함으로써 수면의 중요성에 대한 메시지를 보낼 수 있다.

우리 문화에서 몸을 존중하지 않는 경향이 가장 위험하게 표출되는 사례는 약물 사용과 성생활을 부추기는 분위기다. 이런 분위기는 어린 아이들 사이에도 이미 널리 퍼져 있다. 슬픈 진실은, 우리의 아이들도 이렇게 파괴적인 메시지가 쏟아지는 세상에 곧 발을 들일 것이라는 점이다. 그러므로 우리의 유일한 희망은 자기존중감을 강화하는 메시지를 아이가 어릴 때부터 여러 경로를 통해 자주 퍼부어주는 것뿐이다. 이런 건전한 메시지는 아이에게 정직하고 정확한 정보를 제공하여 올바른 결정을 내리게 하고 지지해줌으로써 아이가 해로운 메시지에 영향을 받지 않고 버텨내도록 도울 것이다.

아이의 노력을 북돋우는 자기존중감

자기존중감의 두 번째 영역은 성취 활동에 대한 아이의 태도와 관점이다. 성취와 관련된 메시지는 자기존중감 문제에서 중요한 역할을 한다. 긍정적인 성취 경험은 아이의 유능감과 자긍심에 대단한 영향을 미치기 때문이다. 아이가 자신의 성취 노력에 큰 가치를 둔다면 최선의 성과를 위해 필요한 만큼 헌신하고 시간을 투자하며, 그 노력에서 자부심을 느낄 것이다. 아이의 성공과 가장 관련이 깊은 요소는 노력에 투자하는 시간이라는 연구 결과도 있다. 따라서 아이가 이 메시지를 얼마나 깊이 받아들이느냐에 따라 학업, 운동, 예술 영역에서의 성과가 달라진다고 할 수 있다. 자신의 성취 활동에서 자기존중감을 얻는 아이는 열심히 노력하겠다는 동기를 부여받는다.

부모는 자신의 성공을 위해 노력하고 자부심을 느낌으로써 아이에게 성취 활동을 통한 자기존중감과 관련된 메시지를 보낼 수 있고, 성공한 사람들의 목표 도달 사례를 아이에게 보여주는 방법을 통해 노력에 대한 긍정적인 메시지를 전할 수도 있다. 아이의 노력을 적절히 칭찬함으로써 보상해주는 방법도 있는데, 노력에 대한 적절한 칭찬은 아이가 노력과 성공을 연결하는 데도 도움이 된다. 여기에 더해 만족이나 자부심, 풍부한 영감 등 아이가 경험하는 놀라운 감정을 일깨워주고 강조해도 좋다.

원만한 교우관계의 초석이 되는 자기존중감

자기존중감이 영향을 미치는 세 번째 영역은 다른 사람을 향한 아이의 행동이다. 자기존중감이 높은 아이들은 자신의 인간성과 특질에 자신이 있고 안정감을 느끼기 때문에 타인에게 친절, 배려, 동정심 있는 태도를 보인다. 이들은 "너희가 남에게 대접받고자 하는 대로 남을 대접하라"라는 메시지를 제대로 받아들인다. 앞에서 언급했듯, 아이는 존중에 대한 우리의 메시지를 통해 타인을 존중하는 법을 배울 것이다.

이와 반대로 자기존중감이 낮은 아이는 불행하고 좌절감을 느끼며 화를 내기 쉽고, 그 결과 타인에게 불손한 태도로 불쾌한 감정을 전달할 가능성이 크다. 빠르면 유치원 시기부터 아이들 사이에서 특정 아이를 괴롭히는 강도와 빈도가 높아지고, 그것이 참담한 결과로 이어지는 경우가 많아지면서 '타인을 존중하지 않는 아이들'에 관한 문제는 최근 들어 더욱 중요하게 다루어지고 있다. 이런 문제를 분석해보면 원인이 크게 두 가지로 압축된다. 첫째는 아이에게 행동의 한계를 정해주지 않고 책임 또한 지우지 않는 부모, 둘째는 불손한 사람들을 찬양할 정도로 악의적인 무시가 판치는 문화적 분위기다.

사이버 왕따, 사이버 폭력은 점차 매체와 연구자들의 주목을 끌고 있다. 최근 몇 년 동안 사이버 왕따 문제가 10대의 자살로 이어진 사건이 몇 번이나 지속적으로 일어났다. 사이버 왕따가 청소년 및 아동에게 미치는 영향을 조사한 연구에 따르면, 사이버 왕따의 피해자는 기존 왕따 사건의 피해자에 비해 우울증을 호소하는 비율이 높다고 한다. 사이버 왕따가 특히 해로운 이유는 가해자는 쉽게 정체를 숨길 수 있어 직접 접촉할 수 없는 반면 피해자는 피할 곳이 없기 때문이다.

자기존중감이 높은 아이는 자신을 좋게 생각하기 위해 다른 사람을 지배하거나 비하할 필요가 없기 때문에 다른 사람을 괴롭히지 않는다. 또한 이들은 자신을 높이 평가하므로 자신에게 적대적인 사람의 곁을 떠나거나 가해자들과 맞서기 때문에 괴롭힘의 대상이 되지도 않는다.

이와 반대로 자기존중감이 낮은 아이는 괴롭힘의 피해자가 되거나 가해자가 되는 경우가 많다. 자신을 좋게 생각하지 않는 아이 중에는 통제감이나 통제력을 얻기 위해 타인을 비난하고, 그럼으로써 자신의 가치를 확인하는 아이가 있다. 자신을 좋게 생각하지 않는 한편 타인을 비난하지 않는 아이는 자신의 약함을 친구들에게 전달하기 때문에 쉽게 괴롭힘의 대상이 된다.

존중을 익히기 위한 표어

우리 가족에게는 존중을 권장하는 표어 대신 그것을 포착하는 표어가 있다. 큰딸이 외쳤던 "그런 얼굴"이라는 말이 그것이다. 설명하자면 이렇다. 두 살 반이었던 딸아이가 무례하고 거슬리게 행동하기 시작했을 때, 나는 무심코 고개를 갸우뚱하면서 눈썹을 치켜세우고 "넌 지금 무례하게 행동하고 있어. 계속 그랬단 봐라" 하는 메시지를 보냈다. 그런데 언젠가 저녁 식사 시간에 음식을 막 집어 던지려던 딸아이가 내 표정을 보더니 "아빠! 그런 얼굴로 보지 마!"라고 소리쳤다. 나는 그것이 무슨 말인지 전혀 모르다가 딸아이의 설명을 듣고서야 알게 되었다. 그때부터 두 아이가 무례하게 행동할 때마다 나는 눈썹을 살짝 치켜세우거나 "'그런 얼굴' 보고 싶니?"라고 묻는데, 그러면 아이들은 대개 무례한 행동을 멈추었다. 그다음에 어떤 일이 따라올지 알고 있었기 때문이다.

두 딸은 이 '그런 얼굴'이라는 말을 가지고도 장난을 쳤다. 나나 아내가 아이들이 보기에 무례한 행동, 예를 들어 아내가 아이들에게 뭔가를 시키거나(우리는 시키기보다 부탁하려고 노력한다) 내가 저녁을 먹은 후에 아내에게 감사 인사 하는 것을 잊으면 아이들이 우리에게 '그런 얼굴'을 보여주었다. 또 가끔 내게 가짜로 '그런 얼굴'을 보여달라고 해서 그렇게 해주면 두 아이는 숨이 넘어가도록 깔깔거렸다. 하지만 '그런 얼굴'의 메시지, 즉 무례함에는 결과가 따른다는 메시지는 아이들에게 명확하게 전달되었다.

수잔나는 자기 전의 일과에 아이들이 협조하게 함으로써 존중의 중요성을 강조한다. 아이들은 이를 닦고 잠옷으로 갈아입는 등 잠자리에 들 준비를 하면서 감당이 안 될 정도로 떠들썩하게 굴거나 늑장을 부리기 일쑤다. 그때 수잔나는 "쉽게 할래, 어렵게 할래?"라고 말한다. 이 말이 전하는 메시지는 '너희가 하고 싶든 아니든 어차피 자기 전에 하는 일들은 끝마쳐야 하는데, 그렇다면 협조적으로 행동해서 그 과정을 빠르고 순조롭게 끝낼 것인지 아니면 고집을 부려서 힘들게 끝낼 것인지는 너희 손에 달려 있다'라는 것이다. 만약 후자를 택한다면 아이들은 존중하는 마음이 없었던 것에 대한 책임을 져야 한다. 하지만 아이들은 대개 쉬운 길을 택한다고 한다.

유키와 미치는 말과 어조를 통해 존중의 마음이 가장 잘 표현된다고 생각한다. 두 아이 그레고르와 베라는 기분 나쁜 목소리로 뭔가를 요구할 때가 많은데, 말할 필요도 없이 그 전략은 아이들에게 전혀 도움이 되지 않는다. 아이들이 그렇게 말하면 유키와 미치는 가족끼리 쓰는 표어를 말한다. "친절한 말, 친절한 목소리로." 그러면 그레고르와 베라는 원하는 것을 다시 이야기하고, 당연히 원하는 것을 얻는다.

타이 역시 두 딸에게 이와 비슷한 태도로 대하지만 그는 '내용이 아니라 방식이 중요해'라는 표어를 사용한다. 둘 중 누구든 원하는 것이 있으면 아이들은 정해진 방식에 따라 말을 해야 한다. 먼저 듣는 사람을 부르면서 시작해야 하고, 그다음에는 요청할 내용, 그다음에는 "해주세요"라며 끝을 맺어야 한다. 이를테면 "아빠, 문 좀 열어주세요"라고 말하는 것이다. 원하는 것을 얻었으면 "감사합니다" 혹은 "고마워요"라고 말하고, 원하는 것을 얻게 해준 사람의 이름을 불러야 한다.

마사지 치료사이자 요가 강사인 마사는 사람들의 몸 상태에 아주 민감하다. 그녀는 고객이 자기 몸을 존중하는 태도가 바로 자기 자신을 존중하는 태도와 상통한다는 점을 발견했다. 마사는 여자들이 몸에 대해 대중문화로부터 어떤 메시지를 받는지를 본 뒤, 딸 어맨다에게는 그와 완전히 다른 메시지를 보내야겠다고 결정하고 '몸을 존중해줘'라는 표어를 정했다.

이 표어에는 다양한 의미가 함축되어 있다. 먼저 건강한 식습관을 지키고 활동적인 사람이 됨으로써 몸을 존중해주라는 뜻이 있고, 더불어 어맨다의 몸에 일어나는 일은 무엇이든 어맨다가 통제할 수 있다는 뜻도 있다. 이를테면 마사와 어맨다가 서로를 간질이는 놀이를 하다가 어느 한 명이라도 불편한 기분을 느끼면 "몸을 존중해줘"라고 말할 수 있고, 상대방은 그만두어야 한다는 것이다. 마사는 이것이 어맨다에게 좋은 훈련이 된다고 생각하며, 훈련을 일찍 시작한 만큼 어맨다는 성인이 부적절하게 접근하거나 데이트 상대가 성급하게 신체 접촉을 시도

하더라도 스스로를 지킬 수 있다고 믿는다.

 달리기 시합에서 만난 테리와 제이미는 건강과 신체 단련에 대한 태도 때문에 서로 금방 좋아하게 되었다. 이들은 거의 매일 운동하고 건강한 식단으로 식사를 하며, 이 신념을 케이시와 아이비에게도 전해주고 싶어 한다. 이 가족은 '네 몸은 신성한 곳이야', 즉 존중하는 마음으로 몸을 대해야 한다는 뜻의 표어를 정했다. 이 가족은 매끼 식사를 하기 전에 각자 이 표어를 말하고 그날 하루 어떤 방식으로 몸을 존중했는지 이야기한다.

■ 존중을 익히기 위한 습관적 의식 ■

일종의 반성 시간인 타임아웃(time-out : 일시적으로 긍정적 자극에서 격리하여 반성하게 하는 벌-옮긴이)은 우리 가족이 케이티와 그레이시에게 존중의 메시지를 보낼 때 쓰는 핵심적인 의식이다. 우리 가족은 이것을 타임오프(time-off)라고 부른다.

 타임아웃은 아이들이 무례하거나 잘못된 행동을 했을 때 요즘 가장 흔하게 사용되는 벌이지만, 동시에 가장 논란이 많은 조치이기도 하다. 육아 전문가 중에는 '아이들은 타임아웃을 경험할 때 거부당하고 고립되었다는 비인간적인 감정을 느끼므로 건전하지 않은 조치'라고 주장하는 사람들도 있다. 하지만 우리의 생각은 다르다. 타임아웃이 존중과 책임을 가르치기에 아주 효과적인 수단임을 깨달았기 때문이다. 단, 일관성 있고 현명하게 적용하되 설명을 곁들이고 "사랑해"라는 말과 함께 사용해야 한다.

타임아웃은 세 가지 중요한 메시지를 전달한다. 첫째, 어른들은 책임자다. 둘째, 아이들에게는 해야 할 일과 하지 말아야 할 일이 있다. 셋째, 행동에는 결과가 따라온다.

비평가들의 주장과 달리, 타임아웃은 전혀 가혹하지 않다. 그저 지루하고, 아이들이 하고 싶은 일을 못 하게 하고, 벌을 받는 동안 기분이 나쁠 뿐이다. 그에 반해 아이에게 진정할 시간을 주고, 자신이 어떤 행동을 했는지 생각해보게 하고, 행동에는 결과가 따른다는 사실을 깨닫게 한다는 이점이 있다.

케이티와 그레이시가 무례한 태도를 보이면 우리 부부는 먼저 잘못된 태도를 스스로 바로잡을 기회를 준다. 아이가 거부하면 우리는 아이를 가까운 방의 한쪽 모퉁이로 데리고 가서, 아이가 왜 타임아웃을 받는지(동생을 때려서, 할 일을 하지 않아서, 음식을 던져서) 설명하고 어떻게 타임아웃을 끝낼지(사과하기, 할 일을 하기, 어지른 것 치우기)를 스스로 결정하게 한다. 아이가 태도를 바로잡고 나면 왜 타임아웃을 받았는지 다시 한 번 설명해주고, 존중하는 태도로 있어줘서 고맙다고 말한 후 포옹하고 "사랑해"라고 말한다.

이브와 대런은 주의를 기울이는 행동이 존중을 나타내는 중요한 신호라고 생각한다. 이들은 두 아이에게 무언가 말을 할 때마다 번번이 무시를 당했고, 이런 일이 있을 때마다 깊은 좌절을 느꼈다. 뭔가를 하라고 여러 번 말해도 아무런 반응을 보이지 않는 아이들이 무례하다는 생각에 가끔 화가 나기도 했다. 그러다 이들은 중요한 점을 깨달았다. 아이들이 꼭 무례했던 것만은 아니었다. 자기들만의 세계에 몰입해서 엄마 아빠의 말을 못 들을 때도 있었기 때문이다.

두 사람은 이런 단절에 맞서기 위해, 이제 원하는 것이 있으면 아이들의 눈을 보고 요청한다. 눈을 보고 이야기하면 자신들이 말하고 싶은 것을 아이들이 들을 준비가 되어 있고 주의를 기울이고 있다는 사실을 알 수 있다고 한다. 그럼으로써 아이들은 눈 맞추기가 존중의 표시라는 점을 배우고, 이브와 대런은 아이들이 집중하고 있으니 같은 말을 반복할 필요가 없겠다고 생각하게 된다(적어도 여러 번 반복할 필요는 없을 것이다).

르네와 토드는 세 딸 다니카, 제니, 애니가 어렸을 때부터 만나는 사람들과 악수를 하고, 눈을 바라보며 인사하게 함으로써 예의 바르다는 첫인상을 심어주길 바랐다. 사실 아이들에게 이 절차를 가르치기는 쉽지 않았고, 특히 수줍은 기질인 제니의 경우에는 더욱 그랬다. 하지만 르네와 토드는 마음을 굳게 먹었다. 두 사람은 세 딸과 악수하고 눈을 보면서 인사를 나누는 연습을 했고, '만나면 인사하기'라는 놀이까지 만들었다.

세 아이는 이 놀이를 아주 좋아했다. 이들 부부는 이야기를 만들어서 딸들이 '만나면 인사하기' 놀이를 할 때 각각의 역할을 맡아 연극을 할 수 있게 했다. 예를 들어 무도회에 간 공주들(세 아이들)이 낯선 사람(엄마, 아빠)에게 다가가서 자기를 소개하는 식이었다. 르네와 토드가 세 딸과 함께 '만나면 인사하기' 놀이를 한 횟수는 아마 1,000번쯤은 될 것이다. 하지만 보상은 굉장했다. 아이들은 각각 다섯 살 정도가 되자 낯선 사람을 만났을 때 편안하고 자신 있게 행동했으며, 손을 내밀고 눈을 보면서 "안녕하세요"라고 인사했던 것이다.

테리와 제이미는 케이시와 아이비가 자신의 몸을 존중해야 한다는 메시지를 어릴 때부터 꼭 받았으면 좋겠다고 생각했다. 이들 부부는 "네 몸은 신성한 곳이야"라는 표어에 따라 딸들과 함께 규칙적으로 운동했다. 테리는 조깅용 유모차에 아이들을 번갈아 태우고 나가서 달리기를 했고, 제이미는 두 딸에게 장난감 아령을 주고 가족이 공동으로 사용하는 방에서 일주일에 세 번씩 운동하면서 아이들 역시 이런 일정을 따라 규칙적으로 운동할 수 있게 해주었다.

케이시와 아이비는 처음에 자전거에 매달린 트레일러를 타고 다니다가 따로 자기 자전거를 탈 수 있게 되었고, 곧 온 가족이 함께 자전거를 타러 다녔다. 테리와 제이미는 아이들이 건강에 좋은 다양한 음식에 대해 배울 수 있기를 바라는 마음에 두 아이에게 저녁 식사 준비를 돕게 하기도 했다.

존중을 익히기 위한 활동

요구가 아닌 요청하기

케이티와 그레이시는 다른 아이들과 마찬가지로 무례하고 다소 거슬리는 말버릇으로 원하는 것을 말할 때가 있다("오트밀 더 먹고 싶어"). 이보다 더 최악인 것은 명령하듯 요구하는 경우다("가서 내 인형 가져와"). 어느 경우든, 우리는 아이의 눈을 보면서 아이가 질문으로 요청하기를 기다린다. 아이가 정중하게 요청하는 말을 생각해내지 못하면 우리는 이렇게 묻는다. "오트밀을 더 먹고 싶다는 거구나. 오트밀을 더 먹고 싶으면 어떻게 해야 하지?" 그래도 정중하게 요청하지 않으면 "'해주세요'라고 말해야만 들어줄 거야"라고 말한다. 마침내 케이티와 그레이시가 정중하게 요청하면 "기꺼이 갖다 드려야지요. 정중하게 말하면 원하는 걸 얻을 수 있으니 정말 좋지 않니?"라는 식으로 말한 뒤, 아이의 입에서 "고맙습니다"라는 말이 나오기를 기다린다. 가끔 그 말이 얼른 나오지 않으면 우리는 "도움을 받은 다음에 해야 할 말이 있지?"라고 말하고, 우리의 도움을 받아 아이가 감사를 표현하면 이렇게 끝맺는다. "언제든 대환영이지."

정중하게 말하기

데비는 예의범절에 엄격한 부모 밑에서 자랐고 정중함이 얼마나 인생에 도움이 되는지 알고 있는 까닭에 아들 에단에게도 똑같이 공손한 태도를 익히게 해주려고 애를 썼다. 그녀는 존중과 관련해서 에단이 세 가지를 지켜주길 바랐다. 뭔가 말하고 싶은 것이 있으면 끼어들기보다 "죄송하지만~"이라고 말해야 했고, 저녁 식사 시간에 자리를 뜨려면 먼저 양해를 구해야 했으며, 어른의 이름을 부를 때는 이름이 아닌 성으로 불러야 했다.

데비는 에단의 친구들이 어른을 그냥 이름으로 부른다는 사실을 깨달았다. 그녀가 어린 나이였을 때 어른의 이름을 부른다는 것은 생각할 수 없는 일이었는데 말이다. 데비는 그런 친근함이 격식 없고 존중하지 않는 분위기를 조성한다고 생각했고, 그래서 에단은 어른을 만나면 존중의 뜻으로 성을 불러야 했다. 데비는 이렇게 격식을 차려 정중히 말함으로써 어른은 친구가 아니며 아이들에게 존중받아야 하는 존재라는 것을 상기시킬 수 있다고 믿는다.

존중의 역할 모델이 되기

소냐와 네드는 세 아이의 말투가 갈수록 무례해진다는 생각이 들었다. 두 사람은 항상 아이들에게 공손한 태도를 장려하려고 노력했지만 그 메시지는 통하지 않는 듯했다. 스트레스를 받던 어느 날, 저녁 식사를 하기 전에 소냐와 네드는 정신이 번쩍 들었다. 서로에게 혹은 아이에게 말할 때 자신들이 최악의 역할 모델이었다는 사실을 깨달은 것이다. 이들 부부는 퉁명스러운 말투로 이야기했고 요청보다 요구하듯 말하고 있었다. 부탁하는 말도, 고맙다는 말도 없었다. 그러니 아이들이 그리 공손하지 못했던 것도 당연했다.

그래서 소냐와 네드는 아이들은 물론 둘의 결혼생활을 위해서도 서로를 정중하게 대하기로 했다. 이들은 끊임없는 의식과 노력을 통해 완벽하지는 못해도 서로에게 말하는 방식을 전반적으로 차분하고 공손하게 바꾸었으며, "부탁해요", "고마워요", "천만에요" 등 몇 가지 필수적인 요소를 덧붙였다. 그리고 어찌 된 일인지, 그들은 단 몇 달 만에 아이들의 말투와 말하는 방식도 바뀐 것을 알게 되었다.

사과의 기술을 배우기

타이와 앨리샤는 존중을 받는 사람에게든 표현하는 사람에게든, 존중의 가장 위대한 상징은 나쁜 행동을 한 후에 사과할 수 있는 능력이라고 믿는다. 대부분의 사람들이 자기 잘못을 인정할 때 굉장히 불편한 기분을 느낀다는 점을 고려하면, 사과를 하는 사람은 자신의 잘못을 인정할 만큼 자긍심과 자기존중감이 높은 사람임을 알 수 있다. 또한 사과하는 사람은 자신의 행동을 고치고 싶을 만큼 상대의 가치를 높이 평가한다고도 할 수 있다. 따라서 사과는 대단히 강력한 존중의 표현이다. 타이와 앨리샤는 우리 문화에서 사과라는 행동이 비교적 드물게 일어나는 일이라는 사실을 발견하기도 했다. '손에 쿠키 단지를 든 채로' 붙잡히기라도 해야 사과를 하는 경우가 많고, 그나마 죄를 자각하고 뉘우치는 경우도 별로 없다.

타이와 앨리샤는 딸들이 이른바 '사과의 기술'을 배우게 하기 위해, 가장 바람직한 유형의 사과에는 어떤 요소가 필요한지 공부했다. 그 결과 효과적인 사과 방식에는 몇 가지 요소가 있다는 것을 발견했다. 먼저 미안하다고 말하고, 무엇이 미안한지 구체적으로 밝히며, 진심 어린 말투를 사용하고, 잘못된 행동을 즉시 고치고, 앞으로 더 나은 방향으로 행동하도록 행동의 방식을 고치는 것 등이다.

딸들이 이 내용을 이해할 수 있을 만큼 자라자 이들 부부는 잘못된 행동을 사과하는 적절한 방식을 가르쳤다. 예를 들어 큰딸이 동생을 때렸다면, 최대한 진심 어린 말투로 "때려서 미안해"라고 말하며 동생을 부드럽게 쓰다듬거나 안아주는 식으로 행동을 고치고, 앞으로는 때리지 않겠다고 말해야 했다. 물론 둘은 자매이기 때문에 앞으로도 계속 서로 신경을 긁을 일이 생기겠지만 그만큼 사과의 기술도 연마해나갈 것이다.

책임감은 아이가 스스로 삶을 이끌어가게 한다

책임감은 존중과 함께 건전한 인간관계를 발전시키는 데 꼭 필요한 속성이다. "그 사람은 책임감 있는 사람이야"라는 평을 듣는 사람은 다른 이들로부터 신뢰를 얻고, 정직하며, 올바른 일을 하리라는 기대를 받고, 일을 망치면 자기가 저지른 실수에 책임을 질 것이다. 이런 사람이야말로 우리가 살아가면서 친구로 삼고 싶고, 동료로서 함께 일하고 싶으며, 하다못해 그냥 곁에라도 두고 싶은 사람이다. 또한 부모라면 아이가 장차 그런 사람으로 자라기를 바랄 것이다.

미국은 책임과 자기 결단에 바탕을 두고 세워진 나라다. 아메리칸드림은 자신과 가족을 위해 자기 손으로 더 나은 삶을 일궈내리라 생각하며 고생을 각오한 이들의 꿈이었다. 사람들은 자신이 원하는 것을 다른 이가 가져다주기만을 기다리지 않았고, 대신 이를 악물고 자신을 위해 해야 할 일을 했다. 실수를 하면 과오를 받아들이고, 상황을 바로잡기 위해 해야 할 일을 했다. 이전 세대의 미국인들은 책임의 가치가 자신의 운명을 개척하는 데 있다는 것을 알았고, 남보다 앞선 성공이 행운이나 다른 사람의 손이 아닌 자신에게 달려 있다는 것을 인식하고 있었다.

불행하게도 오늘날의 아이들은 책임에 대해 긍정적인 메시지를 자주 받을 일이 없다. 지금의 문화는 원하는 것을 노력이나 고생, 혹은 희생 없이 손쉽게 얻을 수 있다고 믿도록 아이들을 부추긴다(리얼리티 쇼나 자기계발서를 생각해보라). 우리 문화는 희생양의 문화다. 정치가에서 운동선수, 연예인에 이르기까지 아무도 자기 행동에 책임을 지지 않으려는 것처럼 보이고, 서로 책임을 떠넘기느라 바쁘다. 하지만 누군가는 죄가 있을 것이고, 우리는 그 사람을 고소하여 '정의'가 구현되는 것을 볼 것이다.

부모도 항상 도움이 되는 것은 아니다. 많은 부모들은 아이에게 책임을 지우면 자긍심이 손상될 거라고 믿는다. 이들은 아이의 나쁜 행동이나 형편없는 성과에 대해 아이에게 책임을 지우는 대신, 아이를 제외한 나머지 사람들을 모두 싸잡아 비난한다. 수지가 공부를 잘 못하면 선생님 잘못이고, 조이가 경기에서 이기지 못하면 코치 탓이라는 식이다. 이런 부모들은 책임, 존중, 노력 등의 조건을 달지 않고 아이가 원하는 것을 전부 줌으로써 아이를 망쳐왔다.

문제는 이 아이들이 책임감의 혜택을 놓치고 있다는 점이다. 아이가 실수와 실패에 대한 책임을 받아들이려 하지 않는다면 좋은 일과 성공에서도 책임을 맡을 수 없기 때문이다. 게다가 자기 삶에 대한 책임을 받아들이지 않는다면 삶을 변화시키기 위해 아무것도 할 수 없으므로 진정한 희생자인 셈이다. 이들은 부모, 교사, 코치, 대중문화, 또는 그들 삶에 아무렇게나 나타나는 힘에 속수무책으로 휘둘리며 살아갈 것이다.

우리는 스스로 책임질 수 있는 아이를 키우고 싶어 한다. 물론 아이들은 실망, 좌절, 슬픔 등 책임의 부정적인 면도 경험하겠지만 그것은 항상 존재하는 삶의 일부일 뿐이다. 아이들은 책임의 긍정적인 면, 즉 흥분, 자부심, 기쁨 등도 모두 경험할 것이다. 아이들의 성공과 실패는 고스란히 그들의 것이기 때문이다. 우리의 도전은 책임의 본질적인 가치가 삶에 어떤 영향을 미칠지 보여주는 정보를 아이들에게 보내는 일이다. 육아 과정의 대부분은 아이들이 이 책임감을 계발하고 자기 삶에 대한 통제력이 있다는 것을 이해하도록 돕는 데 할애되어야 한다. 이 말은 특권의식과 희생양 만들기에 치중하는 대중문화의 메시지를 거부하고 삶에 대한 책임감을 받아들이라는 메시지를 아이에게 보내야 한다는 뜻이다.

누구에게나 해야 할 일이 있다

대중문화는 아이들에게 책임감에 대한 불건전한 메시지를 보낸다. 물론 대중문화의 초점은 부유하고 유명한 사람들의 자유분방한 생활과 인생을 파티처럼 신나는 것으로 그리는 광고에 맞춰져 있지만, 한편으로는 아이들에게 뭐든 재미있고 쉬우며 흥미롭지 않으면, 또는 지겹고 지루하고 불편하다면 할 필요가 없다고 말하고 있다. 팝과 힙합 음악은 반항의 메시지를 보내고, 프로 운동선수들은 특권의식에 빠져 있으며, 타락한 영화배우는 대부분의 사람들이 책임이라고 여기는 것을 업신 여긴다. 이것들 모두가 아이들에게 말하고 있는 것은 '책임감 있는 태도란 시시한 것'이라는 메시지다.

하지만 머지않아 아이들도 대부분의 인생은 그렇게 흘러가지 않는다는 사실을 알게 될 것이다. 현실 세계를 알기 전의 아이들을 미리 준비시키기 위해 우리가 보내야 할 책임감의 메시지 중 가장 기본적인 것은 '가족 구성원 모두에게는 할 일이 있으며, 누구나 자신의 일을 해야 한다'라는 메시지다. 이것 때문에 가족이 가족일 수 있고 가정이 유지될 수 있다. 인생에는 하고 싶지 않은 일도 많지만 단지 해야 한다는 이유로 우리는 그 일을 한다. 이 사실을 받아들인다면 책임감 있는 사람을 향해 한 걸음 더 나아가는 셈이다.

정말 하고 싶지 않은 일이지만 아이를 위해서 할 때가 얼마나 많은가? 하기 싫으면서도 저녁을 차리고, 빨래를 하고, 아이를 잠자리에 들여보냈던 날들이 숱하게 많았을 것이다. 하지만 우리가 그런 일들을 하는 이유는, 부모를 위한 직무 해설서라는 것이 존재한다면 거기에 실려 있을 법한 일들이기 때문이다. 그렇기에 아이들 역시 자기에게도 할 일이 있고 지금이든 어른이 되어서든 인생에는 하고 싶지 않은 일을 해야할 때가 많다는 사실을 배워야 한다.

가정이 제대로 돌아가고 가족들도 잘 지내고 있다면, 아이에게 책임감과 관련된 메시지를 받게 했을 때의 이점은 너무나 명백하다. 덧붙이자면, 아이들은 책임감과 관련하여 다음과 같이 중요한 몇 가지 메타메시지도 받게 될 것이다. 첫째, 아이들은 요리, 청소, 빨래 등 나중에 도움이 될 유용한 일들을 하나하나 잘하게 되었다는 유능감을 느끼는 동시에 후에 자긍심으로 결실을 맺을, 전반적인 영역에 걸친 유능감도 느낄 것이다. 둘째, 가족으로서의 의무를 맡음으로써 아이는 자신이 가족에게 필요하면서도 소중한 구성원임을 느끼게 될 것이다. 아이는 가족에 꼭 필요한 기능을 수행함으로써 자신이 가족생활의 영위에 기능상으로 중요한 역할을 한다고 인식하게 된다. 가족에게 필요한 사람이라는 느낌은 자신이 없어서는 안 될 가족의 일부임을 느끼게 한다.

확고하지만 융통성 있게

아이에게 책임감의 메시지를 보낼 때 부모는 줄타기를 하게 된다. 아이가 책임을 받아들이고 싶어 하지 않는데도 책임을 부과해야 하거나, 아이 스스로 그 책임들에 관여하고 자기 자신을 위해 그 책임을 수행하게 해야 할 때도 있기 때문이다. 이 사이에서 균형을 잡으려면 부모는 아이가 자라는 동안 아이에게 점점 많은 책임을 지우되 확고하면서도 유연한 태도를 취해야 한다.

먼저, 아이로 하여금 반드시 책임을 수행하게 하려면 부모가 확고하고 일관성 있게 행동해야 한다. 아이는 선택의 여지 없이 자기가 맡은 일을 해야 한다는 점을 이해해야 하는데, 이런 입장을 취하려면 기 싸움에 대비해야 할 필요가 있다. 너무 피곤해서든, 독립을 주장하고 싶어서든, 하고 싶지 않아서든, 그냥 고집을 부리고 싶어서든, 책임을 완수하라는 부모의 요구에 아이가 맹렬하게 저항할 때가 올 것이기 때문이다. 아이에게 책임과 관련된 메시지를 분명히 전하고 싶다면 이 싸움에서 반드시 이겨야 한다.

이렇게 강경한 입장을 고수하다 보면 가끔 실망스럽고 지칠 때가 있다. 아이도 고집스러울 수 있는 데다 대개는 부모들처럼 쉽게 지치지 않기 때문이다. 아이들은 싸움이 지속되면 간단히 이길 수 있다고 판단한다. 하지만 이런 싸움에서 아이에게 승리를 내준다면 아이는 '책임이란 그렇게 중요하지 않으며, 쉽고 편한 일이나 하고 싶은 일을 할 때만 책임감을 느끼면 된다'라는 메시지를 받는다. 하지만 이것은 어른들의 세계에서는 어림도 없는 이야기이므로 아이가 조르거나, 울거나, 시간이 오래 걸리더라도 단호한 태도를 고수하고 포기하지 않아야 한다. 부모가 확고한 태도를 유지하면서 책임감에 대한 메시지를 일관성 있게 보낸다면 아이는 곧 메시지를 받고 책임을 자기 것으로 받아들일 것이다.

그와 동시에 부모는 아이가 맡은 일을 언제 해야 할지 선택하게 하는 문제에서 융통성을 발휘해야 한다. 자기 전에 수행하는 일련의 절차를 어떤 순서대로 하고 싶은지 아이에게 물어보거나, 잠깐 놀 시간을 준 뒤 그 후에 방을 청소하라고 허락해줄 수도 있다. 이 전략은 아이의 저항을 줄여준다. 아이는 자신이 싸움에서 이겼고 맡은 일과 관련된 선택권을 가졌다고 여기기 때문이다. 사실은 부모가 아이에게 승리를 넘겨준 셈이지만 말이다. 어떤 면에서는 아이를 속여서 일을 하게 한 셈이지만, 영리한 부모와 순진한 아이가 한판 붙으면 원래 그렇게 되기 마련이다. 가족을 위한 일이라면 무슨 일인들 못할까!

가끔은 아이가 너무 지치거나 책임을 완수할 수 없는 상황에 처하는 경우도 있는데, 이럴 때는 아이가 맡은 일을 끝내도록 도와주거나 아예 아이 대신 일을 해줄 수도 있다. 이런 상황에 유연하게 대처함으로써 아이에게 보낼 수 있는 메타메시지로는 다음과 같은 것들이 있다. 하나는 '가족은 서로 지지하고 도와주며 협력해서 일을 완수할 수 있다', 또 하나는 '융통성 없는 태도는 나쁘고 유연한 태도는 좋다', 마지막으로 '부모는 아이의 욕구와 필요에 민감하게 반응해준다'라는 것이다.

■ 책임을 맡기고 영역을 점점 확장하라 ■

아이가 어릴 때는 부모가 아이의 삶을 하나하나 세세히 관리해주어야 한다. 이유는 간단하다. 아이가 스스로 책임을 감당할 능력이 없기 때문이다. 아기는 혼자 힘으로 돌아다니거나 음식을 먹을 수 없고, 기저귀를 갈 수도 없다. 하지만 2년만 지나면 놀라울 정도로 자기 생활의 대부분을 책임질 수 있게 되고, 더 자라면서 그 능력은 폭발적으로 향상된다.

문제는 부모가 아이의 생활을 세세하게 관리해주던 '마이크로매니저'에서 그냥 '매니저'로 바뀌는 것을 힘들어할 수도 있다는 점이다. 왜

'세세한 관리'를 포기하기 힘든 것일까? 과거에는 아이가 할 수 있는 것이 거의 없었다는 생각에 빠져서 지금은 전부 할 수 있다는 점을 인정하지 않기 때문일 수도 있고, 아이를 위해 일하는 데 익숙해져서 계속 습관적으로 해주기 때문일 수도 있다. 또한 대개의 경우가 그러하듯 아이에게 시키기보다는 부모가 일을 처리하는 게 더 쉽기 때문이기도 하다. 아침에 아이에게 옷을 입히는 일만 해도 부모는 아이보다 빠르고 쉽게 처리할 수 있다. 하지만 부모가 아이의 책임을 뒤늦게까지 붙잡고 있다면, 아이에게 '너는 책임을 감당할 능력이 없고, 네 스스로 책임을 질 필요도 없다'라는 메타메시지를 보내는 셈이다.

아이는 자라면서 자신을 세세하게 관리할 수 있는 능력이 향상되지만 전반적인 생활 관리 능력은 아직 부족하다. 이전에 세세한 관리자였던 부모는 이 시점에서 점차 전반적인 관리자로 넘어가야 한다. 그래서 어떤 일의 경계를 정해주거나 의사결정을 도와주는 등, 큰 그림을 보며 아이의 생활을 감독하면 된다.

아이가 이득을 얻어야 하는 영역에서 부모가 계속 아이의 책임을 빼앗아 간다면, 장기적으로 보았을 때 아이는 자신의 삶을 관리하는 능력에 손상을 입는다. 자기 생활을 더 능숙하게 관리하는 데 필요한 경험을 얻지 못하기 때문이다. 게다가 아이는 부모의 세세한 관리를 자기 생활에 대한 침범으로 간주하고 부모의 노고에 오히려 분개할 수도 있다. 요컨대, 아이의 삶을 세세하게 관리해주는 기간이 길어질수록 아이의 발달은 지체되며 책임감 있는 성인이 될 준비 또한 늦어지는 것이다.

아이로 하여금 책임에 대한 메시지를 받게 하는 유일한 방법은 부모가 아이에게 책임을 맡기는 것뿐이다. 우리는 아이 자신의 건강 및 행복을 돌보거나, 공부에 힘쓰거나, 자기 물건들을 관리하는 등의 일들을 하게 함으로써 아이 자신에 대한 책임에 초점을 맞춘 메시지를 보낼 수 있다.

또한 도움이 되는 가족 구성원으로서 아이가 가지는 책임을 강조하는 메시지를 보낼 수도 있다. 집안일, 이를테면 저녁 식사 후 식탁을 치운다든가 자기 방을 청소한다든가 하는 일을 아이에게 맡기는 것이 이에 해당한다.

마지막으로 우리는 아이에게 지역사회 시민으로서, 나아가 세계의 일원으로서의 책임을 강조하는 메시지를 보낼 수 있다. 이를 위한 활동으로는 학교 활동에 참여하거나, 기부 활동을 하거나, 환경 관리에 참여하게 하는 것 등이 있다.

이 외에도 아이가 앞으로 몇 년간, 그리고 성인이 되어 책임을 져야 할 측면을 모두 생각해보자. 우리는 아이에게 나이에 맞는 책임을 주고 아이의 성숙함과 능력이 감당하는 범위 내에서 책임의 영역을 확장함으로써, 어른이 되었을 때의 혹독한 삶에 대비하게 할 수도 있다.

기대와 결과를 적절히 활용하기

아이에게 책임과 관련된 메시지를 보내는 최고의 방법은 기대와 결과를 이용하는 것이다. 책임에 대한 기대와 결과를 설정할 때 부모는 '책임은 중요하다'라는 메시지와 더불어 '우리는 네게 우리 기준에 맞춰 살기를 기대한다'라는 메시지를 보낸다. 아이를 이런 기대에 잡아둠으로써 부모는 아이에게 '부모의 기대에 부응하는 것도 필수적이고 중요한 가치'라는 메타메시지를 보내는 셈이다.

가령 아이가 놀이보다 집안일을 우선시할 것이라는 기대를 세운다면 이는 곧 아이에게 책임의 중요성에 대한 메시지를 보내는 것과 같다. 아이는 부모의 기대에 부응하고 혜택을 받을 것이냐(부모의 인정, 책임 완수에 따른 좋은 기분, 늘어난 책임과 자유) 아니면 기대치에 도달하지 못하고 결과를 받아들일 것이냐(부모의 불만, 책임을 등한시했다는 데서 오는 나쁜 기분, 줄어든 책임과 자유)를 선택할 수 있다.

책임과 관련된 메시지의 영향력을 최대로 끌어올리는 방법은 다음과 같다.

- 아이에게 책임이란 무엇인지, 책임이 왜 중요한지 설명한다.
- 책임과 관련된 기대를 구체적으로 알려준다("자기 전에 네 방을 치웠으면 좋겠어").
- 아이가 부모의 기대에 맞춰 어느 정도의 시간이나 노력을 투입했는지 말하도록 권유하고, 아이의 대답에 따라 기대치를 수정할 수 있을지 고려해본다. 아이가 책임에 더 관여하고 노력을 투입했을수록 책임을 받아들이고 기대에 도달할 가능성이 크다.

나이가 어린 아이는 책임을 완수하고 부모의 기대에 부응하는 것의 본질적인 가치를 이해하지 못할 것이다. 그 대신 부모가 덧붙이는 결과에 따라(가장 흔하게는 부모의 인정을 받느냐 받지 못하느냐에 따라) 책임을 완수하거나 하지 않으려고 할 것이다. 그러던 아이는 자라면서 책임의 의미를 점차 이해하게 되고, 그럼으로써 부모의 메시지를 내면화하고 따르게 된다. 이때 많은 부모가 흔히 저지르는 두 가지 실수가 있다. 하나는 '아이에게 기대를 하되 기대에 따른 합리적인 결과를 덧붙이지 않는 것'이고, 다른 하나는 '자신이 설정한 결과를 일관성 있게 따르지 않는 것'이다.

결과는 우리의 기대에 포함되어 있을 수도 있고("식탁을 치우지 않으면 엄마 아빠 엄청 실망할 거야") 명백히 표현될 수도 있다("침대를 정돈하지 않으면 타임아웃을 할 거야"). 이런 결과들은 아이에게 자극을 주어 기대치에 도달하고 책임을 완수하겠다는 마음이 들게 한다. 결과는 가족과 아이들의 특성에 따라 각자 달라질 수 있기 때문에 여기에서 부모가 어떤 결과를 설정해야 하는지를 구체적으로 제시하지는 않겠지만, 한 가지는 분명히 말할 수 있다. 결과는 아이가 '싫어하는 일'이어야 하고, 그것 때문에 아이는 부모의 기대를 따르고 싶어져야 한다는 것이다.

하지만 분노나 저항을 일으킬 정도로 가혹한 결과를 제시한다면 아이들이 불공평하다고 생각할 것이므로, 아이가 싫어하기는 하되 너무 심하지 않은 결과를 설정하는 것이 좋다. 아이들은 지루함을 좋아하지 않으니 그와 관련된 결과도 동기 유발에 좋다. 또한 아이에게 귀중하게 여겨지는 것, 이를테면 가장 좋아하는 장난감을 빼앗은 뒤 아이가 다른 일을 해내면 되찾아가게 할 수도 있다. 이런 기회는 아이에게 행동에 대한 책임의식을 심어준다. 부모의 기대를 저버리기로 결정했던 것처럼, 아이에게는 앞으로 부모의 기대에 도달하고 그것에서 이득을 얻을 능력도 있기 때문이다.

자연스럽게 일어나는 결과는 직접 기대와 연결되기 때문에 책임을 완수하게 하는 데 가장 효과적이다. 아이가 잘 준비를 하는 데 꾸물거리면 잠들기 전에 부모가 책을 읽어줄 시간은 없어지는 것처럼 말이다. 무엇보다도 각자 아이의 특성을 알고 아이의 입장에서 창의적으로 생각하는 것이 효과적인 결과를 생각해내기에 가장 좋은 방법이다.

아이가 기대를 충족했다고 해서 눈에 보이는 물질적인 보상을 주어서는 안 된다. 이런 보상은 아이를 보상 중독자로 만들 수 있기 때문이다. 보상 중독자는 기대를 따르기 전에 보상을 끊임없이 올려달라고 요청한다. 아이에게 기대를 심어주는 핵심적인 조치는 아이가 긍정적인 결과를 스스로 발견하도록 도와주는 것이다. 아이가 기대치에 도달했을 때 얻을 수 있는 최고의 결과는 올바른 일을 했다는 데서 나오는 긍정적인 감정과 사회적 반응이다. 부모는 그 긍정적인 감정과 사회적 반응들을 아이가 인식할 수 있도록 짚어주고, 그것을 선행과 연결함으로써 아이가 기대와 긍정적 감정을 연결하도록 도와줄 수 있다.

일관성이 없거나 실재하지 않는 결과는 아이가 기대를 따르는 데 장애물이 된다. 결과를 적용하기 좋게 잘 세운 계획은 시간적 압력, 스트레스, 피로, 편의주의도 피해 갈 수 있지만, 결과가 아예 없다면 부모가 세운 기대치에 도달하고자 하는 아이의 동기도 유발할 수 없다. 결과가 일관성 있게 적용되었다면 다음번에도 기대에 도달하고자 하는 데 자극제가 되겠지만, 그런 자극이 없다면 아이는 기대를 통해 부모가 전하려는 책임에 관한 메시지를 배우거나 내면화하지 못할 것이다.

일관성 없는 결과는 부모가 책임에 부여하는 중요성에 대해 모순되는 메타메시지를 보낸다. 하나는 '책임은 부모가 말하는 것만큼 중요하지는 않다'는 것이다. 책임이 정말 중요한 것이었다면 부모가 결과를 일관성 있게 적용했을 테니 말이다. 또 다른 하나는 '책임은 중요하지만 굳이 그것을 수행하지는 않아도 된다'는 것이다. 아예 시작조차 하지 않으면 곤란에 부딪힐 일도 없기 때문이다.

결과를 이행하는 마법의 공식 따위는 없다. 그러므로 부모는 기대를 세우기 전에 결과를 정하는 데 공을 들여야 한다. 결과가 필요한 상황이 왔을 때 부모는 그것이 얼마나 중요한지 상기해야 하고, 피곤과 스트레스 등 아이가 제시할 다른 평계에 대해서는 조치를 취해야 한다. 아이들의 관심사는 결과이기 때문이다.

■ 책임감을 길러주는 표어 ■

그게 일이니까

우리 부부는 두 딸이 우리의 말을 이해할 수 있게 되자마자 이 표어를 소개했다. 우리는 아이들에게 책임에 대해 이야기하면서 '누구에게나 해야 할 일이 있는데, 그 일을 하고 싶지 않을 때도 있지만 책임이기 때문에 하는 것'이라고 말해주었다. 아내는 요리를 하거나 옷에서 얼룩을 빼는 것을 늘 좋아하지는 않지만 그래도 그 일을 한다. "그게 일이니까." 나도 설거지를 하거나 일하러 가는 것을 늘 좋아하지는 않지만 그래도 둘 다 한다. "그게 일이니까." 우리 아이들도 자기들이 할 일이 있다는 것을 알게 됐고, 그 일이 늘 재미있지는 않지만 어쨌든 해야 한다. "그게 일이니까." 언제든 아이들이 자질구레한 집안일을 하고 싶어 하지 않을 때, 아내나 나는 "그게 일이니까"라고 말해서 아이들이 맡아서 해야 할 책임을 상기시키곤 한다.

갖다 놓고 꺼내 와

장난감으로 가득 찬 집에서 에너지 넘치는 두 아들과 함께 사는 에디는 집이 난장판이 되도록 놔두지 않는다. 게다가 직장에 다니는 싱글맘이고 도와줄 사람도 없기 때문에 아이들을 따라다니면서 집을 치울 시간이 없다. 그래서 그들은 단순한 표어이자 규칙을 만들었다. "갖다 놓고 꺼내 와." 토미와 그렉이 장난감이나 게임을 다 갖고 놀면, 있던 곳에 넣어놓고 나서야 다음 장난감을 꺼낼 수 있다. 만약 규칙을 잊어버리면 (자주 그러지만) 에디는 아이들이 하고 있는 것을 멈추게 한 뒤, 전에 가지고 놀던 장난감을 먼저 치우고 나서 지금 하는 활동을 계속하게 한다.

가족은 협동한다

론과 조지아의 하루는 매우 바쁘다. 둘 다 직장인인 데다 세 아이를 키우고 있기 때문에 가족 모두가 하루를 잘 보내려면 각자 맡은 노를 잘 저어야 한다. 가정 안에서의 책임 중 협동이 가장 중요하다고 믿는 이 가족의 표어는 '가족은 협동한다'다. 물론 어떤 물건을 서로 먼저 가지려 하고 완강하게 버티기도 하며 하기 싫은 것에는 온 힘을 다해 저항하는 아이들에게 협동이란 쉬운 일은 아니다. 세 아이가 말을 알아들을 수 있게 되자마자, 론과 조지아는 협동이 무엇인지 몇 가지 예를 들어 설명해주었다. 온 가족이 함께 저녁 식사를 준비한다거나 주말에 놀러 가기 위해 짐을 쌀 때는 어떻게 해야 하는지에 관한 이야기였다.

이들은 심지어 세 아이에게 효과가 있는 것 같은 '비밀 전략'도 개발했다. 예를 들어 잠자리를 준비하는 일에서 아이들이 협동하기를 바란다면, 론과 조지아는 아이들에게 협동할 수 있겠느냐고 미리 물어 마음의 준비를 시킨다. 아이들은 대개 그렇다고 대답하고, 그다음에 론과 조지아는 아이들에게 협동하겠다고 약속할 수 있느냐고 묻는다. 아이들은 또 그렇다고 대답한다. 일단 첫걸음을 이렇게 떼고 나면 대개의 경우 아이들이 협조적으로 행동한다. 실제로 협동해야 하는 상황이 닥치기 전에 협동하겠다고 미리 약속했기 때문에 끝까지 완수해야 한다고 느끼는 것 같다.

지금 해, 잘해

엘렌과 크리스토는 두 딸 앤지와 앨리에게 두 가지 메시지를 보내고 싶어 한다. 첫 번째 메시지는 아이들이 제때 해야 하는 책임이 있다는 것이고, 두 번째 메시지는 그 책임을 잘 해내야 한다는 것이다. 이들 부부는 두 딸이 자라 학교생활과 직장생활을 할 때까지도 이 메시지가 남아서 영향을 미치기를 바란다. 그들의 표어인 '지금 해, 잘해'라는 말은 딸들이 책임을 수행해야 할 때 자부심을 불어넣고 능력을 최고로 발휘하게끔 해줬으면 좋겠다는 의도로 만들어졌다.

엘렌과 크리스토는 충분히 현실적인 사람들이라 두 딸이 항상 집 안의 자질구레한 일들을 즉시, 잘하지는 못한다는 사실을 알고 있다. 그러나 그와 동시에 이들은 끊임없이 이 메시지를 받는 앤지와 앨리가 거의 매번 할 일을 하고 있으며 기대한 만큼 잘하기도 한다는 점을 발견했다. 딸들이 자기 일을 모두 해내면 엘렌과 크리스토는 항상 만면에 웃음을 띠고 이렇게 말한다. "지금 했네, 잘했네!"

일 먼저, 노는 건 나중에

매일 저녁 식사 때마다 칼리와 제이크는 두 아이가 식사를 마치기가 무섭게 뛰어나가 노는 것을 보았다. 심지어 할 일이 있는데도 그랬다. 이런 행동이 습관이 되는 것을 사전에 막기 위해 이들은 '일 먼저, 노는 건 나중에'라는 표어를 만들었다. 저녁 식사가 끝날 무렵이면 칼리와 제이크는 표어를 말함으로써, 자유롭게 놀기 전에 해야 할 일이 있다는 점을 아이들에게 상기시켜주었다. 칼리와 제이크는 아이들이 침대에서 뛰면서 떠들썩하게 놀고 싶어 할 때도 이 표어를 사용해서 잠잘 준비를 하는 데 집중하게 했다.

양심의 소리를 들어라

'책임감 있는 태도란 결정을 잘 내리는 것'이라고 생각하는 에린은 '양심의 소리를 잘 들어라'라는 표어를 아들 로스와 함께 사용하고 있다. 에린은 로스에게 '양심이란 올바른 선택을 하게 도와주는 머릿속의 작은 목소리'라고 설명해주었다. 로스가 자기 몫의 일을 하기 싫어할 때마다 에린은 양심이 뭐라고 말하고 있느냐고 물었다. 그러면 로스는 정말로 머릿속에서 나오는 목소리를 듣는 것처럼 가만히 있다가 대개의 경우 올바른 결정을 내리고 자기 책임을 다했다.

■ 책임감을 길러주는 습관적 의식 ■

케이티와 그레이시도 여느 아이들처럼 스티커와 비즈, 온갖 작은 장난감을 좋아하고 무엇을 하든 노력에 합당한 보상을 받기 좋아한다. 수년간 우리는 온갖 종류의 보너스 체계를 사용해서 두 아이가 자신이 맡은 일을 해내도록 동기를 부여했다.

큰딸이 네 살이 되었을 때 우리는 딸아이에게 매일 맡은 책임을 기록할 수 있게끔 자석을 붙이는 표를 사 주었다(창의력을 발휘해서 직접 표를 만들고 스티커 등을 보상으로 사용해도 좋다). '참 잘했어요' 표라고 불리게 된 이 표는 '"고맙습니다"라고 말하기', '쓰레기 버리기', '이 닦기', '친구와 나눠 쓰기' 등 아이가 어떤 일을 할 것인지에 대해 다양한 선택지를 제공했다. 딸아이는 여러 일 중에서 자기가 하고 싶은 일을 골랐는데, 최근에는 '친절하게 행동하기', '장난감 치우기', '옷 입고 침대 정돈하기'(아침 식사 전), '징징거리지 않기', '공손하게 행동하기', '옷 치우기'(자기 전)'를 선택했다. 매일 밤 자기 전에 아이는 그날 완수한 책임 옆에 자석을 붙여야 한다. 우리는 딸에게 어떤 방식으로 그 일을 했는지 하나하나 물어본다.

가령 '친절하게 행동하기'에 대해서 우리가 물어보면 아이는 그날 언제, 누구에게 친절하게 대했는지 기억해서 이야기한다. 우리는 아이가 그날 맡은 책임을 전부 완수했으리라고는 기대하지 않지만 결과를 부여한다. 이를테면 어떤 항목에서 아이가 완전히 손을 뗐다면 용돈의 일부를 내놓게 하는 식이다. 또한 이 표 덕분에 아이는 표를 보고, 자신이 어떻게 책임을 수행했는지 생각해내며, 말로 설명하고, 완수한 일에 자석을 붙이고, 잘한 일에는 보상으로 용돈을 받는 등 다양한 경로를 통해 책임에 관한 메시지를 받을 수 있다.

사실 '참 잘했어요' 표를 매일 저녁 작성하는 것은 굉장히 귀찮은 일이 아닐 수 없다. 그래서 우리는 표를 작성하는 데 쏟은 큰딸의 노력에 대한 상으로 주말 동안 휴가를 주어 책임을 면제해주었다. 딸아이가 2주 동안 모든 책임을 완수했을 때는 무제한으로 휴가를 준 적도 있다. 만약 딸아이가 책임의 기차에서 떨어진다면 '참 잘했어요' 표가 다시 태워줄 것임을 알고 있었기 때문이다.

네 아이를 둔 맞벌이 부부 패트릭과 데니스는 밤낮으로 아이들을 바짝 다잡아야 아침부터 정신없이 시작되는 하루 일과를 무사히 마칠 수 있기 때문에, 자기 전과 아침에 일어날 때 아이들이 따라야 할 절차를 확실히 정해두었다. 부모 한 명당 두 아이를 맡아야 한다는 점을 감안하면, 이들 부부가 살길은 매일 아침저녁으로 절차를 수행할 때 가능한 한 아이들이 책임을 맡아주는 것이다.

두 살이 넘으면서 네 아이는 모두 자기 전 절차로 부모의 도움을 받아 이를 닦고 치실을 사용했으며, 머리를 빗고, 장난감과 책, 옷을 치운

뒤 다음 날 입을 옷을 챙겨놓아야 했다. 패트릭과 데니스는 아이들에게 강요하거나 서두르면 역효과를 낳는다는 사실을 고생 끝에 깨달았기 때문에 어떤 순서로 책임을 수행할지 네 아이가 알아서 결정하게 한다. 이들의 아침 절차는 옷을 입고, 잠자리를 정돈하고, 아침을 먹으러 내려가고, 식사 후 이를 닦고, 7시 30분까지 신발을 신고 밖으로 나가는 것이다. 처음에는 네 아이 사이에 다툼이 있었지만 네 아이 모두 여섯 살이 넘자 이 가족의 아침·저녁 절차는 기름 친 기계처럼 잘 돌아갔다.

매일 아침 학교에 가기 전에, 바브의 여덟 살 난 아들 리치는 손수 점심 도시락을 싼다. 이들은 환경보호에 최선을 다하기 때문에, 리치도 점심시간에 먹지 않은 것은 버리지 않고 집으로 다시 가져온다. 집에 돌아오면 리치는 도시락 통과 조리 기구들을 씻어서 말리고, 다음 날 아침에 사용하기 위해 제자리에 두어야 한다.

마이라와 진은 '가족 리듬'이 있다고 굳게 믿는다. 이 부부의 말에 따르면 가족 리듬이란 가족이 일상생활을 하는 동안 형성된 일종의 자연스러운 흐름이다. 이들은 책임을 수행하는 일련의 절차를 이용하여 가족의 리듬을 형성하고 유지하는데, 그것이 없었다면 일관성 없고 예측할 수 없는 생활이 되었을 거라고 믿는다. 이들은 학교, 직장, 방과 후 활동 등으로 정신없는 하루를 보낸 후 이 절차가 가족의 차분한 리듬을 되찾는 데 특히 도움이 된다고 생각한다.

가족 모두가 늦은 오후에 귀가하면, 이들은 각자 자신이 해야 할 일을 하기 시작한다. 마이라는 다섯 살인 딸 멜라니의 도움을 빌어 저녁 식사를 준비하고, 진과 일곱 살 난 아들 에릭은 집을 정리하고 쓰레기를 버리는 등 일상적인 집안일을 맡는다. 저녁 식사 시간이 다가오면 에릭은 접시와 컵 등을 책임지고, 멜라니는 식사용 매트와 냅킨, 수저 등을 맡아 상을 차린다. 저녁 식사가 끝나면 에릭과 멜라니는 식탁을 치우고 장난감을 정리하고, 진은 설거지를 하고 주방을 청소하며, 마이라는 아이들 방을 정리하며 아이들을 재울 준비를 한다. 이 가족의 저녁 일과는 아이들의 자기 전 절차와 책 읽어주기로 마무리된다.

책임감을 길러주는 활동

재정적 책임 가르치기

최근의 경제 위기가 많은 사람들에게 미친 영향, 과소비를 조장하는 대중문화, 전국에 만연한 낭비성 소비와 부채 등을 보면서 아내와 나는 케이티와 그레이시에게 반드시 재정적 책임을 가르쳐야겠다고 생각했다. "수입이 20파운드고 지출이 19파운드 6센트면 행복하지만, 수입이 20파운드이고 지출이 20파운드 6센트면 불행하다"라는 찰스 디킨스의 유명한 격언에 매우 공감하는 우리는 큰딸이 네 살이 되던 해부터 용돈을 주어 돈이 어떻게 흘러가는지 배우고 현실적인 소비와 저축 감각을 파악하게 하기로 했다.

용돈 주기

큰딸의 용돈과 관련하여 우리가 처음 던진 질문은, '큰딸 아이가 용돈을 얼마나 받아야 하는가?'였다. 적절한 용돈의 정확한 액수는 각 가정의 재정 상황과 생활비, 아이에게 필요한 금액에 따라 모두 다르겠지만, 한 전문가에게 문의하여 다음과 같은 제안을 들을 수 있었다.

나이의 절반에 해당하는 액수(네 살이면 2달러)를 일주일에 한 번씩 주는 것으로 시작한다. 아이가 10대 중반이 될 때까지는 1년마다 주급을 1달러씩 올려준다. 10대 중반이 되면 운전을 하고 이성과 데이트를 하기 시작하므로 지출을 계산하여 아이의 욕구를 채울 수 있는 합리적인 수준의 용돈을 준다. 처음부터 큰돈을 주는 것보다는 적은 액수에서 시작해서 점차 늘려가는 것이 낫다.

아내와 나는 이제 아이가 침대를 정돈하거나 방을 청소하는 등 구체적인 책임을 수행하는 데 따라 용돈을 주는 것이 아니라 가족에게 전반적으로 기여한 정도를 판단해서 주되, 앞서 이야기했듯이 자신에게 배정된 일을 하지 않았을 때는 용돈에서 일정액을 빼기도 했다. 이런 방식을 통해 아이는 돈으로 물건과 서비스를 살 수 있다는 것을 깨달았고 어른들 세계에서와 똑같이 자기 일을 하지 않으면 보상을 받지 못한다는 점도 알게 되었다.

우리는 네 개의 칸에 각각 저축, 소비, 기부, 투자라고 쓰인 돼지저금통을 하나 찾아냈다. 딸아이는 각 칸에 용돈의 25퍼센트씩을 넣을 수 있다. 우리는 아이가 당장 무언가를 사는 데 돈을 쓸지, 아니면 더 비싼 것을 위해 저축할지 결정하도록 도와준다. 이런 행동은 장기 계획, 인내, 지연된 만족(delayed gratification : 나중에 더 큰 만족을 얻기 위해 당장의 만족을 미루는 전략-옮긴이)과 관련된 메타메시지를 보낸다. 우리는 케이티가 저축하는 법을 배움으로써 "지금 사버려!"라고 속삭이는 대중문화의 강한 메시지에 저항할 수 있기를, 또 재정적으로 책임 있는 어른으로 성장하기를 바란다. 또한 용돈의 25퍼센트를 마음에 드는 자선단체에 기부하게 하는 행동을 통해 케이티에게는 동정심과 관대함에 관한 또 다른 메타메시지가 전해진다. 우리는 케이티가 저금통의 '투자' 칸을 꽉 채우면 우리처럼 지역 은행에 계좌를 열게 해주겠다고 약속했다.

우리가 케이티에게 전하고 싶은 중요한 메타메시지는 "돈은 나무에서 자라지 않는다"라는 격언과 상통한다. 케이티가 다음번 용돈을 받기 전에 용돈을 다 써버려도(아직은 그런 적이 없지만) 아이를 돕는답시고 가불 같은 것을 해줄 생각은 없다. 이때 재정적 책임과 관계있는 메타메시지는 '자신의 수입 안에서 생계를 꾸려나가기란 결코 쉽지 않다'는 것이다.

시간을 책임지게 하기

엘리아나가 생각하기에 자신의 두 딸이 배워야 하는 책임과 관련된 메시지는 '시간 쓰는 방법을 책임져야 한다'는 것이다. 엘리아나의 부모는 엘리아나와 남동생이 어렸을 때 시간을 어떻게 쓰든지 마음대로 하도록 내버려두었고, 아이들이 지루해하면 "그럼 재미있을 만한 걸 찾아봐"라고 말했다. 하지만 요즘 엘리아나가 보는 많은 아이들은 스포츠, 음악 수업, 공부 등으로 꽉 짜인 생활을 하기 때문에 쉬는 시간조차 없고, 자기 시간을 스스로 운용할 수 없는 것 같다. 지루해져도 그저 TV와 게임만으로 달랠 뿐이니 말이다.

엘리아나는 이런 일이 자기 아이들에게 일어나는 걸 바라지 않기 때문에 두 딸의 과외활동을 최소한으로 유지하고 아이들이 충분히 자유시간을 즐기게 한다. 둘 중 한 명이 지루해하면 엘리아나는 "시간는 너희의 책임하에 있으니 방법을 찾아서 지루함을 달래렴"이라고 말한다. 이들은 TV 시청 시간도 제한되어 있고 비디오 게임기도 없기 때문에 TV나 게임은 선택사항이 못 된다. 엘리아나는 아이들에게 충분한 미술재료와 악기를 사주었고 놀이도 알려주었다. 그리고 가끔은 시간을 활용할 수 있는 아이디어를 가르쳐주기도 한다. 이제 그녀의 두 아이들은 주체적으로 시간을 다루는 데 능숙하고, 계획이 없거나 지루하면 스스로 할 일을 찾아 나선다.

반려동물 기르기

헨리와 안나는 각자의 가정에서 개와 고양이, 거북, 기니피그 등 반려동물과 함께 자랐기 때문에 자신들의 세 자녀도 동물에 대해 애정을 느낄 뿐 아니라 그것을 통해 책임감을 배우기를 바랐다. 그래서 이들은 아이들이 걸을 수 있게 되자 물고기, 거북, 앵무새, 그리고 강아지 등의 동물을 하나씩 집에 들이기 시작했다.

그러나 동물들을 데려오기에 앞서 이들 가족이 정한 한 가지 규칙이 있었으니, 세 아이 모두 동물 돌보기에 열심히 참여해야 한다는 것이었다. 기본적으로 세 아이는 모든 동물을 함께 돌보았으며 각각 나이에 맞는 책임을 맡았다. 예를 들어 이 가족이 처음으로 맞이한 강아지 덱스는 동물보호단체에서 데려온 잡종견인데, 세 살인 재키는 매일 덱스의 물그릇을, 여섯 살인 카라는 밥그릇을 채워두는 일을 맡았고, 아홉 살인 제이스는 배설물 청소를 담당했다. 그리고 셋이 번갈아 덱스를 산책시켰다.

반려동물을 원하는 여느 아이들과 마찬가지로, 이 세 아이도 처음에는 과한 약속을 했고 맡은 일을 해내지 못했다. 하지만 헨리와 안나는 아이들의 책임 완수와 실패에 따라 꾸준히 합리적인 보상과 결과를 제공했고, 지금도 인내를 갖고 끈질기게 아이들에게 책임과 관련된 메시지를 보내고 있다. 시간이 지나자 세 아이는 맡은 일을 하는 법을 배웠고, 헨리와 안나는 동물들이 가족에게 가져다주는 기쁨을 생각하며 필요한 시기에 아이들의 책임 체계를 잘 잡았다는 데 행복해하고 있다.

의사결정 가르치기

애런의 인생에서 그가 했던 최고의 선택은 메이를 입양한 것이었다. 정처 없이 걸어온 인생 여정에서 그는 책임 있는 사람이 되는 데 의사결정이 얼마나 중요한지를 이제야 진정으로 알게 되었고, 그렇기 때문에 메이에게는 일찌감치 올바른 결정을 내리는 법을 가르쳐주느라 여념이 없다.

애런은 의사결정을 잘하려면 그것과 관련된 좋은 경험, 나쁜 경험, 그리고 다소 험한 경험까지도 직접 겪어보는 것이 가장 좋다고 믿는다. 그래서 메이가 말을 할 수 있기도 전부터 그는 메이에게 의사를 결정할 기회를 주었다. 어떤 옷을 입을지, 어떤 책을 읽을지, 어떤 장난감을 가지고 놀지를 전부 메이가 직접 결정하게 했던 것이다.

메이가 조금 더 자라고 말이 늘자 애런은 왜 의사결정을 잘하는 것이 어린아이들에게 어려운 일인지를 말해주기 시작했다. 예를 들어 아이들은 잠시 멈춰 생각해보지 않고, 쉽게 지루해하며, 다른 뭔가가 재미있을 거라고 생각하기 때문이라고 설명했다. 그는 메이가 자기 의사결정의 결과를 직접 경험하고, 어떤 결정을 내리든 책임을 받아들이게 했다. 메이가 결정을 내려야 하는 상황에 맞닥뜨릴 때마다 애런은 메이에게 왜 그것을 하고 싶은지, 다른 선택사항은 무엇인지, 의사결정의 결과는 무엇이며, 그 결정이 최선의 것인지 등의 몇 가지를 질문한다.

또한 애런은 메이의 신뢰를 얻기 위해서도 노력하고 있다. 메이가 중요한 결정을 내릴 때 자신에게 의지하면 올바로 지도해주기 위해서다. 애런의 진정한 바람은 미래에 10대가 된 메이가 정말로 중요한 결정을 내려야 할 때에도 여전히 자신을 의지하는 것이다.

MESSAGE

감정을 잘 다스리는 아이가 행복하다

아홉 번째이자 마지막 필수 메시지로 감정에 관해 이야기하는 이유는 그것이 가장 덜 중요해서가 아니라, 오히려 가장 등한시되어왔지만 아동 발달에서 가장 필수적이고 중요한 측면이기 때문이다. 장래 아이들이 느낄 행복에서 내가 '감정적 숙달(emotional mastery)'이라고 부르는 것보다 중요한 요소는 없다. 아이가 감정에 대해 처음으로 받는 메시지는 아이의 생애 초기 경험(육아)이 선천적 기질(유전)을 어떤 식으로 드러낼지를 결정한다. 그리고 그 습관은 당연히 아이의 감정생활의 방향을 결정한다.

 감정이 이렇게 중요함에도 불구하고 아이들은 매일 경험하는 감정의 엄청난 소용돌이를 혼자 힘으로 이해하도록 방치될 때가 많다. 부모들은 아이에게 감정생활을 이해하는 데 필요한 수단을 의도적으로 제공하는 경우가 드물며, 감정에 대한 수업을 하는 학교는 설사 있더라도 아주 적다. 내가 감정을 마지막 메시지로 정한 또 다른 이유는 감정에 관한 메시지가 앞서 설명한 여덟 가지 메시지의 영향력을 뛰어넘기 때문이다.

현실에서 감정은 많은 부모들에게(사실 대부분의 사람들에게) 불편하고 어려운 주제다. 우리보다 이전 세대에 속한 사람들은 감정이 억압되어야 한다거나(1950년대) 어느 쪽으로든 기분 좋은 쪽으로 표현되어야 한다는(1960~1970년대) 메시지를 아이에게 보냈다. 그 시대에는 감정이 시대정신의 일부인 중요한 사항이 아니었다. 따라서 지금의 부모들은 자신의 삶에서 감정과 관련된 긍정적인 역할 모델이 없었을 수도 있으므로 자녀의 감정생활을 형성하는 데 의지하고 도움을 받을 만한 것 또한 자신의 경험밖에 없을 것이다.

분명 대중문화는 우리 아이들이 자신의 감정에 대한 지배권을 갖는 데 도움이 되지 않는다. TV, 영화, 비디오 게임, 인터넷에서 아이들은 현실적이거나 건전한 감정 묘사를 보기 어렵다. 가장 자주 접하는 것은 감정이 완전히 억제되었거나 통제를 벗어난 사람들이다. 매체에서 흔히 접하는 극단적인 감정 표현은 재미는 있지만, 아이들이 감정을 학습하는 수단으로 삼기에는 유용하지 않다. 왜냐하면 아이들은 지금 감당하거나 이해하기 어려우며, 통제하기는 더욱 난해한 감정을 이해하려고 노력하는 시기이기 때문이다.

감정적 과보호는 오히려 해롭다

최근 몇 년간 부모들이 육아 전문가에게 받아온 메시지는 이러했다. '부모는 아이의 감정에 특별히 더 민감하게 반응해야 하고, 부정적인 감정은 어떻게든 아이에게 상처를 남긴다.' 많은 부모는 아이가 자신의 감정 기복을 경험하고 거기서 배우도록 허용하는 대신, 이 조언에 과잉 반응해서 달래고 주의를 다른 곳으로 돌리고 감정을 누그러뜨리면서 아이를 이른바 '나쁜 감정'으로부터 보호하려고 애썼다.

이를테면 겁을 먹은 아이에게 "무서울 것 없어"라고 하거나, 화가 난 아이에게 "화내봐야 소용없어"라고 말하는 부모가 있다는 것이다. 이 때 부모들의 메시지는 아이가 진짜로 경험하는 느낌은 물론이고 그 감정 너머에 있는 심오한 복잡성과 의미를 무시하는 것이다. 게다가 그런 감정을 느끼는 것이 정당한 데도 그 정당성을 부정하는 것과 같다. 또한 상처에 소금을 뿌리는 격으로, 이런 쓸모없는 메시지는 아이에게 자신의 감정을 더 잘 다루고 이해할 수 있는 수단을 제공하지도 못한다.

대중의 믿음과 달리, 이른바 나쁜 감정을 느끼도록 허용되지 못할 때 아이들은 두 가지 손해를 본다.

첫째, 감정은 같은 동전의 양면이다. 나쁜 감정을 느낄 기회가 없으면 흥분, 기쁨, 영감 같은 좋은 기분을 느낄 수도 없다. 둘째, 나쁜 감정을 느끼지 않고서는 그 감정을 다루는 법을 배울 수 없다. '현실 세계'에서는 나쁜 감정이 그저 당연한 삶의 일부이므로, 과잉보호는 아이를 이런 현실 세계에 준비되지 못한 상태로 방치하는 것과 마찬가지다.

부모의 무의식은 아이의 현실이다

첫 번째 장에서 나는 초기 설정의 개념을 소개했다. 초기 설정값이란 말하자면 아이가 있는 모습 그대로 상황에 자동적으로 반응하는 값인데, 감정에서 특히 중요한 역할을 한다. 아이가 아주 어릴 때 발달하는 감정적 초기 설정값은 앞으로 아이가 어떤 감정을 경험하고 표현하느냐를 결정할 것이기 때문이다. 이 초기 설정값을 결정하는 것은 바로 생애 초기에 감정과 관련하여 아이가 부모로부터 받는 메시지다.

예를 들어 화가 나면 아이는 다른 사람들에게 불같이 화를 내는가, 아니면 자리를 뜨고 혼자서 마음을 가라앉히는가? 좌절하고 실망했을 때 포기하는가, 아니면 잠시 쉬고 돌아와 다시 한 번 시도하는가? 겁이 났을 때 도망가는가, 아니면 지원을 요청하고 두려움에 맞서는가?

이 밖에도 아이는 다양한 감정적 상황에 반응하여 초기값을 설정해두었을 텐데, 감정과 관련된 부모의 메시지는 이러한 초기 설정값에 영향을 미칠 수 있다.

아이는 부모를 관찰하고 모방함으로써 가장 기본적인 감정적 습관을 얻는다. 부모가 아이의 생애 초기에 가장 강력한 역할 모델임을 고려할 때, 아이가 계발해야 하는 능력이 부모에게 있다면 감정적 숙달은 엄청나게 촉진될 것이다.

언젠가 내 동료 중 한 사람이 대단히 통찰력 있는 말을 한 적이 있다. "부모의 무의식은 아이의 현실이다." 나는 이 말을 할 때마다 등골이 오싹해진다. 이 말이 부모들에게 전하는 간결하고도 불안한 메시지 때문이다. 앞서 논의했던 이야기지만, 사실 대부분의 부모는 자신의 어린 시절에 받은 불건전한 감정의 찌꺼기나 응어리(낮은 자긍심, 완벽주의, 통제 욕구 등)를 늘 마음속에 품고 있다. 이 찌꺼기는 그냥 놔두면 그대로 메시지가 되어 아이에게 보내진다. 예를 들어 부모가 감정의 피해자라면, 아이에게 '너는 감정을 잘 다룰 능력이 없어'라는 메시지를 보내기 쉽다. 자신이 감정의 피해자라는 피해의식을 아이에게 고스란히 전하는 셈이다.

그와 반대로, 감정적 숙달을 이룬 부모라면 '너는 너 자신의 감정생활을 지휘할 수 있어'라는 메시지를 보내기 쉽고, 그 결과 아이에게는 '나는 감정적으로 숙달할 수 있다'라는 의식이 전해지게 된다. 또한 이런 부모는 말로만 감정적 숙달을 외치는 것이 아니라 실제 행동으로 보여줄 수도 있다. 다시 말해 아이에게 감정적 습관과 기술의 긍정적인 역할 모델이 될 수 있고, 아이는 그 모습을 보고 감정적으로 숙달된 사람이 되는 법을 배울 것이다. 주목할 만한 한 연구에서는 부모와 아이의 정신적 건강, 그리고 아이의 행복을 위해 자신의 마음속 응어리에 대해 고심하는 부모의 가치 사이에 연결고리가 있다는 점을 밝혀냈다. 내가 정말 권장하고 싶은 것은 당신 자신의 감정생활을 탐색해보고, 부모로서 당신이 아이에게 보내는 메시지가 아이에게 이득이 되는지 확인해보라는 것이다.

우리 자신의 감정생활을 살펴보는 방법에는 여러 가지가 있다. 우선 정신과 의사나 심리학자, 상담가 등 우리의 감정생활에 객관적인 시각과 통찰을 제공할 수 있는 훈련된 전문가를 찾아가는 방법이 있다. 교육적·사회적·경험적 요소가 제공되는 워크숍에서 도움을 얻거나, 넘쳐나는 자기계발서를 읽는 것도 좋다. 명상이나 다른 종교적·세속적 자기 성찰 또한 우리가 숨겨진 감정생활에 접근하고 응어리를 녹이도록 도와줄 수 있다. 어떤 방법을 선택하든 자신의 감정적 응어리를 이해하고 통제할 수 있는 능력은 계속해서 받는 선물과도 같다. 자신의 응어리를 넘겨주지 않는 것이야말로 우리가 아이에게 주는 가장 위대한 선물이기 때문이다.

감정을 구체화하고 표현하게 하기

감정적 숙달은 감정을 없애거나 억누른다는 이야기가 아니다. 아이가 자신이 지금 경험하는 감정이 무엇인지 인식하고, 무엇이 그 감정을 일깨우는지 이해하며, 그 감정을 건전한 방식으로 표현할 수 있는 것을 뜻하기 때문이다.

'감정 코칭'에 있어 부모는 자신의 감정 세계를 탐색하는 아이를 인도하는 역할을 한다. 연구에 따르면 감정 코칭은 다양한 심리적 문제에 완충제 역할을 하며, 감정 코칭을 받는 아이는 집중력이 강하고 학습 능력이 높으며 학업 성적도 더 높게 나타난다고 한다.

아이들은 그 순간의 부정적인 감정에 사로잡히기 쉬우므로 한 걸음 물러서서 자기 감정을 차분히 바라볼 수 없고, 자신의 반응이 별로 도움이 되지 않는다는 사실도 알지 못한다. 이럴 때 최선의 방책은 그 시점의 감정 분석에 아이를 관여시키지 않는 것이다. 아이는 감정에 압도된 상태여서 그 순간 명확히 생각하기 어렵다. 아이가 감정의 '열기'에 휩싸여 있을 때 부모가 할 수 있는 최선의 방법은 감정의 폭풍 안에서 안전한 피난처로서 그 자리에 있어주는 것뿐이다. 안도감이 드는 신체 접촉을 통해 차분히 위로하고, 관찰을 바탕으로 아이를 안심시키는 따뜻한 몇 마디를 건네는 것이 좋다("지금 정말 슬프겠구나. 기분이 나빠도 괜찮아. 곧 기분이 좋아질 거야. 그때까지 네 옆에 있어줄게"). 아이는 자기 나름의 때가 되면 진정할 것이고, 부모가 아이를 지지하면서 곁에 있어주는 동안 자신의 감정을 온전히 경험할 기회가 있을 것이다.

아이가 흥분 상태에서 벗어나 기본적인 수준의 감정적 평형으로 돌아오면 부모는 아이의 감정적 경험에 대해 코치를 시작할 수 있다. 아이들의 경우 부정적인 감정과 긍정적인 감정은 쉽게 구분할 수 있지만 서로 다른 부정적인 감정들의 구분은 오직 직접 경험을 통해서만 가능하다. 즉, 아이가 기분이 나쁠 때 자신이 느끼는 감정이 두려움인지 분노인지, 좌절인지 슬픔인지, 혹은 상처인지를 구분하려면 도움이 필요하다는 뜻이다.

그러므로 아이에게 어떤 느낌이 들었는지 물어보고, 만약 자신이 아까 느꼈던 감정이 어떤 것인지 인식하기 어려워한다면 몇 가지 가능성을 제시해주자. 그런 후 왜 화가 났는지 알고 있느냐고 물어보라(형제자매가 장난감을 같이 가지고 놀지 않아서). 화가 난 이유를 모른다면 부모가 그 상황을 생각해보고 몇 가지 가능성을 아이에게 제시하자. 아이로 하여금 몸에서 어떤 느낌이 들었는지 묘사하게 하는 것도 유용한 방법이다("배속에 괴물이 들어 있는 것 같았어"). 이런 연습은 감정을 더 구체화하고 다루기 쉽게 만든다. 이제 그 상황에서 그렇게 기분이 나빠지지 않도록 다른 방식으로 반응할 수 있었을지 물어보라. 가령 아이는 장난감을 같이 가지고 놀지 않는 형제자매에게 다시 한 번 부탁하거나, 엄마 아빠에게 도움을 구하거나, 같이 가지고 놀 수 있는 다른 장난감을 찾아볼 수 있었을 것이다.

물론 아이에게 이런 질문을 할 때는 연령을 고려하여 발달 수준에 맞게 질문을 고쳐야 한다. 예를 들어 네 살짜리 아이의 경우, 화가 난 이유를 묻는 질문은 이해할 수 있지만 정확히 그것이 어떤 감정이었는지 물으면 대답하지 못할지도 모른다. 반면 일곱 살짜리 아이는 자기가 좌절했는지, 화가 났는지, 슬펐는지 등을 구분해서 말할 수 있다. 하지만 아이가 처음에 완전히 파악하지 못한다 해도, 감정은 우리에게 감정적 숙달에 대해 메시지를 보내기 시작할 기회를 준다. 감정적 숙달은 아이가 성숙함에 따라 그 의미와 가치가 높아질 것이다. 또한 감정은 우리 아이들에게 자신을 코치하는 법을 배울 기본적인 기회를 제공한다. 아이는 성숙함과 능력을 발달시킴으로써 스스로 자신을 코치할 수 있게 된다.

아이들은 역할 모델이자 감정 코치인 부모의 도움을 받아 자신의 감정을 인식하고 그것이 어떤 감정인지 확인하는 법을 배울 수 있다. 아이들은 그런 감정적 반응을 일으킬 수 있었던 원인을 자신 혹은 환경에서 찾아보고, 그것을 발견함으로써 자신의 느낌을 더 이해하고 통제할 수 있는 감정적 경험에 대한 귀중한 정보를 얻게 된다. 이 과정은 아이로 하여금 감정에서 한발 물러날 수 있게 해주고, 그 결과 감정의 강도와 충격도 줄어든다. 또한 이 과정은 아이에게 가장 도움이 되는 건전한 방식으로 자신의 감정을 표현하는 기회를 제공하기도 한다.

무질서해 보이는 세상에 대해 아이가 내보이는 강렬하고 통제되지 않는 감정적 반응에 부모가 어떻게 반응해주느냐 하는 문제는 부모로서 마주치는 가장 큰 고난일지도 모른다. 솔직해지자. 아이들의 감정생활은 엄청난 짜증과 좌절, 절망의 원천이 될 수도 있다. 감정적 숙달의 발달은 일생에 걸친 여정이고, 아이들은 그 여정을 이제 막 시작한 것이니 말이다.

부모로서 우리가 가지는 힘은 감정에 대해 매일 긍정적인 메시지를 보내는 능력과 더불어 감정적 숙달을 가르칠 만한 순간을 찾아보는 데 있다. 감정적 숙달의 위대한 점은 자기 보상이 가능하다는 것이다. 아이가 감정적으로 잘못된 선택을 하면 자신의 기분도 나빠지는 반면, 감정적으로 건전한 선택을 하면 기분도 나아진다. 한번 올바른 선택을 할 때마다 그다음 선택이 쉬워지는 것이다. 이때 아이가 우리에게 받는 메타메시지는, 우리가 아이에게 참을성 있게 대한다면 아이도 자기 자신에게 그렇게 할 수 있다는 것이다.

감정적 숙달의 궁극적 목적은 아이가 모든 감정을 온전히 경험해볼 수 있고, 긍정적인 감정을 받아들이고 부정적인 감정을 건전한 방식으로 해결할 수 있게 되는 것이다.

감정 조절을 위한 표어

나쁜 기분, 좋은 기분

인생과 마찬가지로 감정에도 기복이 있다. 내 아내와 나는 이것이야말로 아이들이 배울 수 있는 가장 중요한 교훈이라고 생각한다. 인생에는 멋진 순간이 있을 것이고 그때는 기분이 아주 좋겠지만, 모든 것이 꼬여서 잘 안 풀리는 순간에는 지독히 나쁠 것이다. 세상 꼭대기에 있는 것처럼 행복, 기쁨, 즐거움을 느끼는 순간이 있을 것이고 한없이 추락하는 것처럼 절망, 분노, 슬픔을 느끼는 순간도 있을 것이다. 여기서 얻을 수 있는 교훈은 최고의 순간도, 최악의 순간도 영원하지 않다는 것이다.

감정과 관련된 우리 집의 표어는 '나쁜 기분, 좋은 기분'이다. 이 표어는 부정적인 감정을 느낄 때도 있고 긍정적인 감정을 느낄 때도 있을 것이라는 메시지를 보낸다. 원래 인생은 그런 것이다. 두 딸이 기분이 나쁘면 우리 부부는 불쑥 끼어들지 않고 아이들의 고통을 누그러뜨리려고 애쓴다. 아이의 마음에 공감하듯이 그냥 "나쁜 기분, 좋은 기분"이라고 말하며 곁에 있어주는 것뿐이다.

우리는 아이들이 아주 강하고 즉각적인 감정에 빠져 있거나 압도당했을 때 필요한 관점을 이 표어가 제시해준다는 점을 발견했다. 가끔 화가 나면 큰딸은 흐느끼면서 그만 울고 싶은데 멈출 수가 없다고, 영원히 멈출 수 없을 거라고 말하곤 한다. 아이 입장에서 이것은 굉장히 겁이 나는 상태다. 이럴 때 '나쁜 기분, 좋은 기분'이라는 표어는, 지금 아이가 느끼고 있는 나쁜 기분은 지나가고 곧 좋은 기분이 들 것이라는 점을 상기시켜준다. 그리고 대개 얼마 지나지 않아 아이는 다시 행복해지고 화가 났던 기억은 먼 과거가 된다.

소리치기, 때리기, 차기, 물기, 할퀴기, 밀기 없음!

리타와 샘의 딸 에미는 태어날 때부터 감정이 격한 아이였다. 그나마 제일 괜찮은 상태가 짜증을 내는 것이니 말이다. 리타와 샘은 에미가 겪고 있는 강렬한 감정에 공감해주거나, 때로는 적절한 수준까지 표현하도록 한계를 정하기도 하며 공감과 제한 사이에서 균형을 잡아보려고 시도한다. 이들 부부는 에미가 슬프고, 좌절하고, 화가 나는 것도 괜찮고 그 느낌을 솔직하게(심지어 시끄럽게) 표현하는 것도 괜찮지만 무례해지거나 남을 해하게 해서는 안 된다고 생각한다. 리타와 샘의 표어가 된 '소리치기, 때리기, 차기, 물기, 할퀴기, 밀기 없음!'은 리타가 만든 짧은 노래에서 비롯되었다. 에미가 참지 못하고 폭발하면 리타나 샘은 노래 부르는 듯한 목소리로 이 표어를 말해준다. 여전히 에미는 씩씩거리거나 화를 낼 때가 있지만, 엄마 아빠가 정해준 한계 안에서 자신을 표현하는 법을 배웠다. 리타와 샘은 감정을 통제하려는 에미의 작은 한 걸음이 감정적 숙달로 가는 중요한 단계라고 믿는다.

다정하게, 친절하게, 온화하게

리타나 샘과 비슷하지만 로즈에게는 약간 다른 문제가 있다. 아들 미키에게 한계를 정해주는 것이다. 로즈가 끊임없이 좌절을 느끼는 한

가지 문제는 미키에게 가장 많이 외치는 말이 "안 돼!"라는 것이다. 그래서 로즈는 감정과 관련되어 있되 긍정적인 면에 치중하여 '다정하게, 친절하게, 온화하게'라는 표어를 만들었다. 이 표어는 미키가 화가 났을 때 어떤 태도를 취할 수 있는지 알려주며, 미키가 그렇게 하면 로즈는 사랑과 칭찬으로 한층 독려한다.

신난다!

프랭크와 릴라는 굉장히 감정적인 사람들로, 아무런 제약 없이 감정을 표현해도 문제가 없다고 생각한다. 열렬하게 싸우고 열렬하게 사랑하는 이들은 감정을 강렬하고 충만하게 느끼는 것이 인생의 맛이라고 여기며, 강한 부정적 감정을 표현하지 못한다면 강한 긍정적 감정도 표현할 수 없다고 생각한다. 프랭크와 릴라는 그렇게 강렬한 감정적 경험이 세 아이에게도 감정에 대해 배울 기회를 더 많이 마련해주며, 감정을 통제하는 법을 배울 기회 역시 더 많이 마련해준다고 믿는다.

이들의 표어인 '신난다!'라는 말은, 이왕 감정을 느끼려면 최선을 다해 충만하고 열정적으로 경험해야 한다는 의미를 아이들에게 전하려는 의도를 담고 있다. 분명 이들의 집은 때로 펄펄 끓는 감정의 가마솥 같을 때도 있지만, 프랭크와 릴라는 아이들에게 감정을 마음껏 충만하게 느낄 기회를 주었더니 자연스럽게 적당해지는 결과를 낳았다고 한다.

차분하고 냉정하게

마사는 늘 딸 어맨다의 감정이 격하고 뜨겁다고 생각해왔고, 어맨다는 엄마의 감정적 상태에 유난히 민감하다. 둘이 함께 있을 때의 부정적인 점은 마사가 스트레스를 받거나 화가 나면 어맨다의 감정 용광로도 더 뜨겁게 타오른다는 것이다. 반면에 마사가 차분하고 집중하는 상태가 되면 어맨다의 용광로도 금방 식어버린다는 점은 긍정적이다. 그래서 두 사람 모두를 위해 마사는 '차분하고 냉정하게'라는 표어를 만들었다. 둘 중 한 명이 화가 나면 마사는 부드러운 목소리로 "차분하고 냉정하게"라고 말하고, 그러면 방 안의 감정 온도가 눈에 띄게 떨어지는 것을 알 수 있다. 요즘처럼 부모들이 힘든 때 마사가 웃을 수 있는 건, 어맨다가 팽팽하게 긴장한 엄마의 모습을 보고 "차분하고 냉정하게"라고 말하기 때문이다. 마사는 이런 현명한 말이 어린 딸의 입에서 나오는 것을 들으면 도저히 기분이 나빠질 수 없다고 말한다.

후빌에는 기쁨이 없어요

마크는 어린 시절부터 닥터 수스(Dr. Seuss : 미국의 세계적인 동화작가—옮긴이)가 지은 《그린치는 어떻게 크리스마스를 훔쳤을까》에 열광했다. 어린 시절의 마크가 좋아했던 것은 이야기와 등장인물들이었지만 세 아이의 아빠가 되고 나서는 이 이야기에서 감정에 대한 강력한 메시지를 발견하게 되었다. 마크와 그의 아내 레이첼은 어린 자녀들에게 이 유명한 이야기를 소개해주었다.

모든 부모가 알겠지만 가족들 주변에는 부정적인 감정들이 수없이 날아다니고, 특히 어린아이들의 경우에는 더욱 그렇다. 하지만 이것은 아이들의 감정생활에 대해 경험하고 배우는 일부일 뿐이기에, 마크와 레이철은 '세상에는 놀라울 정도로 긍정적인 감정이 있다'는 것을 아이들에게 가르쳐주고 싶었다. 그래서 그들은 가정생활에서 긍정적인 감정과 부정적인 감정을 포착하기 위해 닥터 수스의 아이디어를 빌려 두 개의 표어를 만들었다. 아이들의 기분이 우울해 보일 때는 '후빌(닥터 수스 동화에 나오는 가상의 마을 – 옮긴이)에는 기쁨이 없어요'라는 표어로 현재 기분을 반영하고 공감하며, 기분이 좋을 때는 '후빌에 기쁨이 다시 찾아왔어요!'라는 표어로 아이들이 긍정적인 분위기를 인식하게 해준다.

너의 감정, 너의 선택

아이크와 리사가 딸 케일리에게 반드시 가르쳐주고 싶은 교훈은 '자신의 감정에 어떻게 반응할지는 선택의 문제고, 그 선택 또한 자신이 통제할 수 있다'라는 것이다. 그래서 이들 부부가 케일리를 위해 선택한 표어는 '너의 감정, 너의 선택'이다. 케일리가 잠재적으로 감정에 휩쓸리기 쉬운 상황에 직면하면 이들은 표어를 말한다. 어렸을 때 케일리의 감정 반응은 자기 통제와는 거리가 멀었지만, 표어와 부모의 끊임없는 감정 코칭을 통해 케일리는 자신이 실제로 감정을 통제할 수 있고 감정 상황에 어떻게 반응할지 선택할 수 있다는 점을 조금씩 배웠다.

감정 조절을 위한 습관적 의식

두 딸이 좋아하는 놀이 중 하나는 우리가 '웃긴 얼굴'이라고 부르는 놀이다. 적어도 일주일에 한 번씩, 보통 저녁 식사 후에 우리 네 사람은 식탁에 앉아 번갈아 감정을 선택한 다음 각자 그 감정을 표현하는 표정을 짓는다. 슬픔, 두려움, 분노, 좌절, 혐오에서 행복, 흥분, 만족, 자부심에 이르기까지 안 해본 표정이 없었다. 심지어 가장 불쾌한 감정을 표현했을 때면 마지막에 항상 순식간에 표정이 변하면서 배가 아플 정도로 웃어대곤 했다.

하지만 이 의식은 그냥 웃고 떠들자고만 하는 것이 아니다. 연구에 따르면 어린아이는 뇌 구조상 표정에 민감하며, 표정 연습은 아이들이 직접 다양한 감정을 느껴보고 다른 사람에게서 다양한 감정을 느껴보도록 도와주기 때문에 실제로 아이들에게 공감을 가르치고 감정을 이해하는 데 도움이 된다고 한다. 이 놀이는 또한 감정과 관련된 어휘를 늘리고, 그 어휘들을 다른 사람의 표정 혹은 자신의 표정이나 느낌과도 연결해볼 수 있다는 장점이 있다.

마시와 캐머런은 선불교 수련을 한다. 이들 부부는 매일 명상을 하고 내면의 평화와 가족의 조화를 찾기 위한 수단으로 저녁과 주말에는 수행에 참석하는데, 심호흡과 센터링 기법(심신 이완 기법의 하나 - 옮긴이)을 포함하는 선 명상은 이제 가정생활의 일부가 되었다. 저녁 식사 전에 마시와 캐머런, 두 딸 새미와 제시는 손을 잡고 눈을 감은 채 몇 번의 심호흡을 한 뒤 심장 쪽으로 주의를 집중한다. 책을 읽기 전이나 낮잠을 자기 전은 물론 잠자리에 들기 전에도 이들은 이렇게 한다.

생활이 바쁘고 스트레스가 쌓일 때, 마시와 캐머런은 주문처럼 심호흡을 하고 센터링을 하면서 고요히 가라앉아 그 순간에 존재하려고 노력한다. 딸들이 화가 나면 마시와 캐머런은 아이들에게 심호흡을 권하며 진정시킨다. 이런 심호흡과 센터링이 습관으로 자리 잡는다면, 딸들이 감정과 신체 상태에 대한 통제권을 잃었다고 느낄 때 그것을 되찾는 강력한 수단이 될 것이라 믿기 때문에 마시와 캐머런은 이 의식이 아이들 생활의 일부가 되도록 엮어 넣었다.

데이브의 딸 패트리스는 민감한 아이라서, 아무리 사소한 일이라도 자기 뜻대로 되지 않으면 폭발해버린다. 패트리스가 네 살이 되자 데이브는 패트리스가 화낼 만한 일인지 그렇지 않은 일인지 판단하는 법을 배울 준비가 되었다고 생각했다. 데이브는 어떤 상황이 얼마나 화나게 하는지를 1부터 5까지의 점수로 표시하게 하는 전략을 세웠다. 그는 패트리스에게 이 '분노 점수표'를 소개하고, 딸이 자신의 고통을 바라볼 수 있게 하기 위해 이것을 하나의 감정 의식으로 만들었다. 이 의식이 패트리스의 민감함을 완전히 고쳐주지는 못했지만, 데이브는 그 후 몇 달에 걸쳐 패트리스가 화를 내는 빈도가 낮아졌다고 느꼈다. 그리고 패트리스는 화가 났을 때 그 '분노 점수표'를 활용해서 좀 더 빨리 진정할 수 있었다.

데비와 아만드는 무언가 배울 점이 있는 순간이 있다고 믿는다. 그리고 감정에 관해 배울 점이 있는 순간을 두 아이와 함께 많이 경험했다. 이들 부부는 여덟 살인 케니와 네 살인 제드가 기분이 좋지 않을 때는 가르치려 들면 안 된다는 것을 뼈아픈 경험을 통해 알게 되었다. 하지만 이들은 아이들이 일단 진정하면 감정에 대한 대화를 잘 받아들인다는 사실을 알고 있기 때문에, 누군가 화를 내고 나서 이야기를 나누는 것을 가족들끼리의 의식으로 정했다. 이런 대화를 통해 데비와 아만드는 아들들이 어떤 감정을 느끼고 있었고, 왜 그랬는지를 알게 되었다.

이제 이들은 어떻게 해야 기분이 좋아질지 탐색하고, 실제로 효과가 있었던 방법을 아이들이 기억하게 한다. 가장 중요한 점은 케니와 제드가 화내지 않을 수 있는 방법에 대해 이야기하고, 다음번에 아이들이 폭발할 때 사용할 수 있는 새로운 전략들을 몇 가지 생각해내는 것이다.

감정 조절을 위한 활동

아내와 나는 케이티와 그레이시가 자신들의 감정생활을 어떻게 이해하는지 궁금할 때가 많다. 아이들에게 감정생활이라는 것이 어떨지 생각해보자. 아이들은 몸속에서, 마음속에서 너무나 다양한 감정을 강하게 느끼지만 무언가에 비추어 볼 전후 사정이 없고, 감정을 이해할 만한 관점도 없으며, 감정을 다룰 전략 또한 없다. 그야말로 시행착오 학습인데, 아이들에게 감정이 미치는 놀라운 영향을 생각해보면 이런 학습방식이 감정에 대해 배우기에 좋은 것 같지는 않다.

우리는 아이들의 감정 학습 과정을 위해 맥락과 관점, 전략을 아이들에게 제공하려고 하는데, 그것을 위해 두 가지 일을 한다. 첫 번째는 감정을 일상생활과 연결하는 것으로, 평범한 일상이지만 감정을 불러일으키는 행동을 할 때, 긍정적이든 부정적이든 그것에 이름을 붙이고 거울에 반사하듯 보여주는 것이다. 가령 아이들이 자전거를 타며 즐거운 시간을 보내고 있다면 우리 부부는 행복함을 표현하는 말투로 "너희들은 자전거를 타서 행복해 보이는구나!"라고 말한다. 이와 반대로 부정적인 감정을 불러일으키는 상황, 예를 들어 우리 텃밭에 물 대는 시설이 새고 있어서 그걸 고치고 있다면 정말 실망스럽고 짜증 나는 감정을 표현하는 목소리로 "일이 내 생각대로 돌아가지 않을 때는 정말 실망스러워!"라고 한다. 이런 행동은 두 딸의 모든 감정이 생활의 한 부분이라는 점을 이해시키는 동시에, 부모도 자신들과 똑같은 감정을 느낀다는 것을 보여준다.

두 딸이 자신들의 감정을 건전한 방식으로 다루도록 안내해주는 것이 우리 부부가 하는 두 번째 일이다. 특히 분노나 슬픔처럼 기분을 나쁘게 하면서도 잘 표현되지 않을 수 있는 감정에 대해서는 더 신경을 쓴다. 우리는 아이들에게 감정을 다루는 건설적인 방식의 예를 보여주는데, 가령 케이티나 그레이시가 슬프다면 우리 중 한 명이 "나는 슬플 때면 이해가 될 때까지 잠깐 혼자 앉아 있는 게 좋더라. 그런 다음에는 사람들이랑 같이 있고 싶어. 그러면 더 행복해지니까" 혹은 "난 슬픈 게 싫어. 그래서 나는 뭔가 행복해지는 일을 해. 달리기를 하러 간다든가. 너희는 슬플 때 뭘 해야 기분이 좋아지겠니?"라고 말하는 것이 이에 해당한다. 그리고 아이들이 실망에 빠졌을 때면 "나는 실망스러울 때 나를 실망하게 하는 일을 멈춰. 그다음엔 숨을 깊게 쉬고 나서 도와달라고 말해"라는 식으로 이야기한다. 또한 우리는 딸들에게 행복하지 않을 때 기분이 좋아지고 싶으면 어떻게 하는지 물어보기도 한다. 큰딸은 그림을 그리거나, 변장놀이를 하거나, 책을 읽거나, 침대 위에서 방방

뛰는 것을 좋아한다. 작은딸은 밖에 나가서 달리기를 하거나, 언니와 함께 놀거나, 엄마 혹은 아빠를 끌어안곤 한다.

테리와 제이미가 아이들과 관련해서 겪는 가장 큰 감정적 고난은 케이시와 아이비 둘 중 한 명이 울고불고 짜증 내며 난리를 피우는 것이다. 이럴 때 어떻게 반응할지에 대한 이들 부부의 의견은 항상 엇갈렸다. 어떻게 보면 아이들이 난동을 부리는 것은 그 아이의 세계에서 뭔가 잘못되었다는 신호일 수도 있다. 아이가 슬프거나, 좌절했거나, 두렵거나, 지쳤거나, 배가 고프거나, 아플 수도 있는데, 이런 경우라면 테리와 제이미는 아이들의 감정에 공감해주고 그들의 요구에 반응해주고 싶어 한다. 하지만 반대로 아이가 버릇이 나빠져서 즉각적인 만족을 원하거나 부모를 조종하려고 그러는 것일 수도 있다. 이런 경우 테리와 제이미가 항복한다면 아이들은 '정말 독하게 난리를 피우면 원하는 것을 얻을 수 있다'는 메시지를 받게 된다. 그리고 이런 경우에는 아이가 난리를 피우는 이유가 어느 쪽인지 알 수 없다.

난동에 대응하는 테리와 제이미의 전략은 조용히 있는 것으로 시작한다. 테리나 제이미가 화를 내면 이도 저도 아닌 뒤죽박죽이 되어 모두 다 지게 되지만, 침착하게 대응하면 '불에 기름 붓는' 것은 피할 수 있기 때문이다. 그리고 침착함은 실제로 아이들에게도 전염된다. 이들 부부는 아이들에게 공감하면서도("나도 아프다") 단호한 반응을 보인다("안 돼, 쿠키 먹으면 안 돼"). 난리를 피우는 이유가 무엇이든, 아이가 정말 화난 상태라면 테리와 제이미는 그런 강렬한 감정을 존중하고 인정한다는 메시지를 보내고 싶어 한다. 그와 동시에 아이가 그들을 '가지고 놀려고' 할 경우에도 조종하려는 시도가 보상받지 못하리라는 메시지를 보낸다.

블레어는 걸핏하면 화를 낸다. 예전에는 그럴 때면 감정을 폭발시켰다. 다행히 블레어의 남편 앤서니는 그녀가 감정을 쏟아낸 뒤에는 그 상황이 끝난다는 것을 알았기 때문에 그녀를 이해하고 그 폭발을 받아들일 수 있었다. 블레어의 그런 성향은 바로 엄마로부터 받은 것인데, 누구에게도 지지 않을 만큼 소리소리 지르던 엄마 때문에 블레어와 형제자매들은 가끔 엄마의 분노에 당하는 피해자가 되곤 했다. 하지만 블레어는 두 아들 에버렛과 주드에게만큼은 소리를 질러도 된다고 가르치고 싶지 않았다. 그래서 그녀는 자기 성질을 누그러뜨리기 위해 온 힘을 다했다.

지금까지의 세월과 그녀의 성질이 인내 부족, 좌절, 분노처럼 보인다는 사실을 고려하면 쉬운 일은 아니었다. 그래서 블레어는 아이들이 말을 안 들을 때 자기 감정을 경계하고 제어하려고 노력한다. 반사적으로 화를 내면서 반응하던 성질을 통제한다는 것은 자신의 인생에서 가장 큰 도전이었지만, 그녀는 아이들이 좌절하거나 화를 내면서도 이성을 잃지 않을 때 자신의 노력의 가치를 발견한다. 또한 자신의 분노를 통제하고 그것을 건전한 방식으로 표현할 수 있는 능력을 새로 찾은 덕분에 블레어는 엄마로서, 아내로서, 그리고 한 인간으로서의 자신을 더 좋아하게 되었다.

랜디와 크리스티나는 첫아이의 짜증과 징징거리는 소리에 쉽게 좌절하고 짜증을 내기 시작했다. 그리고 꽤 오랜 시간이 걸렸지만 이들은 마침내 아이가 정말로 화가 많이 났을 때, 겉으로 명백히 보이는 감정은 (그게 무엇이든지) 문제를 일으킨 진짜 감정이 아니라는 점을 깨달았다. 가령 아이가 짜증을 내더라도 그 근원적인 감정은 분노가 아니다. 사실 분노는 슬픔이나 상처, 굴욕감 등 더욱 고통스러운 감정으로부터 자신을 방어하기 위해 내세우는 것이니 말이다. 다시 말해 아이가 징징거리는 소리는 자신의 욕구가 충족되지 않았거나, 좌절했거나, 통제력을 상실했다고 느끼는 것이 밖으로 표출된 것이다. 또는 배가 고프거나, 지쳤거나, 춥거나, 덥기 때문에 감정적으로 더 민감해진 것일 수도 있다. 랜디와 크리스티나는 아이가 표현하고 있는 근원적인 감정을 이해하기 위해 시간을 투자하면 아이에게 훨씬 더 공감하게 될 뿐 아니라 이해와 지지의 메시지를 보내기에도 좋은 상태가 된다는 것을 발견했다.

디드는 말의 힘이 사람들의 생각과 감정의 방식을 형성한다고 믿는다. 디드와 그녀의 남편 테드는 세 아이가 감정적으로 좋은 습관을 계발하도록 도와주려면 아이들이 느끼는 감정을 묘사하고 인식할 수 있도록 감정과 관련된 어휘를 많이 제공하는 것이 좋겠다고 생각했다. 이 두 사람은 먼저 생각할 수 있는 모든 감정을 떠올리고 그것을 목록으로 만들었다. 하지만 사랑, 행복, 슬픔, 분노, 흥분, 기쁨, 좌절 등 생각해내기 쉬운 단어들이 끝나자 거기에서 막히고 말았다. 그래서 인터넷 검색에 돌입한 그들은 용기, 혼란, 호기심, 실망, 민망, 당황, 질투, 놀람, 만족, 영감, 안도, 외로움, 성급함, 어리석음, 걱정, 수줍음, 동정심, 공감, 친근함, 지루함, 불안, 자부심 등 감정과 관련하여 그들이 미처 생각해내지 못했던 보물 같은 단어들을 많이 발견할 수 있었다. 이들 부부는 저녁 식사 시간을 이용해서 일주일에 몇 번 정도 아이들에게 새로운 감정을 소개하고 그 감정이 무엇이며 어떤 느낌인지, 어떤 표정을 유발하고 어떻게 표현되는지에 대해 대화를 나눈다.

앨마가 생각하는 감정적 성숙의 핵심은 '부정적인 감정을 건설적으로 표현하는 능력'이다. 하지만 건설적인 표현은 자연스럽고 쉽게 떠올리기는 어려운 것 같았다. 앨마의 아들 렉스에게는 확실히 그랬다. 앨마는 렉스가 잘하는 모습을 보고 싶었기 때문에, 렉스가 부정적인 감정으로 반응할 수도 있는 상황에서 차분한 태도를 보이면 아들의 감정적인 선택을 칭찬해준다("정말 화가 났을 수도 있는데, 긍정적인 태도가 나을 거라고 생각했구나. 맞아!").

글로리아는 감정적으로 늘 부정적인 가정에서 자랐다. 비관, 비판, 갈등이 항상 존재했던 그녀의 집안 분위기는 그야말로 숨이 막힐 듯했다. 결혼해서 아이를 낳은 글로리아는 어린 시절과 완전히 다른 감정적 분위기로 가정을 꾸리겠다고 결심했다. 물론 어느 정도 부정적인 분위기는 정상적인 가정생활의 일부지만, 글로리아는 긍정성을 주된 분위기로 만들고 싶었다.

그 목적을 위해 글로리아와 그녀의 남편 데니스는 행복, 흥분, 자부심, 감사, 공감 등 긍정적인 감정을 일상의 일부로 만들었다. 이들 부부는 아이들을 위해 긍정적인 감정의 존재를 강조하고 싶어 했다. 그래서 아이들이 명백히 긍정적인 감정을 느끼고 있을 때면 이들 부부는 "같이 노는 게 정말 재미있나 보구나", "학교 프로젝트 하느라 많이 신나 보이네" 등과 같이 보이는 광경 그대로를 말해주었다. 또한 긍정적인 감정을 몸소 보여주고 싶었기 때문에 자신들이 긍정적인 감정을 느끼고 있을 때면 그 감정을 아이들과 나누었다. 가령 직장에서 생산적인 성과를 낸 날이면 글로리아는 이렇게 말했다. "오늘 해낸 게 정말 많았어. 내 노력이 얼마나 자랑스러운지 몰라." 그리고 데니스는 정말 만족스러운 기분을 느낄 때면, 그 기분을 가족들과 나누기 위해 이렇게 말했다. "세상에서 제일 사랑하는 사람들과 이렇게 앉아 있다니, 난 정말 행복한 사람이야."

맺
음
말

아이들은 분명 우리의 메시지를 듣고 있다

　내가 이 책에서 전달하고자 한 핵심 메시지는 세 가지였다.
　첫째, 아이들은 가장 많이 받는 메시지대로 자란다는 사실이다. 우리는 과거 어느 때보다도 아이들에게 의도를 담은 메시지를 꾸준히 보내야 한다. 신기술과 대중매체의 확산에 따라 아이들이 경험하는 세계에서 다양한 집단이 전혀 건전하지 못한 메시지를 전하고 있기 때문이다. 우리가 바라는 아이의 모습이나 중요하게 여기는 가치에 대해 일관성 있고 분명하며 건전한 메시지를 전하지 않는다면, 아이들은 이 사회의 호의적이지 않은 집단들에게서 받는 메시지에 영향을 받을 것이다. 아이에게 보내는 메시지에 신중을 기하려면 메시지를 전달하는 다양한 '경로' 및 메시지가 전달되지 못하도록 막는 '메시지 장애물'을 이해하는 것도 필요하다.

　둘째, 이 책에서는 아홉 가지 메시지를 설명했다. 사랑, 유능감, 안도감, 동정심, 감사, 자연과의 유대, 존중, 책임감, 감정이 그것이다. 나는 이 가치들이야말로 부모인 우리의 영향력이 약해지고 외부의 영향력이 강해지기 전에 아이들이 일찍부터 접해야 할 필수 메시지라고 생각한다. 이 메시지들은 아이들이 자기 자신에 대해 어떻게 느끼는지, 다른 사람들에 대해 어떻게 느끼는지, 다른 사람들이 자신에 대해 어떻게 느끼는지에 초점이 맞추어져 있다. 이와 더불어 내가 제안한 메시지 외에 여러분 스스로 아이들에게 어떤 메시지를 전하고 싶은지 자문해보기를 권한다.

셋째, 아이들에게 일찍, 자주 긍정적인 메시지를 보낸다면 그 효과는 어마어마할 것이다. 이 메시지들은 우리가 바라는 대로 아이들이 당당하고 호의적이며 책임감 있고 제 몫을 하는 사람이 되는 바탕을 마련해준다. 여러분은 아이가 인생에서 의미와 행복을 발견하고 건강한 인간관계를 맺으며 성공적인 삶을 살도록 기초를 닦아주는 셈이다. 또한 아이들이 편안하고 안전한 가정을 떠나 무서우면서도 흥미롭고, 불친절하면서도 재미있으며, 실망스러우면서도 매혹적인 이 세상에 본격적으로 뛰어들어 성공하는 데 필요한 능력들을 키워주는 것이다. 점점 넓은 세상으로 나아가며 날마다 마주치는 수많은 메시지 가운데 건전한 메시지를 받아들이고 그렇지 못한 메시지를 걸러낼 수 있는 유산을 물려주는 것이기도 하다. 그뿐만 아니라 스스로 주변의 모든 사람들에게 긍정적인 메시지를 전달하는 통로가 되는 방법을 보여주는 셈이기도 하다.

이 책을 읽고 있는 여러분은 십중팔구 우리 딸들처럼 꽤 어린 자녀를 두었을 것이다. 두 딸을 키우고 있는 우리 부부는 아직 갈 길이 멀다. 가끔 그 과정은 꽤 힘들기도 하다. 감당하기 어렵고, 실망스럽고, 확신이 없고, 지칠 때도 있고, 단순히 겁이 날 때도 있다. 우리보다 더 큰 자녀를 키우는 한 지인이 이런 말을 한 적이 있다.

"세월은 빠르지만 하루하루는 길더라."

두 딸이 우리 부부의 메시지를 받아들이지 않는 것처럼 보일 때도 많다. 이럴 때 아내 세라와 나는 서로를 바라보며 이 과정이 더 쉬워지기는 하려나 생각하기도 한다. 하지만 바로 그런 순간 정말로 놀라운 일이 일어난다. 아이들이 사실은 우리의 메시지를 받아들이고 있었다는 것을 보여주는 말이나 행동을 하는 것이다. 그때 우리는 서로를 바라보면서 사랑스러움과 안도감을 느끼며 이렇게 말한다.

"아이들은 분명 우리 메시지를 듣고 있어."

주위의 많은 이들이 쏟아준 시간과 에너지 덕분에 이 책이 세상에 나올 수 있었다. 감사를 표한다.

옮긴이 김아영

연세대학교 심리학과를 졸업하고 글밥아카데미 수료 후 바른번역 소속으로 기획 및 번역 활동을 하고 있으며 디자인 전문 잡지 《지콜론(G:)》에 디자인과 심리를 접목한 칼럼을 연재했다. 직접 기획하고 옮긴 책으로는 《문학 속에서 고양이를 만나다》가 있고 옮긴 책으로는 《어떻게 공부할 것인가》, 《그 남자, 좋은 간호사》, 《확신의 힘》, 《제대로 살아야 하는 이유》, 《엄마의 자존감》, 《단어의 사생활》 등이 있다.

짐 테일러 박사가 전하는
9가지 긍정 육아의 힘

초판 1쇄 펴낸 날 2017년 5월 25일

지은이	짐 테일러
옮긴이	김아영
펴낸이	장영재
펴낸곳	(주)미르북컴퍼니
전 화	02)3141-4421
팩 스	02)3141-4428
등 록	2012년 3월 16일 (제313-2012-81호)
주 소	서울시 마포구 성미산로32길 12, 2층 (우 03983)
메 일	sanhonjinju@naver.com
카 페	cafe.naver.com/mirbookcompany

▶ (주)미르북컴퍼니는 독자 여러분의 의견에
    항상 귀 기울이고 있습니다.
▶ 파본은 책을 구입하신 서점에서 교환해 드립니다.
▶ 책값은 뒤표지에 있습니다.